글쓰기가 처음입니다

글쓰기가 처음입니다

직장인과 대학생을 위한 실용 글쓰기 연장통

백승권 지음

메디치

들어가는 말

글쓰기가 막막한 당신에게

"저는 원래 식품회사 영업직이었어요. 눈썹 휘날리게 뛰어다녔죠. 영업 실적은 제 동료들 가운데 늘 상위를 유지했죠. 올 여름 마른하늘에 날벼락 같은 일이 생겼어요. 갑자기 보직이 바뀐 거예요. 홍보실로 가라지, 뭡니까. 저는 깜짝 놀랐죠. 홍보의 '홍' 자도 모르는 저 같은 사람한테 회사가 너무 한다는 생각이 들더군요.

한데 회사의 뜻은 이런 것이더라고요. 영업 능력이 뛰어난 직원이 홍보도 잘한다. 문제는 보도자료나 홍보 콘텐츠였어요. 이것을 쓸라치면 한 줄 나가기도 어려운 거예요. 기획보고서, 결과보고서는 더 막막했어요. 컴퓨터에 한글 화면을 띄워놓고 한 시간 내내 커서가 깜빡거리는 것만 쳐다볼 때가 허다해요.

도대체 보도자료나 홍보 콘텐츠, 보고서를 어떻게 써야 하나요? 알릴 내용이 너무 많을 때엔 어떤 내용을 두드러지게 해야 할지 몰라 이것도 집어넣고 저것도 집어넣게 되더라고요. 그러면 제 상사가 하는 말. '야, 글이 무슨 잡탕밥이냐!' 알릴 내용이 거의 보이지 않을 때엔 빈 말만 할 순 없으니까 자꾸 과장을 하게 되더라고요. 별것도 아닌 내용에 자꾸 수식어를 붙여 꾸미게 되고요. 그럼, 제 상사는 또 어김없이 한마디를 날리죠. '너 언제부터 이렇게 공갈빵을 잘 만들었냐?' 저 좀 구해주세요. 이러다가 회사에서 잘릴까 두려워요."

직장인 대상 실용 글쓰기 강좌를 진행하고 있는데 당신은 나를 찾아와 이렇게 하소연했지요. 나는 글쓰기 강좌나 특강에서 당신 같은 사람을 많이 만났어요. 정도의 차이는 있지만 공무원, 직장인, 연구원, 교사, 교직원, 대학생 등 모두가 글쓰기의 어려움을 호소했어요. 당장 자신이 하는 일에 글쓰기가 필요했지만 어디에서도 도움을 받을 길이 없다고.

보름 뒤 프레젠테이션을 앞두고 잠 못 이루는 직장인, 7급 주사보로 승진했지만 보고서 쓰는 기획 업무를 처음 맡아 다급해진 구청 공무원, 명문대 학과 대학원을 졸업하고 국책연구소에 들어갔으나 보고서와 논문을 제대로 쓰지 못해 퇴사까지 심각하게 고민하던 연구원, 대학교의 사활이 걸린 산학협력 정부 프로젝트 준비팀에 발령 받아 100페이지가 넘는 사업제안서를 써야 했던 교직원, 그리고 대학교에서 자기소개서 쓰기와 실용 글쓰기 강의를 들었던 졸업반 학생.

당신은 어느 모로 보나 우리 사회 일반을 대표할 만한 사람이지요. 하지만 당신에겐 글쓰기가 입사시험이나 토익보다 더 어렵고 막막한 일이었어요. 그건 당신의 잘못이 아니에요. 우리는 누구도 사회생활을 해나가는 데 필요한 글쓰기를 배운 적이 없어요. 우리에게 글쓰기는 사실상 '처음'이나 마찬가지예요. 글쓰기가 처음이지만 직장과 대학에서 우리에게 요구하는 것은 프로의 수준이란 사실이 우리의 불행일 뿐이죠.

나는 당신에게 글쓰기란 무엇이고 어떻게 하면 된다는 설명을 하고 싶지 않아요. 그런 건 우리 주변에 넘치도록 널려 있어요. 포털 사이트에 '글쓰기'라고 검색어를 치기만 해도 수십 가지 버전의 금과옥조가 걸려들어요. 글쓰기란 무엇이고 어떻게 하면 된다는 책은 또 얼마나 많은지요. 이런 충고들은 당신의 고민을 결코 해결해줄 수 없어요. 어느 정도 글쓰기 능력을 갖추고 궤도에 오른 사람들에겐 다소 도움이 될 수 있겠죠.

글쓰기가 처음인 당신 같은 직장인과 대학생들에겐 이런 충고가 글쓰기를 더 어렵게, 망설이게 만들어요. 당신에게 절실한 것은 원리가 아니라 연장통이란 사실을 잘 알아요. 글쓰기의 막막함과 두려움을 해소할 수 있는 도구, 한 편의 글을 어렵지 않게 써내려갈 수 있는 도구, 현실의 쓰임과 양식에 맞게 글을 완성할 수 있는 연장통 말이에요.

그래서 당신 같은 직장인과 대학생을 위해 만들었어요. 운전면허 따기보다 더 쉬운 글쓰기 3단계. 1단계는 글쓰기의 두려움을 해소할 수 있는 구체적 방법과 도구인 키워드 매트릭스, 마인드맵 글쓰기, 대화 글쓰기. 2단계는 운전면허증 취득을 위한 코스와 도로주행처럼 글쓰기의 구성 패턴을 배우고 필사와 요약, 카테고리 글쓰기로 심화하고 응용할 수 있는 피래미 구성법. 3단계는 에세이, 보도자료, 보고서, 이메일, 자기소개서 등 각 양식의 특징과 작성 비결.

운전면허 갖고 있죠? 운전면허를 따면 평생 도로를 운전할 수 있는 것처럼, 글쓰기 3단계를 마스터하면 평생 실생활에 필요한 글쓰기를 하는 데 어려움이 사라져요. 글쓰기 강의 때 글쓰기가 운전면허 따기보다 더 쉽다고 이야기하면 사람들 눈이 휘둥그레져요. 당신도 그런가요? 믿지 못하겠다는 눈빛에서부터 반신반의하는 표정까지 첫 반응은 대체로 회의적이에요. 그러나 한 시간 정도 설명을 듣고 두세 시간 동안 3단계에 따른 글쓰기 실전연습을 마치고 나면 수강자들의 눈빛이 공손해지면서 어떤 확신으로 넘쳐나요. '이제 길이 보이는구나.'

운전면허 따기보다 더 쉬운 글쓰기 법은 책상 위에서 만들어지지 않았어요. 200여 차례가 넘는 글쓰기 강좌를 통해 발견되어 수강자들과의 교감 속에서 발전하고 다듬어졌지요. 직장인과 대학생들의 절박한 요구를 함께 해결하려다보니 '글쓰기의 왕도'가 태어난 셈이에요. 지금도 많은 사람들이 이 왕도로써 두려움을 극복하고 글쓰기를 하고 있어요.

얼마 전 글쓰기 강의를 듣는 한 수강자가 나에게 과제 메일을 보내면서 이렇게 썼어요. "어제 피래미 구성법으로 잠깐 동안 자전거를 소재로 한 편의 글이 만들어지는 과정을 보며, 저도 아버지에게 자전거를 배운 기억이 불현듯 생각났습니다. 막연했던 글쓰기가 선생님의 강의로 '어떻게'에서 '이렇게'로 변하고 있습니다. 앞으로도 많은 말씀, 귀하게 담아가겠습니다. 눈앞의 주말, 저도 아이랑 손잡고 자전거를 타야겠습니다. 감사합니다."

이제 당신에게 글쓰기를 '어떻게' 해야 한다는 '원리'가 아닌 글쓰기를 '이렇게' 해야 한다는 '도구'을 건네줄게요. 길을 달리는 데 자전거라는 도구가 더 절실하지, 페달과 바퀴의 원리를 아는 게 중요하지 않잖아요. 글을 쓰는 데 컴퓨터라는 도구가 더 절실하지, 윈도우나 CPU의 작동 원리가 중요하지 않잖아요.

이 책은 글쓰기가 처음인 당신에게 언제든 필요할 때 꺼내 쓸 수 있는 연장통이에요. 이제 운전을 하듯, 자전거를 타듯, 컴퓨터를 작동시키듯 당신에게도 글쓰기가 평범한 일상이 되길 바라요. 건투를 빌게요.

2014년 4월
백승권

차례

들어가는 말
글쓰기가 막막한 당신에게 · 4

1 서툰 목수가 연장탓 한다고? 서툰 글쓰기는 연장 탓!
만인을 위한 글쓰기 연장 3종 세트

자동차 운전과 글쓰기 · 16
연장1 키워드 매트릭스 · 19
연장2 마인드맵 글쓰기 · 25
연장3 대화 글쓰기 · 32

2 막연하게 고민하지 말고 구체적으로 선택하라

피래미 구성법 익히기

시작은 낚시 독자의 선택에 걸리는 시간은 30초, 진검승부를 펼쳐라 · 45
  시작방법1 개요 글의 내용을 압축적으로 제시하라 · 48
  시작방법2 정의 사물과 사태의 뜻을 명백하게 밝혀라 · 53
  시작방법3 인용 다른 사람의 말과 글을 끌어들여라 · 59
  시작방법4 이야기 스토리텔링의 힘을 이용하라 · 67
  시작방법5 질문 궁금증을 불러일으켜라 · 76
  시작방법6 환기 생각을 뒤집어라 · 82

중간은 근거 의미의 덩어리를 추려내 적당히 배열하라 · 92
  전개방법1 늘어놓기 키워드로 문장을 만들어 이어나가라 · 95
  전개방법2 견주기 서로 비슷하거나 완전히 다른 것을 비교 또는 대조하라 · 100
  전개방법3 중요도 순서 핵심 내용을 맨 처음에 배치하라 · 107
  전개방법4 이야기 다양한 풍경과 사연을 버무려라 · 119
  전개방법5 문제와 해결 묶인 곳을 찾아 풀어내라 · 129
  전개방법6 논리와 설명 설득하고 주장하라 · 138

마무리는 메시지 마음을 움직일 수 있는 한마디를 던져라 · 146
마무리방법1 해법과 대안 답을 보여주라 · 148
마무리방법2 의견과 의지 사물이나 상황에 대한 느낌이나 생각을 밝혀라 · 151
마무리방법3 요구와 요청 행동의 변화나 사고의 전환을 촉구하라 · 153
마무리방법4 인용과 비유 절묘한 인용과 비유로 감동의 깊이를 더하라 · 155
마무리방법5 질문과 반전 글의 논지를 세련되게, 거부감 없이 전달하라 · 158
마무리방법6 여운과 생략 긴 뒷맛을 남겨라 · 161

스티브 잡스의 졸업식 축사로 피래미 구성법 익히기 · 166
포인트1 시작 - 중간 - 마무리, 기본에 충실하라 · 168
포인트2 짧은 글에서 한 권의 책까지, 프랙털 구조로 피래미 구성법을 적용하라 · 178
포인트3 몸이 기억하는 글쓰기 연습, 필사와 요약 · 181
포인트4 카테고리 글쓰기 · 191

3 이제 쓰기 시작하라
피래미 구성법으로 글쓰기

실제1 에세이 쓰기 · 198
실제2 보도자료 쓰기 · 242
실제3 자기소개서 쓰기 · 254
실제4 보고서 쓰기 · 269
실제5 이메일과 그룹웨어 쓰기 · 285

4 글쓰기의 기본기

기본기1 단어 · 297
기본기2 문장 · 308
기본기3 내용 · 317

마치는 말
궁극적으로 글쓰기란 무엇일까 · 334

이제라도 우리는 자기 삶을 경영하는 데 필요한
기본 글쓰기 능력을 갖춰야 한다.
그것은 대단한 노력을 요구하지 않는다.
단언컨대, 자동차 운전면허를 따는 것보다 더 쉽다.

1

서툰 목수가 연장 탓한다고?
서툰 글쓰기는 연장 탓!

만인을 위한 글쓰기 연장 3종 세트

글쓰기 강좌를 할 때마다 느끼는 것이지만 온 국민이 글쓰기 공포증, 글쓰기 울렁증에 빠져 있는 것 같다. 글을 쓰라고 하면 겁부터 집어먹는다. 밥맛을 잃을 정도로 심각한 고민에 빠진다. 어째서 이런 일이 벌어지는 걸까? 영어를 10년 넘게 배우고도 미국인을 만나 말 한마디 못 꺼내는 것은 그래도 봐줄 만하다.

초등학교부터 대학교까지 18년 넘게 국어 교육을 받았는데, 자기가 일하는 분야에서 제대로 된 보고서 한 장 쓰지 못한다면 어디서부터 잘못된 것일까? 일상생활에 필요한 이메일, 에세이 한 토막을 쓰지 못한다면 어디서부터 꼬인 것일까?

이것은 분명 잘못된 국어 교육의 결과다. 우리는 주로 올바른 국어 문법은 무엇인지, 논설문과 문학 작품을 어떻게 읽어야 하는지, 귀에 딱지가 앉도록 듣는다.

구개음화, 기승전결, 수미쌍관, 대유법, 메타포, 클리셰 따위 용어를 동원해 글쓰기에 특별한 능력을 가진 천재들의 글을 어떻게 읽고 이해하느냐에 대부분 초점이 맞춰진다. 문학가가 겪는 창작의 고통을 다양한 비유로 미화하고 신비화해서 특별한 능력을 갖추지 않고는 글을 쓸 수 없다고 생각하게 만든다. 글쓰기가 만인의 도구로서 누구나 노력하면 생활을 영위하는 데 필요한 글쓰기 능력을 갖출 수 있다고는 말해주지 않는다.

이것이 일반 사람들이 글쓰기를 일찌감치 포기하도록 만든 주범이다. 나는 10대 중반부터 습작을 하고 문학수업을 받았다. 그런 나조차도 사회에 진출해서야 비로소 실용 글쓰기의 세계를 알고 그 방법을 배웠다. 20대 후반 신문사에 들어와 혹독한 데스크의 훈련을 통해 실용 글쓰기란 무엇인가, 어떻게 써야 하는가를 처음 배웠다.

실용 글쓰기의 영역은 실로 넓고도 다양하다. 학교에서 쓰는 각종 리포트와 논문, 진학과 취업을 위한 자기소개서, 직장생활에서 빈번히 작성하는 각종 보고서와 보도자료, 공적 혹은 사적 목적의 이메일 등 생활 전반에 걸쳐 있다. 이 밖에도 신문기사, 실용 목적의 짤막한 에세이, 연설문, 책이나 영화의 리뷰, 상품설명서, 상품평, 경찰이나 검찰의 조서, 협정서, 계약서, 시말서, 상담기록, 법문·설교·강론, 페이스북·트위터·카카오톡 등 소셜 네트워크서비스^{SNS}의 멘션, 인터넷의 각종 댓글까지, 필요치 않은 곳이 없을 정도다.

이제라도 우리는 자기 삶을 경영하는 데 필요한 기본 글쓰기 능력을 갖춰야 한다. 그것은 대단한 노력을 요구하지 않는다. 단언컨대, 자동차 운전면허를 따는 것보다 더 쉽다.

자동차 운전과 글쓰기

실용 글쓰기는 문학적 글쓰기처럼 특별한 생각과 재능을 요구하지 않는다. 현실의 쓰임에 따라 여러 장르의 방법과 요령을 배우기만 하면 된다. 자동차 운전면허를 따는 정도의 시간과 노력을 들이면 글쓰기의 기본 능력을 갖출 수 있다. 과연 그런가? 입증해보자. 먼저 운전면허 시험에 합격하기까지 과정을 살펴보자.

먼저 운전학원에 등록한다. 전문 강사의 지도에 따라 운전면허 연습용 도로에서 실전 훈련을 받는다. S, L, T자 코스를 거쳐 1단 2단 3단 기어변속 주행을 한다. 돌발, 굴절, 정차, 주차를 배운다. 왜 이런 것을 배우는 것일까? 세상의 도로는 수백만, 수천만 개다. 생김새가 다 제각각이다. 그런데 그 도로들을 원심분리기에 넣고 공통 원리를 추출해보니 의외로 간단했다. S, L, T자 가운데 하나였다. 운전 중 발생할 수 있는 상황은 수천, 수만 가지다. 그런데 그것 역시 공통 원리를 뽑아보니 돌발, 굴절, 정차, 주차 가운데 하나였다. 결국 이 패턴만 알면 운전을 하는 데 기본적인 것은 다 익히는 셈이다.

이제 도로연수를 한다. 연습용 도로에서 익힌 패턴을 실제 도로에서 적용해보기 위해서다. 처음엔 얼떨떨하지만 도로 위에서 벌어지는 변화무쌍한 상황이 결국 기본 패턴의 응용이란 사실을 몸으로 깨닫게 된다. 대여섯 번 도로연수를 받고 난 뒤 도로주행 시험에 합격하면 드디어 운전면허증이 주어진다.

이제 이 면허증을 갖고 있으면 어떤 도로든 마음껏 달릴 수 있다. 물론 운전의 숙련도에 따라 차츰 내부도로나 이면도로에서 시작해 간선도로, 국도, 고속도로로 활동의 반경을 넓혀가겠지만, 운전의 숙련도는 경험이 쌓일수록 자연스럽게 높아진다.

이제 글쓰기의 과정을 여기에 대비시켜보자. S, L, T자 코스, 주행, 돌발, 굴절, 정차, 주차처럼 글쓰기의 패턴을 익힌다. 글의 구성이 수천, 수만 가지인 것 같지만 그 공통 원리를 추출하면 도로처럼 결코 복잡하지 않다. 글의 구성은 시작, 중간, 마무리로 나눌 수 있다. 시작, 중간, 마무리 각 부분을 쓰는 방법이 여섯 가지다.

그래서 총 열여덟 가지 방법을 익히면 된다. 그것이 앞으로 이 책에서 전개될 내용의 가장 중요한 부분인 피래미 구성법이다. 자동차 운전 코스를 배우는 것과 그리 다르지 않다.

그다음 요약과 필사를 통해 피래미 구성법을 익히고 응용해본다. 이 과정은 도로연수에 해당한다. 칼럼이나 에세이를 종이에 옮겨 적으며 피래미 구성법이 어떻게 구현되는지 살펴본다. 피래미 구성법을 몰랐을 때와는 딴판의 상황이 벌어진다. 손금을 들여다보듯 글을 몰아가는 방법을 알고 익히게 된다. 요약과 필사를 하면 할수록 그 방법이 몸에 자연스럽게 배게 된다.

피래미 구성법이 손에 익고 나면 직접 쓰임과 양식에 맞게 글을 쓴다. 막막할 이유가 없다. 어떻게 시작하고, 어떻게 중간을 이어가며, 어떻게 마무리할지 이미 다양한 방법을 알고 익혔기 때문이다. 운전면허증을 따고 자동차를 몰아 도로를 달리듯, 구성법에 따라 글을 쓰면 된다.

운전경험이 쌓이면 주행이 부드럽고 자유로워진다. 글 역시 마찬가지다. 쓰면 쓸수록 구성과 내용이 조화롭고 깊어진다. 이면도로, 간선도로를 거쳐 국도와 고속도로를 달리게 된다. 간단한 일기나 감상문에서 에세이, 칼

운전면허 따기보다 더 쉬운 글쓰기 3단계

평생 글쓰기

글쓰기 두려움 떨치기	피래미 구성법 익히기	실제로 글 써보기
· 만인을 위한 글쓰기 연장 3종 세트 - 키워드 매트릭스 - 마인드맵 글쓰기 - 대화 글쓰기	· 시작, 중간, 마무리 부분을 쓰는 18가지 방법 익히기 · 필사, 요약, 카테고리 글쓰기로 심화 및 응용	· 에세이, 보도자료, 보고서, 이메일, 자기소개서 등 각 양식의 특징과 요령을 익히며 써보기

1단계 시작하기	2단계 패턴 익히기	3단계 실전 연습
필기시험	운전면허 시험 준비	면허 취득 및 도로연수
· 운전과 자동차에 대한 기본 상식 습득	· 장내 기능 연습 - T, L, S코스 익히기 - 출발, 주행, 정차, 돌발, 굴절, 주차, 운전 요령 습득 · 도로주행 교육으로 심화 및 응용	· 운전면허 취득 후 한적한 이면도로를 시작으로 간선도로, 국도, 고속도로 운전

평생 운전

럼, 보도자료, 보고서까지 자유자재로 쓸 수 있다. 이렇게 방법을 익히면 자동차운전면허처럼 평생 써먹을 수가 있다.

물론 글을 다루는 데 기본이 되는 단어, 문장, 내용의 올바른 사용법도 알아야 한다. 그러나 그것을 앞세우면 오히려 글쓰기의 두려움을 키울 수 있다. 그건 먼저 구성법을 익히고 자신감을 갖게 되었을 때 해도 늦지 않다.

이렇게 설명해도 막막해하는 사람이 많다. 이들에게 가장 필요한 것은 글쓰기의 두려움을 깨는 것이다. 피래미 구성법을 본격적으로 살펴보기에 앞서 글쓰기의 두려움을 물리치는 데 도움이 되는 도구 3종 세트를 먼저 소개한다. 이 도구들은 단 한 줄도 쓰지 못하던 사람들이 불과 한 시간 만에 A4 용지 한 장을 가득 채우게 만드는 '신통력'을 발휘한다.

연장1
키워드 매트릭스

"대학생입니다. 글쓰기에 어려움을 겪고 있어요. 리포트나 발표 토론 등에서 별로 쓸 말이 없고, 생각하고 있는 게 있어도 입 밖으로, 글로 표현이 잘 안 됩니다. 막막하네요. 학원을 알아보자니 논술학원 대개가 입시논술이에요."

글을 쓰려고 책상에 앉으면 아무 생각이 안 난다. 어떻게 시작해야 할지 모르겠다. 몇 시간째 백지만 하염없이 바라볼 뿐이다. 하지만 어쨌든 볼펜을 움직이고 자판을 두드려야 한다. 그래야 글쓰기가 시작된다. 미국의 유명 글쓰기 강사 나탈리 골드버그$^{\text{Natalie Goldberg}}$는 발 앞에 폭탄이 떨어져도 꼼짝하지 말고 손을 계속 움직이라고 가르치고 있다. 생각하지 말고 처음

			지진	해운대	후쿠시마			
			원전	쓰나미	도피			
			일본	바다	파괴			

떠오르는 대로 뜨겁고 싱싱할 때 그 에너지를 몰아서 써라. 마침표와 철자와 문법에 얽매이지 마라.

그런데 그것만으로는 글쓰기의 두려움과 장애가 해소되지 않는다. 볼펜을 움직이고 자판을 두드릴 수밖에 없는 상황과 조건을 마련해야 한다. 일종의 글쓰기 매트릭스가 필요하다.

나는 여러 해 글쓰기 강좌를 이끈 경험을 바탕으로 이를 위한 실제적인 도구와 프로그램을 만들었다. 이마이즈미 히로아키今泉浩晃가 고안한 만다라트Mandal-Art라는 브레인스토밍 기법을 변용한 키워드 매트릭스Keyword Matrix가 그것이다.

가로 세로 각각 9줄씩 그어 총 81칸의 격자를 만든다. 가로 세로 각각 3줄씩 9칸을 한 단위로 묶는다. 총 9개의 묶음이 나온다. 정중앙 묶음의 한가운

아파트	도로	붕괴	피서	설겆구	죠스	쓰레기	제주	노인
시체	지진	화재	비키니	해운대	바나나보트	해안	후쿠시마	동물
구조대	연기	피	하지원	해수욕	여름	침수	여행	유령
우라늄	핵폭탄	기형아	지진	해운대	후쿠시마	돈	자동차	교통체증
전기	원전	핵폐기물	원전	쓰나미	도망	새치기	도망	담요
방사능	부안	체르노빌	일본	바다	파괴	가족	대피소	음료수
도요타	섬	침몰	해저	고래	대홍수	죽음	성냥갑	유리창
온천	일본	침묵	북극	바다	원양어선	군대	파괴	폭탄
식민지	전쟁	쪽발이	참치	태평양	횟집	망치	창조	화산

데에 쓰고 싶은 글의 핵심어를 먼저 적어 넣는다. 그 핵심어 둘레 8칸에 연관 혹은 연상되는 키워드를 먼저 채운다. 이 1차 키워드를 주변 8개 묶음의 핵심어로 보낸다. 다시 그것과 연관 혹은 연상되는 2차 키워드를 채운다. 이렇게 키워드를 계속 확장시킨다.

1, 2차 키워드를 채우면서 키워드의 중복은 가급적 피한다. 그러면 1개의 핵심어가 72개의 키워드로 불어난다. 내가 가르쳤던 학생이 '쓰나미'를 핵심어로 작성한 키워드 상자(위 그림 참조)를 예로 들어보겠다.

이 과정은 시간제한을 두고 아주 빠르게 진행해야 한다. 나의 글쓰기 강좌에서는 요령을 알려준 뒤 10~15분 만에 81칸을 모두 채우게 한다. 수강자들은 놀라운 집중력을 보인다. 시간 내에 모든 칸을 채우는 사람도 있고 그렇지 못한 사람도 있지만, 상관없다. 중요한 것은 제한된 시간 내에 정신

없이 칸을 메워야 한다는 사실이다.

　이렇게 하는 이유는 바로 두려움이라는 괴물을 물리치기 위해서다. 두려움이란 괴물은 어디서 오는가. 바로 자기검열에서다. 두려움은 자기검열로부터 생겨나고 자기검열을 먹고 몸집을 키운다. 이렇게 시간을 야박하게 주면 자기검열을 할 여유가 없다. 오직 81칸을 다 채워야 한다는 생각에 몰두하게 된다. 생각이 필사적으로 날갯짓을 하면 자기검열이라는 거미줄에 걸리지 않는다. 이제 여러분 안에 앙금처럼 가라앉아 있던 글거리가 일제히 수면 위로 떠오르기 시작했다.

　키워드 매트릭스를 처음 시도하면 애초 의도했던 것과 다르게 엉뚱한 방향으로 연관 키워드가 뻗어나간다. 쓰나미 얘기를 하는데 하지원, 비키니, 온천까지 생각이 뻗쳤으니 말이다. 괜찮다. 이것이 시작이다. 이렇게 몇 번 하다보면 핵심어를 중심으로 통일성 있는 연관 키워드가 생성된다. 의도하지 않아도 키워드 사이에 일정한 질서와 체계가 만들어진다.

　이렇게 만들어진 키워드를 이용해 바로 글쓰기에 돌입한다. 묶음 안에 있는 키워드 3~4개를 반드시 넣어 1개의 문장을 만든다. 이런 방법으로 1묶음당 3~4개의 문장을 만든다. 9묶음이니까 총 27~36개의 문장이 만들어진다. 이런 방법으로 정중앙 묶음만 몇 개의 문장을 만들어보면 이렇다.

　　후쿠시마에서 일어난 쓰나미로 일본 원전의 방사능이 유출됐다.
　　바다에서 일어난 지진으로 사람들은 도망치고 도시는 파괴됐다.
　　우리나라 바다에서 쓰나미가 일어난다면 원전은 어떻게 될까?

이 예를 참고 삼아 나머지는 직접 문장을 만들어보기 바란다. 이것 역시 시간제한을 둔다. 묶음당 3개 문장일 경우 15분, 4개 문장일 경우 20분의 시간을 준다. 아마 눈과 손에서 불이 날 것이다. 하지만 흔치 않은 몰입의 경험을 하게 될 것이다. 이것이 끝나고 나면 대부분 행복하고 만족스러운 얼굴이 된다.

키워드 매트릭스가 완성되면 A4 용지 1장을 가득 채울 만한 분량의 문장이 만들어진다. 써놓은 글을 훑어보면 처음엔 어설프고 뒤죽박죽이다. 시간에 쫓기다보니 아주 단순한 구조의 문장이 대부분이다. 깊은 생각을 담을 겨를이 없다. 괜찮다. 이 역시 몇 번 해보면 곧 질서와 체계가 만들어진다. 어떤 사람은 처음부터 조금만 손보면 어디에 내놔도 손색없는 글을 써낸다. 부러워할 것 없다. 서너 번만 하면 여러분도 그 경지에 다다를 수 있다.

키워드 매트릭스의 효과는 언제나 기대 이상이다. 나의 실용 글쓰기 강좌를 거친 많은 사람들이 이 방법을 통해 글쓰기의 두려움, 글쓰기의 울렁증을 극복했다. 불과 1시간도 안 돼 A4 용지 1장을 가득 채우는 체험을 한 뒤 그들은 말한다. 내가 봐도 신기하다. 답답했던 가슴이 뻥 뚫린다. 오랜만에 잡념에 빠지지 않고 집중했다. 이제 자신감이 생긴다.

일반적인 경우는 아니지만, 키워드 매트릭스로 단행본을 집필한 사례도 있다. 새로운 인재계발 기법 가운데 코칭^{Coaching} 프로그램이 있다. 한 코칭 업계의 대표 코치가 파트너 코치들과 단행본을 펴내야 했다. 몇 달이 지났는데, 진도가 나가지 않았다. 나를 통해 키워드 매트릭스 프로그램을 접하게 된 대표 코치는 파트너 코치들에게 각자 써야 할 부분을 키워드 매트릭스로 정리해보자고 제안했다. 그리고 몇 달 동안 제자리걸음이던 책 쓰기를 2주 만에 마쳤다.

난 중학교와 초등학교에 다니는 딸에게도 이 방법을 쓰고 있다. 창조적 생각과 글쓰기의 자신감을 키우는 데 이보다 더 좋은 방법을 난 아직 찾지 못했다. 여럿이 함께 하면 게임처럼 경쟁하는 즐거움도 맛본다. 여러분이 먼저 경험한 다음, 가족이나 동료들과 함께 게임하듯 즐겨보길 바란다.

키워드 매트릭스 작성 요령

1. 가로 세로 각 9줄씩 81칸의 격자를 만든다.
2. 가로 세로 각 3줄씩 9칸을 한 묶음으로 한다.
3. 정중앙 묶음의 가운데에 핵심 키워드를 적는다.
4. 핵심 키워드 둘레 8칸에 연관된 단어를 적는다.
5. 연관 단어를 나머지 8개 묶음의 핵심 키워드로 삼는다.
6. 8개 묶음에도 핵심 키워드와 연관된 단어를 적는다.

(1~6의 과정에 10~15분을 할애한다.)

7. 묶음 안에 있는 키워드 3~4개를 넣어 문장을 만든다.
8. 묶음당 3~4개, 총 27~36개의 문장을 만든다.

(7~8의 과정에 15~20분을 할애한다.)

연장2
마인드맵 글쓰기

마인드맵^{Mind Map}이란 "마음속에 지도를 그리듯이 줄거리를 이해하며 정리하는 방법이다. 핵심 단어를 중심으로 거미줄처럼 사고가 파생되고 확장되어가는 과정을 확인하고, 자신이 알고 있는 것을 동시에 검토하고 고려할 수 있는 일종의 시각화된 브레인스토밍 방법이다."(《특수교육학 용어사전》, 2009, 국립특수교육원)

생각의 지도를 그려내는 일은 매력적이다. 보이지도 않고 만질 수도 없는 생각을 지도로 그려내다니, 얼마나 신기한 일인가. 하지만 달리 보면 하루 종일, 심지어 꿈속에서도 생각을 멈추지 않는데, 그 생각을 그려내는 일이 뭐 대단할까 싶기도 하다. 입 안의 혀처럼 늘 내 속에 있는 것이 생각이다. 문제는 이 생각이 내 마음대로 되지 않는다는 사실이다. 제멋대로 갈래를 쳐 그 끝을 알 수가 없다. 이미 생각한 것도 그것이 무엇인지 설명하려면 몹시 힘이 든다. 더구나 말이나 글로 표현하라고 하면 무진 애를 써도 안 된다.

마인드맵은 그래서 쓸모가 있다. 한 생각(단어)을 중심으로 고구마 줄기를 더듬듯 생각의 갈래를 찾아낼 수 있으니. 생각의 지도를 그려나가다보면 '내가 이런 생각까지 하고 있었나' 하고 놀라는 경험을 하게 된다. 산길을 가다 뜻하지 않게 송이버섯을 만난 것처럼 기쁘다.

우리는 주로 표층에 떠오른 생각만을 말하고 글로 쓴다. 표층의 생각은 대개 번잡하고 갈피를 잡지 못하는 잡념들이다. 이 잡념을 그대로 밖으로 쏟아낸다면 초현실주의 작품보다 더 이해할 수 없는 괴상망측한 내용이 될 것이다. 그게 생각의 전부일 거라고 지레짐작하지만 생각의 깊은 바닥까지 내려가보면 확연히 다르다. 물속에 떠다니던 부유물이 차분히 가라앉아 앙금이 만들어지듯 긴 시간 동안 걸러지고 정리된 생각들의 갈피가 켜켜이 쌓여 있다. 마인드맵은 이것을 생각의 수면 위로 떠올리는 작업이다.

조선 초기 문인이자 학자였던 김시습은 이런 글을 남겼다. "말은 마음이 일어나는 것이고, 마음은 말의 가장 큰 핵심이다."《법계도주》) 말과 글은 마음의 작용, 생각의 산물이다. 말과 글을 부리는 데 마음(생각)만큼 중요한 것은 없다는 뜻이다.

마인드맵은 혼자보다 여럿이 하는 것이 낫다. 그래야 서로 자극받고 고무된다. 거침없이 생각의 심층을 드러낼 수 있다. 물론 혼자서 해도 무방하다. 다만 시간을 정해놓고 빠르고 가볍게 진행하는 것이 효과적이다. 평이하고 쉬운 단어로 핵심 키워드를 정한다. 여럿이 할 때엔 30분, 혼자서 할 때엔 15분을 넘기지 않는다.

옆의 그림은 실용 글쓰기 특강 수강생이 모두 참여해 만든 마인드맵이다. 글쓰기를 핵심 키워드로 삼아 연관되는 단어를 말해보라고 했다. 계통 없이 쏟아지는 단어를 크게 네 영역으로 구분해 정리했다. 맨 위부터 시계 방향으로 살펴보면 대략 이렇다. 글쓰기의 방법, 도구(환경), 준비 사항, 결과(효과) 등. 물론 딱 들어맞진 않다.

마인드맵은 갈래를 너무 많이 치면 좋지 않다. 대략 서너 개의 영역으로 갈무리하는 것이 좋다. 그래야 글로 정리하기가 쉽다. 굳이 연관성과 카테고리의 상하관계를 고려해 사슬로 엮지 않아도 된다. 쏟아지는 단어를 비슷한 것끼리 한데 모아놓으면 된다.

마인드맵이 끝났으면 이제 그것을 글로 쓴다. 구성을 단순하게 하는 것이 좋다. 예를 들자면 '글쓰기'를 핵심 키워드로 삼았다면 '글쓰기란 무엇인가?'를 제목으로 삼는다. 첫 문장을 '글쓰기란 무엇인가?'로 시작해도 좋다.

'무엇인가?'라고 물었으니 거기에 답하는 형식을 취하면 된다. 마인드맵에서 적은 대로 첫째 글쓰기의 방법, 둘째 글쓰기에 필요한 다양한 도구와 환경들, 셋째 글을 잘 쓰기 위한 준비 사항, 넷째 글을 열심히 쓰면 생기는 결과나 효과, 이런 순서로 정리한다. 각 영역 안에 있는 단어로 문장을 만들어 채운다. 마무리 부분에서 이 글을 읽는 사람에게 인상 깊은 한마디의 메시지를 남기면 금상첨화다. 마인드맵 글쓰기를 통해 나온 글 한 편을 소개한다. 준비 사항-도구(환경)-방법-결과(효과) 순서로 마인드맵을 정리했다.

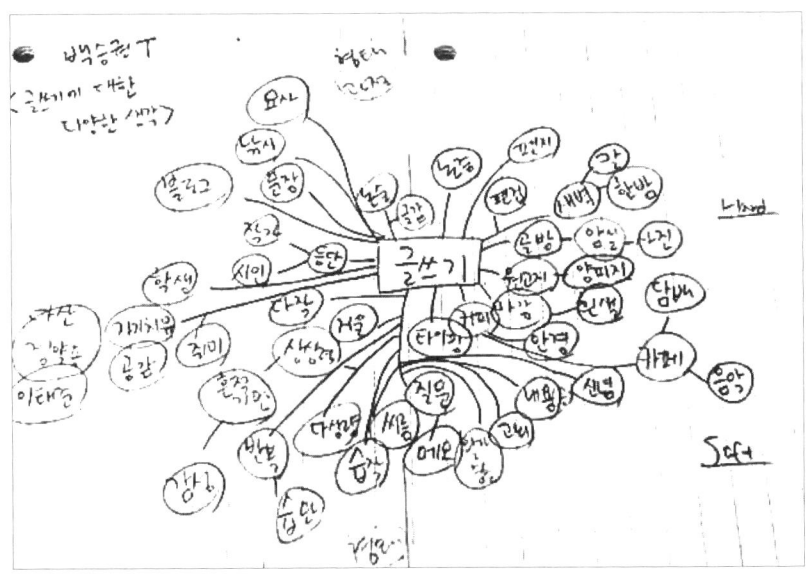

무슨 일이든 '올바른 시작'을 위해선 그에 걸맞은 마음가짐이 먼저 준비돼야 한다. 글쓰기도 마찬가지다. 우선 많은 생각, 즉 다상량을 통해 상상력을 기르는 것이 중요하다. 이것이 거울을 들여다보는 일처럼 습관이 돼야 한다. 생각을 깊고 넓게 할 수 있으려면 아는 것이 많아야 하니 당연히 읽기를 선행해야 한다. 활자 중독자처럼 읽기에 매진해보는 것도 좋은 경험이 될 것이다.

그 뒤엔 습작을 반복하여 다작해보는 것이 좋다. 자기 자신에게 끊임없이 질문하고 메모하며, 이를 통해 글을 쓰는 훈련을 해야 한다. 보이지 않는 적과 씨름을 한판 하는 것이다. 감성을 표현하기 위한 고뇌는 때론 씨름선수보다 더 많은 땀을 흘리게 할지도 모른다. 이 과정에서 잊지 말아야 할 점은, 맞춤법을 올바르게 사용해야 한다는 것이다. 맞춤법에 대한 경계가 흐려져 흔적기관이 돼버리면, 아무리 멋진 신념과 내공을 갖춘 글이라고 해도 수준이 조악해 보인다.

내면이 올바른 자세를 갖추었다면 이번에는 외적인 부분, 즉 환경에 관심을 쏟을 차례다. 어떤 사람은 사진을 인화하는 암실처럼 불빛이 잘 들지 않는 골방에서 흰색 원고지 위에 글을 쓰는 것이 딱 맞을 테고, 어떤 사람은 음악과 함께 커피를 음미하며 그리운 누군가에게 편지를 쓰듯 글을 쓰는 것을 선호할 수도 있다.

또 어떤 사람은 담배를 물고 안경이 코끝까지 내려오는 것도 개의치 않고 한밤중부터 새벽까지 마감에 쫓기듯 글을 쓰는 것이 맞을 수도 있다. 특이한 사람이라면 종이가 아닌 양피지를 고집할 수도, 혹은 오래된 타이프라이터로 타이핑을 즐길 수도 있을 것이다. 어떤 하나를 콕 집어 최적의 환경이라고 말할 수는 없다. 정답이 없는 문제이기 때문이다. 그러므로 우리는 우리의 성격과 취향, 생활 습관 등을 고려하여 적절한 환경을 조성할 필요가 있다.

이렇게 최적의 환경에, 안팎으로 완벽한 준비를 갖추었다고 하더라도 좋은 글은 쉽게 나오지 않는다. 글감을 문장으로 만들고, 문장들로 이루어진 초고를 쓰기까지는 연필을 칼로 깎듯 살과 뼈를 깎는 고통이 뒤따르게 마련이다. 초고를 썼다고 해서 글쓰기가 다 끝난 것은 아니다. 이것을 논증하고 논술하는 과정에서 실수나 착오가 없었는지 수없이 검토해야 좋은 글로 거듭날 수 있다.

이 과정을 거치는 동안 우리는 여러 부작용을 겪게 된다. 편두통에 시달릴 수도 있고, 가난에 좌절할 수도 있다. 그러나 부작용에 대한 해결 방법이 아주 없는 것은 아니다. 글쓰기란 취미를 공유하고, 나의 글에 공감해주는 사람이 있다면 긍정적인 효과를 불러올 수 있다.

카페로 나가 직접 얼굴을 맞대고 모이거나 낚시 동호회처럼 정기적인 모임을 갖지 않더라도 블로그를 통해 얼마든지 이런 사람들을 찾을 수 있다. 또 굳이 외부에서 도움을 찾지 않더라도 글을 쓰는 그 자체로 자기치유를 경험할 수도 있다. 이처럼 꾸준한 글쓰기를 통해 학생이 등단해 작가가 되고 시인이 되는 것이다. 물론 모두가 다산이나 이태준처럼 글을 쓸 수는 없겠지만, 최소한 올바른 글쓰기를 통해 우리의 생각을 좋은 글로 나타내는 데에는 큰 도움이 된다. 그렇게 된다면 누구나 책을 낼 수 있게 될 멀지 않은 미래에 작가가 갖춰야 할 덕목을 미리 터득한 셈이 되는 것이니, 누구도 손해랄 것은 없는 일이다.(손은이)

마인드맵을 단순하게 정리하는 수준을 넘어 아예 에세이 수준까지 끌어올린 사례도 있다. 〈글쓰기와 요리〉라는 제목의 다음 글은 글쓰기를 요리에 비유하고 있다.

글쓰기란 자신의 생각을 정리하여 활자로 표현하는 행위다. 요리는 재료를 손질하여 음식을 만드는 과정이다. 글쓰기는 한 편의 글로, 요리는 음식으로 나타나지만 둘 사이에는 많은 공통점이 있다.

첫째, 매일 접하거나 행하는 활동이다. 우리는 기본적으로 하루 세 끼 식사를 한다. 건강이 상했다거나 종교적인 이유로 일정 기간 단식을 한다든가 하는 특별한 경우를 제외하면 매일 음식을 섭취한다. 그 밖에도 친구가 나눠준 음식을 먹거나 대형마트에서 장을 보며 시식 코너의 음식을 습관적으로 먹기도 한다. 글쓰기도 마찬가지다. 우리는 아침부터 저녁까지 신문, 인터넷 댓글, 강의, 책 등 수많은 매체에서 하루 종일 글을 읽는다. 책이나 신문처럼 계획하여 읽기도 하지만 지하철 광고, 각종 설명문 등 의도하지 않게 텍스트에 노출되는 경우도 비일비재하다.

둘째, 도구가 필요하다. 다채로운 요리를 하기 위해서는 잘 갖춰진 조리 도구가 필수다. 음식을 익히는 가스레인지, 저장하는 냉장고, 손질하는 칼과 도마, 담아내는 그릇 등이 필요하다. 글쓰기는 사유의 과정이지만 이를 표현할 때 생각보다 많은 도구가 사용된다. 과거에는 종이(원고지)와 펜 또는 연필, 지우개가 필요했고, 근대에는 타자기, 현대에는 컴퓨터로 글을 쓸 수 있다. 연필깎이, 커피, 안경, 담배 등도 부수적으로 필요한 요소들이다.

셋째, 창의적인 활동이다. 어머니들의 가장 큰 고민은 '오늘 저녁은 뭘 해먹지' 하는 메뉴 선정이다. 수많은 요리 중에 상황, 인원, 재료, 예산 등에 맞춰 음식을 선정하는 것부터 요리는 시작된다. 독특한 식감을 내기 위해 소금 대신 김치를 사용하거나, 보기 좋은 떡이 먹기에도 좋다고 장식을 하는 등 수많은 고민을 하게 된다. 글쓰기도 수많은 글감 중에 무엇을 선택하고, 어떤 이야기를 할지 결정하는 과정에서 시작된다. 독특한 시각으로 명확한 메시지를 전달하기 위해 수많은 고민과 고뇌, 인고의 과정을 거쳐 한 편의 글이 탄생하게 된다.

넷째, 프로와 아마추어가 있다. 요리는 누구나 할 수 있는 활동이다. 어머니들은 매일 가족들을 위해 식사를 준비하고, 특별한 날 사랑하는 사람을 위해 손수 만든 도시락을 준비한다. 이와는 별개로 체계적인 요리 훈련 과정을 거쳐 전문지식으로 무장한 요리사가 있다. 요리사에게 요리는 직업이자 자부심이다. 우리는 자신의 감상을 적는 일기나 친구에게 보내는 편지를 쓴다. 온라인 블로그, 카페 등이 활성화되면서 일반인에게 글쓰기의 문턱은 더욱 낮아졌다. 하지만 작가, 기자, 칼럼니스트 등 글쓰기를 직업으로 삼기 위해서는 등단을 하거나 책을 내는 등의 과정이 필요하다.

글쓰기와 요리에서 가장 중요한 것은 바로 대상이 존재한다는 점이다. 생각하거나 평가할 독자가 있기에 글을 쓰고, 맛있게 음식을 먹는 이들이 있기에 요리를 한다. 요리를 한다는 생각으로 나의 생각을 공유할 독자를 떠올리며 매일 글을 쓴다면 글쓰기는 더 이상 어려운 것이 아니라 즐거운 일로 바뀌어 있을 것이다.(박진주)

연장3
대화 글쓰기

우리는 글을 쓰기 전에 내가 쓴 글이 상대방에게 어떻게 비칠까를 먼저 걱정한다. 내가 쓰고 싶은 내용에 오롯이 주목해야 하는데 상대방이 어떻게 읽을까를 먼저 헤아린다.

그러다보니 생각이 마비되거나 헝클어진다. 앞서 말한 것처럼 생각을 거듭할수록 자기검열의 덫에 점점 깊이 빠진다.

강의 때마다 이 문제를 궁수와 과녁에 비유하곤 한다. 활시위를 당기는 궁수의 몸은 작은 호흡까지도 닫을 만큼 흔들리지 않아야 한다. 그래야 화살이 날렵한 포물선을 그리며 저 멀리 있는 과녁에 정확히 꽂힐 수 있다. 설사 과녁이나 표적이 움직인다 해도 마찬가지다. 궁수의 자세만 흔들리지 않는다면 재빨리 하늘을 날아오르거나 숲 사이를 움직이는 것도 맞출 수 있다. 결국 활쏘기는 과녁이 아니라 궁수의 자세가 관건이다.

《금강경》엔 이런 말이 나온다. "어떻게 남을 위해 설명해줄 것인가? 설명해준다는 관념에 집착하지 말고 흔들림 없이 설명해야 한다."(제32분 응화비진분) 글쓰기에 대해 이보다 더 근본적이면서도 담백한 통찰을 아직 만나지 못했다. 집착하거나 흔들리지 말고 모든 마음을 글 쓸 내용에만 집중시켜야 한다. 그러나 이렇게까지 설명해도 두려움은 쉽게 사라지지 않는다. 흔들리지 않으려면 확고한 믿음이 있어야 하는데, 도대체 이 나란 물건을 믿을 수 없다. 내 내면 어딘가에 숨어 있을지 모르는 확신을 발견할 수 있다면 얼마나 좋을까.

자, 그렇다면 시험해보기 바란다. 이런 사람들에게 아주 요긴하면서 간단한 프로그램이 있다. '대화 글쓰기'다. 혼자서는 안 되고 두 사람이 짝을 이루어야 한다. '자신의 10년 뒤 모습', '내 인생의 결정적 장면 3가지' 따위로 주제를 정해 먼저 A가 5분 동안 B에게 이야기한다. 이건 생각을 다듬을 준비 없이 바로 해야 한다. 아마 어지간한 말솜씨를 가진 사람도 앞뒤가 꼬이고 뒤죽박죽 엉켜버릴 것이다.

A는 5분 동안 어쨌든 말을 해야 하므로 입을 닫고 자기검열에 빠질 경황이 없다. 떠오르는 대로 자동기술하듯 말을 뱉어내야 한다. 이때 B는 간단한 메모를 한다. A의 말이 끝나면 다음 순서로 B가 A에게 들은 이야기를 2분 동안 간추려 말해준다.

A는 B의 이야기를 듣고 놀란다. 자신은 무슨 얘기를 했는지 기억도 잘 나지 않는다. B의 얘길 듣고 나면 '아, 내가 이런 맥락으로, 이런 내용을 얘기했구나'라고 비로소 깨닫는다. B가 놀라운 솜씨로 자신의 얘기를 정리한 것이다. 그러면 B는 내심 놀란다. '생각보다 내가 정리를 잘했네. 개떡같이 말해도 찰떡같이 알아들었네.' A와 B가 역할을 바꿔 이 과정을 한 번 더 되풀이한다.

이 과정이 끝나면 서로 나눈 이야기를 바탕으로 글을 쓴다. 자신의 이야기를 쓰는 것이 아니라 상대방의 이야기를 쓴다. 자신이 정리해준 상대방의 이야기를 나의 이야기인 것처럼 써본다. 설명을 하기보다는 그림을 그리듯, 재밌는 이야기를 들려주듯 쓰는 것이 좋다. 최소한 15줄 이상을 써야 한다. 이 과정 역시 20분 정도로 시간을 제한한다. 다 쓴 뒤에 서로에게 글을 읽어준다. 다른 사람의 글을 통해 내 인생을 그려보거나 정리하는 것은 아주 색다른 경험이다.

이 과정을 통해 놀라운 사실을 발견한다. 우리 안에 한 편의 글을 펼쳐나가는 데 필요한 능력이 갖춰져 있다는 사실 말이다. 아무리 뒤죽박죽인 이야기를 듣거나 복잡한 상황을 만나더라도 우리는 그것을 논리적 흐름에 맞게, 이야기 순서에 맞게 정리해내는 DNA를 갖고 있다. 한마디로 '내 안에 글 있다'인 것이다.

　그것을 펜이나 자판으로 옮기기만 하면 된다. 예비 출판인 대상 글쓰기 특강에서 '내가 10년 뒤에 출판사를 차린다면'을 주제로 대화 글쓰기를 해 보았다. 아래는 그때 어느 수강자가 쓴 글이다.

 **대화 글쓰기 요령**

1. '자신의 10년 뒤 모습', '내 인생의 결정적 장면 세 가지' 따위로 주제를 정해 먼저 A가 5분 동안 B에게 이야기한다.
2. B는 메모를 하면서 듣는다.
3. B가 A에게 2분 동안 자신이 들었던 이야기를 간추려 들려준다.
4. A와 B가 역할을 바꿔 1~3의 과정을 되풀이한다.
5. 자신이 아니라 상대방의 이야기를 내 이야기인 것처럼 쓴다.
6. 20분 동안 15줄 이상을 쓴다.
7. 서로에게 읽어준다.

나는 돌멩이 같은 출판사를 만들 것이다. 돌멩이는 작고 단단하다. 돌담 사이 자기 자리를 지키는 돌멩이처럼 어지러운 시장에서도 틈새를 찾아 단단하게 자리하겠다.

돌멩이는 겉뿐만 아니라 속도 단단하다. 나의 출판사는 서로 끈끈히 뭉친 소수 정예로 운영될 것이다. 무엇이든 오래가기 위해선 공유된 비전, 영혼이 있어야 한다. 전망 좋은 곳에 출판사를 차려 함께 비전을 공유할 수 있는 이들을 모은다.

우리에겐 위아래가 없고 모두 동등한 위치에 있다. 매일 구성원끼리 마음을 모으는 시간을 갖는다. 회사를 열고 맨 먼저 구입할 요거트 아이스크림 기계는 이를 위한 것이다. 우리는 여럿이지만 하나다. 내가 너무 낭만적이라고? 그래서 내겐 동업자가 있다. 내가 완전히 믿을 수 있고 함께할 수 있는 동업자. 그는 내 부족한 현실감각을 채워주는 역할을 한다.

우리 출판사가 수면에 얼마나 큰 파동을 일으킬지는 모르겠지만 설사 물밑에 가라앉더라도 우리의 단단함은 깨지지 않을 것이다.(이건진)

이런 발견이 모든 존재에 불성佛性이나 하나님의 영성靈性이 내재한다는 종교의 가르침에 비견할 만하다고 하면 지나친 비약일까. 내 안에 글이 있으니 두려워할 필요가 없다. 집착하거나 흔들릴 이유도 없다. 이와 관련해 흥미로운 글이 한 편 있다. 지금은 어플리케이션 전자책 회사 북팔Bookpal의 대표를 맡고 있으면서 예전에 인터넷 논객으로 오랫동안 명성을 날린 김형석이 페이스북에 쓴 〈글 잘 쓰는 법〉이다.

만인을 위한 글쓰기 연장 3종 세트

키워드 매트릭스

두려움은 자기검열로부터 생긴다.
자기검열의 거미줄에
걸리지 않고 내 안에 앙금처럼
가라앉은 글 쓸 거리를 떠올려라.

마인드맵 글쓰기

한 단어를 중심으로
고구마 줄기를 더듬듯
생각의 갈래를 찾아 글로 써라.

대화 글쓰기

한 편의 글을 논리적 순서에 맞게,
이야기 흐름에 맞게
펼쳐나갈 수 있는 능력을
내 안에서 발견하라.

 제가 글쓰기 강사는 아니지만 그래도 제법 인터넷에선 글 좀 써봤는데, 글 잘 쓰는 방법은 간단하죠. 글 이전에 말입니다, 사람들은 글을 배우기 전에 말부터 배우죠. 말을 잘하는 사람들이 글도 잘 씁니다. 그러니까 글이란 말하는 것을 잘 정리해서 종이나 모니터에 옮겨 적은 것이라고 생각하면 되죠.

 어디 가서 말을 조리 있게 잘한다, 자기가 알고 있는 지식이나 경험을 잘 표현한다, 이러면 그런 사람들은 기본적으로 글을 잘 쓸 수 있습니다. 대표적인 게 유시민 같은 사람이죠.

물론 그 반대도 있습니다. 말은 상당히 서투르지만 글은 완성도 있게 표현하는 사람. 하지만 그도 대중기피증 같은 성격의 문제지, 글을 쓰기 전 내면의 대중들에게 끊임없이 말을 걸고 있습니다. 결국 그 말을 글로 옮겨 적는 거죠. 제 경험으로 보면 말 잘하는 사람이 글 잘 쓰고, 글 잘 쓰는 사람이 사회생활에서 성공할 가능성이 높은 것 같습니다.

저는 길을 걸어갈 때 혼자 머릿속으로 어떤 자리에 가면 이런 식으로 말을 해야겠다고 정리하곤 하는데, 이런 훈련이 글 쓰는 데 상당한 도움이 되더군요. 운동선수들이 하는 이미지 트레이닝 같은 거죠. 가상의 상황을 상상하고 그 상황에서 내가 이런 말을 해야 상대방이 설득되거나 아니면 감동하겠지라고 생각하면서 머릿속으로 내용을 정리하는 겁니다. 그럼 그게 기억으로 남아서 나중에 글로 표현되는 거죠. 개인적인 경험이긴 하지만 짤막하게 소개해봤습니다.

어떤 글을 쓸까를 놓고 막연하게 고민하는 것이 아니라
구체적인 몇 가지 방법을 놓고 선택할 수 있다.
시작하는 방법 여섯 가지 중에 하나를 고르면 된다.
중간을 이어가는 방법 여섯 가지 중에 하나를 고르면 된다.
마무리하는 방법 여섯 가지 중에 하나를 고르면 된다.
그러면 한 편의 초벌 글이 만들어진다.
이 초고를 다듬으면 한 편의 글이 완성된다.

2

막연하게 고민하지 말고
구체적으로 선택하라

피래미 구성법 익히기

가령 프로그램 개발자로서 X라는 소프트웨어를 언론에 설명하기 위해 글을 쓴다고 해보자. 내가 개발했으니 그 다양한 기능과 매뉴얼에 대해서는 속속들이 모르는 게 없다. 아이디어에서부터 제품화까지 개발 과정도 손금 보듯 훤히 알고 있다.

그런데 왜 글로 쓰려면 잘 안 될까? 글의 최소 단위는 단어다. 단어가 모여 문장을 이루고, 문장이 모여 문단을 이룬다. 전달하고자 하는 내용과 의도를 가장 최적화한 형태로 문단을 배열하는 것이 구성이다. 적재적소가 바로 구성이다. 단어, 문장, 문단, 구성을 다 잘 다루어야 하지만 구성을 잘 짜야 나머지 것들이 빛을 본다. 단어와 문장의 적절함, 독특함, 아름다움이 글의 가치를 돋보이게 한다. 그러나 결국 글의 가치를 좌우하는 것은 최적화한 구성이다.

집에 비유하면 적실하다. 단어와 문장은 벽돌, 나무, 황토, 창호, 구들돌, 마감재, 지붕재이다. 집을 짓는데 이런 자재의 품질이 좋아야 하는 것은 당연하다. 관건은 설계를 제대로 해야 한다는 점이다. 설계가 엉망이면 지붕재가 바닥에 깔리고 구들돌이 천장으로 간다. 설계를 제대로 해야 그에 따라 뼈대를 올리고 벽과 창호를 세우고 구들을 깔고 지붕을 이을 수 있다.

이 설계가 바로 구성이다. 우리가 흔히 글쓰기에서 막히는 것도 바로 이 부분이다. 단어와 문장 때문에 글을 못 쓰는 것은 어렸을 때의 이야기다. 수준과 정확성의 차이는 있겠지만 적어도 일정 수준의 교육을 받은 성인들에게는 단어와 문장 구사 능력은 별 문제가 안 된다. 많은 사람들이 단어와 문장이 떠오르지 않아서 글을 못 쓴다고 푸념한다. 과연 그럴까? 아마 십중팔구는 구성에서 막혀 단어와 문장이 꽁꽁 숨어버린 탓이다.

구성이 잘 짜여 글의 흐름이 순탄하면 생각지도 않았던 단어와 문장이 초저녁에 별 돋듯 튀어나온다. 얼마나 정신없이 튀어나오는지 손이 그 속도를 따라가지 못할 때도 있다. 고여 있던 웅덩이에 물꼬를 트면 물길을 따라 물이 힘차게 흐르는 것으로 비유할 수도 있다. 전문 작가들의 이야기가 아니다. 누구에게나 일어나는 일이다.

그렇다면 구성을 어떻게 할 것인가? 학교에서 글의 구성에 대해 여러 차례 배웠다. 3단 구성은 서론, 본론, 결론이다. 4단 구성은 기, 승, 전, 결이다. 5단 구성은 발단, 전개, 위기, 절정, 결말이다. 국어 시험을 치를 때마다 글의 한 토막을 지문으로 보여주고 구성의 어느 부분에 해당하는지 묻는 문제가 빠지지 않았다.

서사 장르에서 나타나는 시간적, 공간적 구성도 배웠다. 논술 장르에서 주제의 위치에 따라 두괄식, 미괄식, 양괄식으로 구분하는 것도 알고 있다. 글을 진술하는 방식으로 설명, 논증, 묘사, 서사가 있다는 점도 희미하지만 기억할 수 있다. 그러면 뭐하겠는가. 그렇게 긴 시간 동안 배운 것들이 정작 글을 쓰는 데는 별 도움이 되지 않는다.

이제부터 실제로 글쓰기에 써먹을 수 있는 구성법을 배워보자. 한 번 따면 평생을 써먹을 수 있는 운전면허처럼 한 번 배우면 평생 글쓰기에 활용할 수 있는 구성법을 배워보자.

그 구성법의 이름은 피래미다. 피래미라고 말하니 피라미를 떠올리는 사람이 많을 듯싶다. 피래미는 피라미의 사투리다. 피라미는 민물에 사는 비늘이 아름다운 물고기다. 한 주먹감도 안 되는 조무래기들을 가리킬 때도 이 단어를 쓴다.

내 고향은 산이 깊고 물이 맑은 충북 괴산이다. 남한강 상류 느티여울이 마을 옆을 흐른다. 느티여울엔 재밌는 것이 넘쳐난다. 그 가운데 으뜸은 여울낚시다. 이것은 견지낚시의 일종으로 낚싯대도 필요 없다. 그냥 긴 낚시줄 끝에 바늘을 달고 짧은 수수깡 토막을 달아 찌를 삼는다. 미끼는 개울 바닥 돌 밑에 붙어 있는 애벌레나 물벌레를 잡아 쓴다.

물이 흐르는 방향으로 낚싯줄을 놓았다 당겼다 몇 차례 되풀이하면 손끝에 짜릿한 떨림이 전해진다. 손목을 이용해 재빠르게 챈 뒤 줄을 당긴다. 여울 위로 작은 물살이 일어난다. 한사코 온몸을 버티며 저항하는 물고기가 딸려온다. 이윽고 햇살 아래 은빛 몸을 반짝이며 파닥거리는 피라미가 손아귀에 들어온다.

이 과정은 뒤에서 설명할 글쓰기 과정과 흡사하다. 모름지기 피라미 낚시하듯 글을 써야 한다. 피라미는 물살을 거슬러 오르는 습성이 있다. 장자가 말했다. "큰 새는 바람을 거슬러 날아가고, 살아 있는 물고기는 물살을 거슬러 헤엄친다."大鵬逆風飛 生魚逆水泳 피라미가 딱 그렇다. 작지만 생명력이 넘치는 물고기다. 글도 피라미처럼 생명력이 넘쳐야 한다. 그렇다면 피래미 구성법이란 무엇인가?

앞서 말한 것처럼, 글은 언제나 시작과 중간과 마무리로 이뤄진다. 뻔한 얘기라고 웃을지 모르지만 시작, 중간, 마무리의 특징을 정확히 알고 그 특징에 부합하는 패턴을 부릴 줄 안다면 글쓰기의 고민은 대부분 풀린다. 특히 별다른 형식미를 필요로 하지 않는 에세이나 칼럼, 기사, 자기소개서, 보도자료, 논문, 보고서 등 실용 글쓰기의 경우엔 더욱더 그렇다.

관건은 시작, 중간, 마무리가 각각 어떤 특징과 패턴을 갖고 있는지를 잘 아는 것이다. 그 특징과 패턴을 매뉴얼처럼 기억하고 익히는 것이다. 그것이 바로 피래미다.

이 구성법은 수십 년간의 글쓰기와 읽기, 여러 해의 글쓰기 강의 경험을 통해 정립한 것이다. 피래미는 각 부분의 특징을 나타내는 영어 단어의 첫 글자를 따서 만든 조어다. 시작은 낚시^{Fishing}, 중간은 근거^{Reasoning}, 마무리는 메시지^{Message}다. 그래서 피래미^{FiReMe}다.

피래미는 몇 문장밖에 되지 않는 짧은 글에서부터 단행본 몇 권짜리 분량의 긴 글에까지 모두 적용된다. 한 편의 글이 완결성을 갖추었다면 거기서 피래미를 찾아볼 수 있다. 긴 글의 경우 짧은 글의 피래미가 모여서 이뤄진 커다란 피래미다. 글의 한 부분에서 보이는 피래미가 전체 글에서도 보인다. 물론 피래미로 모든 글을 설명할 순 없다. 도저히 피래미로 설명할 수 없는 글이 있는 것도 사실이다. 그러나 내가 알고 있는 좋은 글의 대부분은 피래미를 갖고 있다.

피래미 구성법

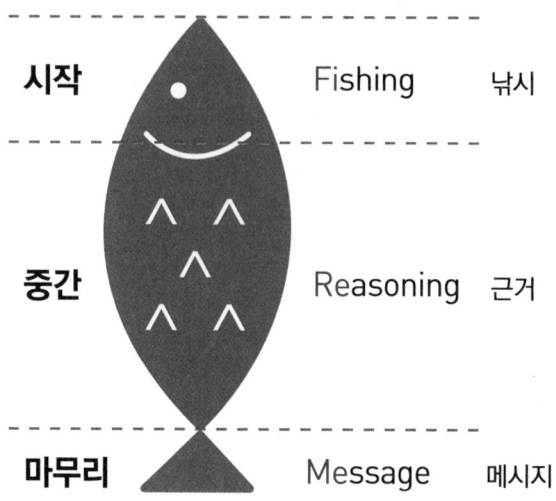

Fi + Re + Me = FiReMi(피래미)

　피래미는 글을 분석하기 위한 것이 아니다. 글을 쉽게 쓰기 위해 고안된 패턴이요, 공식이다. 어떤 글을 쓸까를 놓고 막연하게 고민하는 것이 아니라 구체적인 몇 가지 방법을 놓고 선택할 수 있다. 시작하는 방법 여섯 가지 중에 하나를 고르면 된다. 중간을 이어가는 방법 여섯 가지 중에 하나를 고르면 된다. 마무리하는 방법 여섯 가지 중에 하나를 고르면 된다. 그러면 한 편의 초벌 글이 만들어진다. 이 초고를 다듬으면 한 편의 글이 완성된다.

　이보다 명쾌한 글쓰기 방법이 어디 있겠는가? 피래미는 다양한 강의를 통해 임상 실험을 거친 것이다. 이제부터 시작, 중간, 마무리를 어떻게 구성할지 구체적인 예문과 함께 하나하나 살펴보도록 하자.

시작은 낚시
독자의 선택에 걸리는 시간은 30초, 진검승부를 펼쳐라

글의 시작 부분은 제목과 함께 독자를 처음 대면하는 자리다. 첫인상이 중요하다. 30초 정도 형성된 첫인상이 다음에 이어지는 글 전체에 결정적 영향을 미친다. 심리학에서는 이를 초두효과라 한다.

신문기사를 예로 들어보자. 독자들이 한 기사를 끝까지 읽을 것인가 여부를 판단하는 데 어느 정도의 시간이 걸릴까? 미디어를 연구한 학자들에 따르면, 30초 정도밖에 걸리지 않는다. 제목과 기사의 앞부분인 '리드'[Lead]를 읽을 때쯤 독자는 이미 이 기사를 계속 읽을지, 다른 기사로 옮겨갈지 선택을 마친다.

자기소개서는 어떤가? 요즘 회사나 대학이나 자기소개서가 인재 선발의 중요한 기준으로 자리 잡아가고 있다. 회사에서 신입사원을 모집하거나 대학에서 입시 전형을 실시하면 수천 편의 자기소개서가 몰려든다. 이것을 끝까지 다 보는 것은 물리적으로 불가능하다.

기업의 인사 담당자들은 대부분 자기소개서 한 편당 30초 정도의 시간을 할애한다고 한다. 30초를 보다가 강렬하게 끌어당기는 것이 있어야 나머지를 읽는다.

소설, 인문서, 실용서 등 그것이 어떤 책이든 첫머리에서 강렬하게 끌어당기지 않으면 독자의 선택을 받을 수 없다. 시작이 따분한데 나중에 가서 흥미로운 경우는 거의 없다. 작가와 출판사는 시작과 제목 부분에서 진검승부를 펼치지 않으면 안 된다.

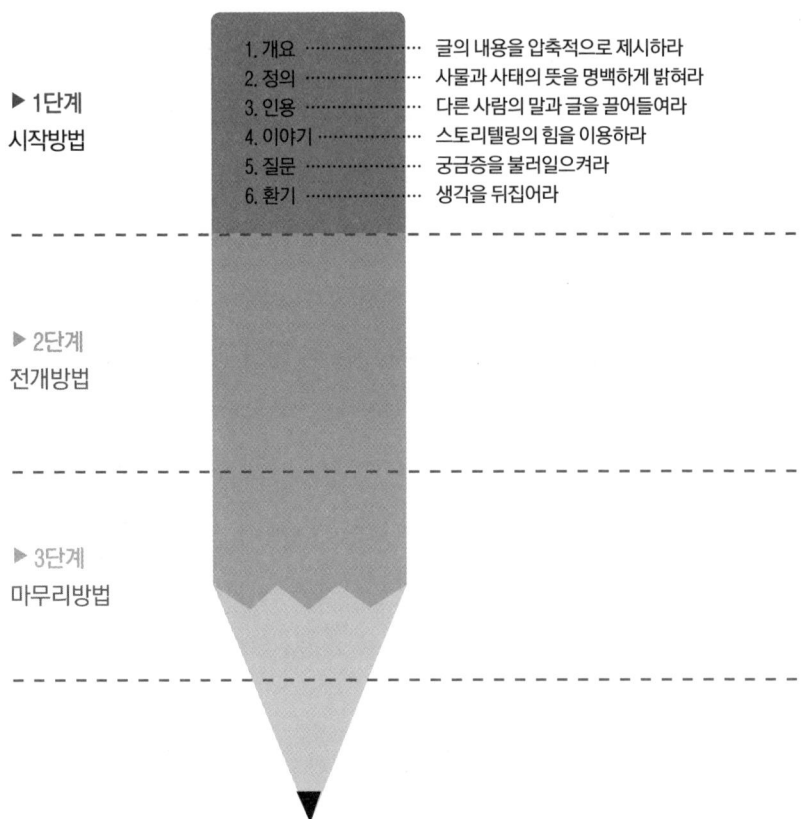

그래서 시작은 낚시Fishisng다. 흐르는 여울에 낚싯줄을 던져 피라미를 유혹하듯 글의 맨 앞에서 읽는 사람들의 관심과 호기심을 낚아야 한다. 낚시는 글의 시작 부분에서 이뤄지기도 하고 때로 제목에서 이뤄지기도 한다. 어디서든 상관없다. 중요한 것은 날카로운 낚싯바늘에 독자를 유인하는 미끼가 꿰어져 있어야 한다는 사실이다.

어떻게 낚아채야 하는가? 여기에 여섯 가지 방법이 있다. 개요, 정의, 인용, 이야기, 질문, 환기가 그것이다. 낚시의 세 종류가 여기에 그대로 적용된다.

첫 번째는 대낚시다. 대낚시는 지렁이나 떡밥을 미끼로 달고 강이나 저수지에 던진 후 잉어나 붕어가 물기를 기다렸다 낚아채는 것이다. 낚시꾼은 포인트를 잡고 좌대를 펼친다. 낚싯대와 줄의 길이를 조정하고 찌의 위치를 가늠한 다음, 미끼를 달아 정확한 포인트에 던져 넣는다. 그러곤 기다린다. 찌가 움직일 때까지. 낚시꾼과 물고기 간에 정면 승부가 펼쳐진다. 가장 정통적인 낚시 방법이다. 야구로 말하면 공이 곧바로 날아와 꽂히는 직구에 가깝다. 잔재주가 필요 없다. 이런 방법으로 시작하는 것이 개요와 정의다.

두 번째는 루어낚시다. 낚시 옆에 루어라는 인공 미끼를 달아 쏘가리, 농어와 같은 육식성 물고기를 잡는 방법이다. 인공 미끼는 털, 플라스틱, 나무, 금속 등 다양한 재질을 사용하는데, 실제 미끼와 닮을수록 물고기가 잘 문다. 대낚시처럼 한 곳에 앉아 기다리지 않고 물고기가 있을 만한 곳을 찾아 적극적으로 쫓아다닌다. 루어를 활용해 물고기를 유인하는 변칙적인 방법이다. 야구로 말하면 공이 휘어져 들어오는 변화구에 가깝다. 이런 방법으로 시작하는 것이 인용과 이야기다.

세 번째는 견지낚시다. 앞의 두 낚시는 물고기가 있는 방향으로 미끼를 들이민다. 견지낚시는 그 반대다. 물고기가 보는 앞에서 미끼를 주었다 도로 가져가버린다. 그 순간 피라미, 갈겨니(잉어과에 속하는 민물고기)가 덥석 미끼를 물고 만다. 흐르는 물에 발을 담그고 강물의 상하류를 오르내리며 낚시한다. 견지낚시는 이렇게 역발상으로 물고기를 낚는다. 야구로 말하면 구질이 중간에서 갑자기 바뀌는 체인지업에 가깝다. 이런 방법으로 시작하는 것이 질문과 환기다.

물론 글을 시작을 하는 데 하나의 방법만 사용하는 것은 아니다. 어떤 글은 두세 가지 방법을 섞어 쓰기도 한다. 그래도 하나의 방법이 가장 두드러진다. 글쓰기를 시작하는 여섯 가지 방법인 개요, 정의, 인용, 이야기, 질문, 환기에 대해 예문을 들어가며 각각 살펴보자.

시작방법1 개요
글의 내용을 압축적으로 제시하라

개요란 말 그대로 앞으로 전개할 내용을 압축적으로 간추려 제시하는 것이다. 지금부터 이러이러한 이야기를 하겠다고 시작 부분에서 친절하게 알려주는 것이다. 개요는 시작하는 방법 중에서 가장 정직하다고 할 수 있다. 더도 덜도 말고 딱 전할 이야기만 하기 때문이다.

그래서 글쓰기를 시작하는 방법 가운데 유혹과는 가장 거리가 멀다. 반면에 다른 방법처럼 무언가 특별한 것을 찾지 않아도 되니 가장 손쉬운 시작방법이기도 하다.

개요는 아주 짧게 한두 문장으로 처리해도 되고, 개요만 읽고 글의 핵심을 모두 파악할 수 있도록 상세하게 서술해도 된다. 개요가 너무 길면 글이 용두사미가 될 수 있다. 개요는 아무리 길어도 2개 문단을 넘기지 않는 것이 좋다. 중간에서 충분히 설명할 수 있도록 절제해야 한다.

개요로 글을 시작하는 방법은 아주 널리 쓰인다. 대중적 관심을 굳이 필요로 하지 않는 설명문, 보고서, 논문에 주로 쓰인다. 설명문과 보고서는 개조식(글을 쓸 때 앞에 번호를 붙여가며 짧게 끊어서 중요한 요점이나 단어를 나열하는 방식)이든 서술식이든 제목 다음에 개요를 가장 먼저 쓰는 것이 일반적이다. 논문 역시 마찬가지다. 간혹 에세이나 칼럼에도 이 방법이 쓰인다.

다음은 참여정부의 업적을 통계와 지표로 정리한 책 《있는 그대로 대한민국》에 실린 〈시스템이 일인자〉라는 글의 전문이다.

1. 노무현 정부는 정부 업무가 '사람'이 아닌 '시스템'을 중심으로 운영될 수 있도록 많은 노력을 기울였다. 이를 통해 공무원들의 일하는 방식과 과정은 물론 사고까지 바꾸는 데 도움을 주고자 하였다.
2. 청와대 업무관리시스템인 'e지원'을 기반으로 구축된 '온나라업무관리시스템'이 중앙행정기관에 도입되었으며, 2007년 하반기에는 온라인 국정관리시스템, 디지털예산회계시스템, 전자통합평가시스템 등과 연계되어 정부 업무 디지털 신경망이 구축된다.
3. 개별 행정기관 차원에서는 국민에게 더 효율적으로 봉사할 수 있도록 시스템을 혁신하였는데, 특히 통관, 조세, 특허, 출입국, 정부조달 등 국민 생활과 밀접한 분야에서 수요자 중심으로 업무를 전면 재설계하여 표준화, 시스템화하였다.(149쪽, 문단의 번호는 지은이가 붙인 것이고 이후에 나오는 예문들의 경우도 동일하다.)

시작 부분의 개요는 정부 업무를 사람이 아닌 시스템 중심으로 운영될 수 있도록 노력했다는 내용이다(1번 문단). 그 개요에 따라 e지원을 비롯한 다양한 시스템을 나열하고 있다(2, 3번 문단). 개요를 말하고 중간에서 그 구체적 근거를 대는 방식이다. 단순하지만 간명한 내용을 담고 있다.

논문의 예를 들어보겠다. 손광수의 〈1960년대 밥 딜런의 노래, 불확정성과 탈규정성의 시학〉(2010년, 동국대 영문과 석사학위 논문)이란 긴 제목이 붙은 논문의 시작 부분을 보자.

이 논문에서 필자는 밥 딜런[Bob Dylan]이 1960년대에 쓰고 발표한 노래들을 중심으로 그의 예술이 갖는 미학적 특유성을 밝히고 동시에 그것이 갖는 효과와 의의를 규명해보고자 한다. (중략) 이런 맥락에서 본 연구는 1960년대 밥 딜런의 예술을 조망하면서, 우리나라 학문계에서는 물론이고 담론들 속에서 다루지 않던 영역인, 그의 노래가 드러내는 시적인 효과를 중심 연구 대상으로 삼고자 한다.(1쪽)

긴 논문의 시작 부분인 만큼 개요도 매우 길다. 이 논문은 개요에서 말한 '효과와 의의'를 구체적 근거를 들어 설명하는 내용으로 채워져 있다.

담백한 맛이 우러나는 에세이에도 이 방법이 쓰인다. 법정 스님의 《무소유》에 실린 여러 글이 그렇다. 생래적으로 꾸밀 줄 모르는 법정 스님의 성품이 이런 시작방법을 선호하게 만든 듯싶다. 그 가운데 〈나의 취미는〉이라는 글의 시작 부분이다.

취미는 사람들의 얼굴만큼이나 다양하다. 그것은 어디까지나 주관적인 선택에서 이루어진 것이므로 누구도 무어라 탓할 수 없다. 남들이 보기에는 저런 짓을 뭣하러 할까 싶지만, 당사자에게는 무엇과도 바꿀 수 없는 절대성을 지니게 된다. 그 절대성이 때로는 맹목적일 수도 있다. 그래서 지나치게 낭비적이요 퇴폐적인 일까지도 취미라는 이름 아래 버젓이 행해지는 수가 있다.(12쪽)

법정 스님은 이렇게 들머리에서 앞으로 펼칠 내용을 간추려 이야기한다. 그다음 중간 부분에서 골프라는 취미에 대한 불편한 마음과 부당성을 사실과 논리, 인용까지 동원해 설파한다. 바람직한 취미는 함께 살아가는 이웃들에게 긍정적 영향을 끼칠 수 있어야 한다고 역설하며 마무리한다.

시작 부분이 따로 없는 경우도 있다. 제목이 그 역할을 대신하는 것이다. 피천득의 《수필》에 실린 〈나의 사랑하는 생활〉과 〈수필〉은 제목이 개요 역할을 하고 있다. 〈나의 사랑하는 생활〉이라는 제목 아래 글의 첫머리부터 마지막까지 '내가 사랑하는 생활'의 다양한 국면을 나열한다.

나는 우선 내 마음대로 쓸 수 있는 돈이 지금 돈으로 한 오만 원쯤 생기기도 하는 생활을 사랑한다. 그러면은 그 돈으로 청량리 위생병원에 낡은 몸을 입원시키고 싶다. 나는 깨끗한 침대에 누웠다가 하루에 한두 번씩 더웁고 깨끗한 물로 목욕을 하고 싶다.(69쪽)

내가 사랑하는 생활의 모습은 변주곡처럼 모양을 바꿔 계속 이어진다. 잔디 밟기, 아름다운 얼굴, 아름다운 빛, 이른 아침 종달새 소리, 갈대에 부는 바람 소리, 젊은 웃음소리, 사과와 호두와 잣, 나의 집, 실크해트, 신발, 눈 내리는 서울 거리로 마지막 문장까지 이어진다. 마무리도 생략됐다. 파격적인 글이지만 큰 공감을 불러일으킨다.

역설적으로 쓰이는 경우도 있다. 글 쓴 사람이 대중적으로 큰 관심을 받는 사람이라면 굳이 시작 부분에서 독자를 유혹할 필요가 없다. 오히려 담담하게 개요로 시작하는 것이 대중에게 더 큰 호기심을 불러일으킨다. 이것이 소통의 비밀이다.

대표적인 글이 스티브 잡스가 2005년 6월 스탠퍼드대학 졸업식에서 한 축사다. 그는 이렇게 별것 아닌 것인 양 시작하고 있다.

> 세상에서 가장 훌륭한 대학 중 하나로 꼽히는 이곳에서 여러분의 졸업식에 함께하게 되어 매우 영광입니다. 솔직히 말하면, 저는 대학을 졸업하지 못했습니다. 오늘 이 자리만큼 대학 졸업식을 가까이서 보는 것도 처음이네요. 오늘은 제 삶에 대한 세 가지 이야기를 들려드릴까 합니다. 대단한 건 아니고, 딱 세 가지만 이야기하겠습니다.

잡스는 대단치 않은 이야기 딱 '세 가지만 하겠다'고 말했다. 과연 대단치 않은 이야기였을까? 스탠퍼드대학 졸업생들의 눈빛은 '대단한' 세 가지 이야기를 기대하며 형형하게 빛났을 것이다.

잡스는 중간 부분에서 담담한 어조로 자신의 삶에서 결정적인 세 가지 장면을 생생하게 전하고 있다.

시작방법2 정의
사물과 사태의 뜻을 명백하게 밝혀라

어떤 사물이나 사태의 뜻을 명백하게 밝히는 것이 정의다. 사물이나 사태의 뜻은 복잡하고 모호하다. 그것을 한 꼬챙이에 꿰어 '이것은 저것이다'라고 단정하는 것이다. 어떤 행동이나 사건, 세태의 본질을 진단하거나 평가하는 것도 여기에 속한다.

이렇게 내린 정의와 진단은 중간에서 어떻게 그 근거를 설득력 있게 제시하느냐에 따라 다른 평가를 받는다. 혜안과 통찰로 상찬되기도 하고 편견과 속단으로 비난받기도 한다. 중간에서 펼칠 논지에 대해 자신감이 있어야 정의로써 글을 시작할 수 있다.

정의로 시작하는 글은 대개 의미심장하다. 우리가 표면적으로 알고 있는 사실을 꿰뚫어 그 본질을 보여준다. 한눈에 정의의 의미를 파악하기란 쉽지 않다. 시작부터 진입 장벽이 높다. 정의로 시작했으면 중간 부분은 구체적인 사례나 이야기로 설명해주는 것이 바람직하다. 계속 추상적 논리만으로 글을 이끌어간다면 당위적인 내용을 반복하는 꼴이 되기 십상이다.

이 방법은 어떤 주장을 담은 논설문이나 새로운 이론을 펴기 위한 이론서에 자주 쓰인다. 철학이나 종교 등 사색적인 글에서도 볼 수 있다. 지도자가 대중을 휘어잡고 자신의 생각을 전파할 때에도 이 방법이 유용하다. 자기소개서를 이렇게 쓴다면 강한 인상을 남길 수 있다.

한 고등학생이 대입 수시 전형에 합격한 자기소개서다. 이 글은 '지원 동기와 지원 분야의 진로 계획을 위해 어떤 노력과 준비를 해왔는지 기술하고, 본인에게 가장 의미 있었다고 생각되는 활동을 기술하세요'라는 항목에 대한 글이다.

1. 저의 궁극적 목표는 유엔에 들어가 개발도상국이 국제사회에서 스스로 자립하고, 자국민을 구조적 빈곤과 전쟁에서 벗어나도록 하는 데 기여하는 것입니다.
2. 어릴 때부터 시야를 전 세계로 넓혀온 저는 국제 활동을 위해 외국어 능력을 쌓는 데 많은 노력을 기울였습니다. 영어로 출판된 단행본을 꾸준히 읽고, 토론 동아리와 모의 유엔, K대학교 토론 대회에도 참여했습니다. 이런 노력을 통해 내신, 모의고사, 경시대회에서 좋은 성과를 얻었고, K대학교에 입학하는 학생들 수준의 공인 점수를 받았습니다. 학교 수업을 통해 에스파냐어와 중국어를 배웠고 공인 시험을 통과했습니다. 두 외국어를 선택한 이유는 남미와 중국이 제가 일하려는 협력개발 분야에서 중요할 것으로 생각했기 때문입니다.
3. 저는 우리 사회를 공부하고 경험하기 위해 노력했습니다. 1학년 때는 사회 수업 연구 과제로 해외 식량 지원에 대한 리포트를 썼습니다. 저는 인도주의적 지원만으로는 저개발국 시민이 삶의 질을 향상하는 데 한계가 있다는 것을 알게 되었습니다. 저개발국의 해외 의존도를 낮추는 방안들을 생각했습니다. 저개발국이 개발의 주체가 되고 국제사회가 이를 다자적 협력과 상호 파트너십으로 돕는 새로운 관점이 필요하다는 사실을 알게 됐습니다. 이를 계기로 국제개발협력 분야에서 일하는 것을 목표로 삼게 되었습니다.
4. 저는 전쟁, 자연재해, 국가 부채, 민주화 등 개발도상국이 마주하고 있

는 다양한 문제들과 세계화로 인한 사회·문화·경제적 변화에 관심을 가졌습니다. 한 예로 저는 모의 유엔회의에 참석해 전쟁을 겪은 국가들이 재건하는 과정에서 국제사회가 할 수 있는 일은 무엇이 있을지 논의했습니다.

5. 한편으로 책을 읽고 사회 과목의 기초적 지식을 접하면서, 자본주의 사회에서 심화되는 빈부 격차와 금융기관들의 도덕적 해이에 대해 알게 되었습니다. 3년 전에는 '월가 시위'Occupy Wall Street에 대해 토론하기도 했습니다. 국제사회에서 논란이 되는 이슬람 문화를 이해하기 위해 직접 이슬람 예배에 참석하고, 유대인 친구들을 사귀며 그들의 문화를 체험했습니다. 다양한 문화와 종교에 대한 올바른 이해가 국제사회의 갈등을 해소하고 평화를 불러오는 데 기여할 수 있다고 생각합니다.

6. 저는 앞으로도 국제사회의 정치, 인권, 환경 문제 등을 해결하기 위한 방안을 공부하고 연구하고 싶습니다. 유엔개발계획UNDP과 함께 긴밀하게 국제개발협력 연구에 기여해온 K대학교 국제학부에서 공부해 인권이 보장되는 평화로운 세계를 만드는 데 보탬이 되는 인재가 되고자 지원합니다.(김민지)

시작 부분에서 이 학생은 자신의 목표를 "유엔에 들어가 개발도상국이 자립하고 빈곤과 전쟁에서 벗어나도록 하는 데 기여하는 것"이라고 정의한다(1번 문단). 중간 부분에서는 자신의 목표를 이루기 위해 어떤 노력과 준비를 해왔는지 정의에 대한 근거를 설명한다(2, 3, 4번 문단). 외국어 공부, 저개발국에 대한 연구 리포트, 모의 유엔회의 참석, 다양한 독서와 체험 등 고등학생으로서 최선을 다하는 모습에 높은 평가를 내리게 된다. 추상적 논리가 아닌 구체적 사례를 들고 있는 점이 이 글의 설득력을 높인다. 마무리 부분에서 자신의 목표를 한 번 더 강조하며 K대학교 국제학부에 지원한 구체적인 이유도 밝힌다(6번 문단). 표현과 문체가 유려하지는 않지만 자기소개서로서 진정성과 신뢰가 느껴진다.

피천득의 〈순례〉는 문학에 대한 확고한 가치관과 판단을 피력하는 글이다. 노작가는 시작 부분에서부터 문학에 대한 단호한 정의를 내세운다.

> 문학은 금싸라기를 고르듯이 선택된 생활 경험의 표현이다. 고도로 압축되어 있어 그 내용의 농도가 진하다.
> 짧은 시간에 우리는 시인이나 소설가의 눈을 통하여 인생의 다양한 면을 맛볼 수 있다. 마음의 안정을 잃지 않으면서 침통한 비극을 체험할 수도 있다. 문학은 작가의 인격을 반향한다. 그러므로 우리는 고전을 통하여 위대한 사람들의 친구가 될 수 있다.《수필》, 45쪽)

피천득은 '문학은 금싸라기를 고르듯이 선택된 생활 경험의 표현'이라고 정의내리고 있다. 그다음 토머스 그레이, 예이츠, 황진이, 도연명, 바이런, 정지용, 노천명의 작품을 예로 들며 문학 순례를 통해 어떤 생활 경험을 접했는지 일별한다. 이 글 역시 구체적 사례를 들어 정의를 뒷받침하고 있다.

고 김대중 대통령은 글과 연설에서 이 방법을 즐겨 사용했다. 그의 글을 잠언 형식으로 엮은 책《배움》에서 아주 인상 깊은 한 대목을 함께 읽어보자.

용기 있는 사람만이 용서할 수 있다. 국민 외에는 누구도 두려워하지 않는 사람, 올바른 사람은 반드시 승리한다는 확신을 가진 사람만이 진정한 용기를 낼 수 있다. 용서야말로 최대 승리라는 철학과 신념을 가진 자만이 자신 있게 용서할 수 있다. 그들에게는 권력의 칼을 빼앗긴 빈손의 독재자를 두려워할 이유가 없다.(92쪽)

'용기 있는 사람만이 용서할 수 있다'는 정의가 이 글의 시작이다. 이 대목에서 민주주의를 위해 사선을 넘나들었던 삶의 무게가 느껴진다. 둘째 문장부터 이 글의 중간에 해당한다. 용기와 용서의 관계에 대한 통찰이 빛난다.

성공회대 석좌교수 신영복의 《감옥으로부터의 사색》에 실린 〈아름다운 여자〉의 시작 부분이다. 이 책엔 감옥에 갇힌 무기수의 신세지만 세상에 대한 통찰을 벼리고 벼린 사람만이 다다를 수 있는 정의가 자주 눈에 띈다. 이 서신은 결혼을 앞둔 남동생에게 주는 사적인 충고이자 우리 사회에 보내는 경종이기도 하다.

'미'美 자는 '양'羊 '대'大의 회의會意로서 양이 크다는 뜻이다. 우리의 선조들은 큼직한 양을 보고 느낀 감정을 그렇게 나타낸 것이다. 그 고기를 먹고 그 털을 입는 양은 당시의 물질적 생활의 기본이었으며, 양이 커서 생활이 풍족해질 때의 그 푼푼한 마음이 곧 미였고 아름다움이었다. 이처럼 모든 미는 생활의 표현이며 구체적 현실의 정서적 정돈이다. 그러므로 우리의 생활 바깥에서 미를 찾을 수는 없다. 더욱이 생활의 임자인 인간의 미에 있어서는 더욱 그렇다. 용모나 각선 등 조형상의 구도만으로 인간의 아름다움을 판단할 수 없음은 마치 공간을 피해서 달아나거나 시간을 떠나 존재하거나, 쉽게 말해서 밑바닥이 없는 구두를 생각할 수 없음과 마찬가지다. 그러므로 너는 먼저 그녀의 생활 목표의 소재를 확인하고 그 생활의 자세를 관찰하며 나아가 너의 그것들과 비교해보아야 할 것이다. 사랑이란 서로 같은 곳을 바라보는 것이다.(86쪽)

이 글이 내리는 아름다움에 대한 정의는 세간의 통념과 다르다. "모든 미는 생활의 표현이며 구체적 현실의 정서적 정돈이다." 그 근거로 '아름다울 미' 자가 어떻게 뜻이 모아져 이뤄졌는지를 밝힌다. 중간 부분에서 '아름답다'는 우리말의 뜻을 다시 한 번 새긴다. 동생이 매스컴에서 부침하는 유행을 따르지는 않는지 걱정한다. 아름다움은 자기를 갱신하는 과정이므로 "그녀가 어떠한 여자로 변화 발전할 것인가를 반드시 헤아려보라"고 충고한다. 결혼을 앞두고 아름다움의 의미를 이렇게 새로이 하는 기회를 갖도록 권한다. 끝으로 "너는 아직도 같은 값이면 다홍치마라 하겠지만 요즘 세상에는 같은 가격이면 그 염색료만큼 천이 나쁜 치마이기 십상"이라며 속담의 뜻을 새롭게 고쳐 읽는 것으로 편지를 마무리한다.

베트남 출신으로 프랑스에서 '플럼빌리지'Plum Village라는 수행공동체를 운영하는 틱낫한Thich Nhat Hanh 스님의 책《살아계신 붓다 살아계신 예수》에 실린 〈길을 보는 것은 나를 보는 것〉이란 글을 보자.

참된 스승을 직접 한번 만나보는 것은 그의 가르침을 백 년 공부하는 것과 맞먹는다고 합니다. 그런 분에게서 깨침의 산 실증을 볼 수 있기 때문입니다.

예수님이나 부처님을 어떻게 직접 만나볼 수 있겠습니까? 그것은 우리가 하기에 달렸습니다. 부처님이나 예수님의 눈을 직접 들여다본 사람들 중 많은 이들이 그분들을 알아볼 수가 없었습니다.(91쪽)

첫 문장에서 정의가 내려지고 그다음 문장은 정의를 덧붙여 설명하고 있다. 중간 부분에서 직접 본다고 스승을 만나는 것이 아니라 어떤 마음 상태를 가졌느냐에 달려 있다고 역설한다.

시작방법3 인용
다른 사람의 말과 글을 끌어들여라

다른 사람 혹은 역사적으로 유명한 사람의 글이나 말을 끌어들여 내가 하고 싶은 이야기의 실마리로 삼는 방법이 바로 인용이다. 인용한 글이나 말의 명성과 신뢰도를 빌어 자신의 논지를 펴는 것이다. 안전하면서도 손쉬운 시작방법이다.

적절한 인용문만 찾는다면 글쓰기의 절반은 성공한 셈이다. 평범했던 글이 인용문 하나로 살아나는 경우가 많다. 그런 만큼 맞춤한 인용문을 찾아내는 데 많은 노력과 시간을 들일 필요가 있다. 막상 인용을 활용하려면 적당한 내용을 골라잡기가 쉽지 않다. 평소 책이나 신문을 볼 때 스크랩이나 메모를 생활화한다면 이런 작업이 훨씬 수월할 것이다.

두 가지 경로가 있다. 인용문을 본 뒤 거기서 자신의 생각과 경험을 유추해 한 편의 글을 엮어나가는 방법과, 반대로 자신의 생각과 경험을 정리하는 과정에서 이를 적절하게 뒷받침해줄 인용문을 찾는 방법이 그것이다. 인용은 에세이나 칼럼, 기사 등 모든 분야에서 즐겨 쓰이는 방법이다. 인용으로 시작해 인용으로 마무리하는 경우가 많다.

다음은 건물관리회사 직원으로 나의 글쓰기 강좌를 수강한 사람이 쓴 〈좀비 거짓말〉의 전문이다. 이 청년은 글쓰기를 통해 자신이 직면한 생활의 한계를 뛰어넘고자 했다. 그가 내게 평가를 부탁하며 이메일로 보내온 글이다.

1. 최근 〈뉴욕타임스〉에 실린 폴 크루그먼 Paul Krugman 의 칼럼에 재미있는 용어가 등장했다. '좀비 거짓말' Zombie Lies . 크루그먼은 말한다. 예를 들어 한 무리의 캐나다인들이 그들의 의료보험제도로 인한 문제 때문에 도움을 얻기 위하여 미국으로 향하고 있다는 이야기를 소개한다. 그는 이것을 '완벽한 허위'라고 표현하며, 이러한 종류의 거짓말을 좀비 거짓말(아무리 많은 증거를 제시하더라도 곧바로 다시 살아나기 때문에)이라고 표현한다.

2. 요즈음 한국에서도 이와 같은 거짓말이 나타나고 있다. 예를 들어 최근에 다시 뜨거운 화제가 되고 있는 무상급식에 관한 내용이 그러하다. 무상급식을 반대하는 측에서는 무상급식이 재정을 파탄 내는 망국적 복지 포퓰리즘이라고 주장한다. 그렇다면 이들의 주장은 타당한가?

3. 무상급식이 그처럼 재정에 영향을 주는 것이라면 무려 200억 원 가까이 들어가는 주민투표는 재정에 영향을 미치지 않는 것인가? 무상급식보다 훨씬 더 많은 예산이 사용되는 한강 르네상스 사업과 디자인 사업은 재정 부담으로부터 자유로운가?

4. 한강 르네상스 사업이나 디자인 사업은 서울시 미래의 먹거리를 위한 사업이라는 반론이 있을 수 있다. 이 주장이 옳다면 이미 상당히 진행된 이 사업의 성과가 서울시 청년들의 일자리 창출 같은 것으로 드러나야 한다. 하지만 최근 통계에 의하면 청년 실업률은 개선되지 못했다.

5. 이처럼 증거를 제시하더라도 무상급식을 반대하는 집단은 끊임없이 무상급식을 망국적 복지 포퓰리즘이라고 주장한다. 아무리 총을 맞아도 끊임없이 다시 일어나 다가오는 좀비처럼 말이다.

6. 앞에서 소개한 칼럼에서 폴 크루그먼은 말한다. "어떻게 하면 이 좀비들의 머리에 총을 쏠 수 있을까?" 이것을 지금의 한국의 상황에 적용해보면 이렇다. 어떻게 하면 무상급식이 망국적 포퓰리즘이라는 이런 종류의 거짓말들이 되살아나지 못하게 할 수 있을까?(홍진우)

이 글은 크루그먼의 칼럼에서 '좀비 거짓말'이란 단어를 인용하며 시작한다. 글쓴이가 갖고 있는 문제의식의 실마리를 설득력 있게 펼치기 위해서다. 중간 부분에서 곧바로 무상급식 논란을 소개하고 무상급식이 포퓰리즘이라는 주장의 부당성을 비판한다(2, 3, 4번 문단). 여기에 논리적·사실적 근거를 든다. 그런 주장이 '좀비 거짓말'과 다를 바 없다고 규정한다(5번 문단).

마무리 부분에서 다시 크루그먼의 글을 인용해 한국의 상황에 대비시킨다 (6번 문단). '무상급식이 망국적 포퓰리즘이라는 이런 종류의 거짓말들'이 사라져야 한다고 분명하게 역설한다.

스타트업얼라이언스 센터장 임정욱이 〈한겨레〉에 발표한 칼럼 '태블릿이 고객의 주문을 받을 수 있을까?'(2013년 4월 1일자)는 〈월스트리트저널〉의 기사를 인용해 스마트 기기가 결과적으로 어떻게 인간을 소외시키고 있는가를 실감나게 보여주고 있다. 그 시작 부분이다.

"태블릿이 고객의 주문을 받을 수 있을까?"
지난주 〈월스트리트저널〉을 읽는데 이런 제목의 기사가 눈길을 끌었다. 버지니아비치의 한 컵케이크집 주인이 고객의 주문을 받는 10명의 종업원을 태블릿컴퓨터를 이용한 무인 주문 시스템으로 바꾸는 것을 고려하고 있다는 내용이었다. 현재는 종업원에게 시간당 7.25달러를 주고 있는데 오바마 대통령이 추진하는 대로 최저임금이 9달러로 올라갈 경우 채산성이 악화될 것을 우려해서라는 것이다.

'태블릿이 고객의 주문을 받을 수 있을까?'는 〈월스트리트저널〉 기사와 이 칼럼의 제목이면서 동시에 이 칼럼의 문제의식을 한 문장으로 집약한 인용문이다. 두 번째 문단에서 태블릿 컴퓨터로 주문 시스템을 바꿔 10명의 종업원들에게 나가는 임금을 줄이려는 한 컵케이크집 주인의 이야기를 전하고 있다.

독자는 이 인용을 통해 앞으로 전개될 내용에 대해 강한 호기심을 품게 된다. 그 호기심은 중간 부분의 구체적 사례를 통해 더욱 증폭된다. 먼저 사람의 일자리를 스마트 기기가 대신하는 현상이 대세임을 말해준다. 이런 추세가 앞으로 더 가속화될 것을 진단하며 심각한 경고를 보낸다. 그리고 마지막으로 이런 시대에도 경쟁력을 잃지 않고 살아가기 위한 방법을 알려준다. 비판적 사고, 대화하는 방법처럼 기계가 따라올 수 없는 능력을 키우는 쪽으로 교육 방향이 바뀌어야 한다는 메시지로 이 글은 마무리된다. 한 기사의 인용을 통해 사소한 사건의 저변에 이 시대의 '메가트렌드'가 깔려 있음을 밝혀낸다. 그것의 미래와 문제점을 밝혀내고 그 해법과 대안까지 제시하고 있다. 피래미가 정확하게 구현된 칼럼이다.

법정 스님의 〈무소유〉 시작 부분도 인용의 대표적 사례로 손꼽힌다.

"나는 가난한 탁발승이오. 내가 가진 거라고는 물레와 교도소에서 쓰던 밥그릇과 염소젖 한 깡통, 허름한 담요 여섯 장, 수건 그리고 대단치도 않은 평판, 이것뿐이오."

마하트마 간디가 1931년 9월 런던에서 열린 제2차 원탁회의에 참석하기 위해 가던 도중 마르세유 세관원에게 소지품을 펼쳐 보이면서 한 말이다. K. 크리팔라니가 엮은 《간디어록》을 읽다가 이 구절을 보고 나는 몹시 부끄러웠다. 내가 가진 것이 너무 많다고 생각되었기 때문이다. 적어도 지금의 내 분수로는 그렇다.(《무소유》, 21쪽)

법정 스님은 간디의 몇 마디 말로 자신이 이 글에서 전하고자 하는 핵심을 자연스럽게 드러내고 있다. 중간 부분을 통해 소유가 역설적으로 얼마나 우리를 부자유스럽게 하는지 논리와 이야기로 설명한다. 난초를 기르며 벌어졌던 일화를 통해 소유가 우리 개인을 옭아맬 뿐만 아니라 전쟁과 비극까지 초래한다고 경고한다.

〈연합뉴스〉의 기사 '성공시대가 놓친 바보정신을 말하다'(2008년 4월 1일자)는 한 세미나의 발표 내용을 전하면서 배규환 국민대 교수의 '바보론'을 시작 부분에 인용한다. 이 세미나에서는 여러 학자들의 발표가 있었다. 기자는 그 가운데 배 교수의 발언을 뽑아 리드로 삼았다. 요즘엔 형식이 정형화돼 있는 기사에서도 이런 파격을 심심찮게 볼 수 있다. 상황을 간추려 설명하는 것보다 한마디 말의 인용이 모든 것을 웅변한다.

"예수도 석가도 바보였고, 케플러의 법칙을 만든 케플러도, 찰리 채플린의 영화에 등장하는 떠돌이 찰리나 콰지모도, 포레스트 검프도 바보였다. 김수환 추기경도 스스로를 바보라 부르고 태안의 삶터를 살린 것도 100만 명의 바보였다."

미래상상연구소가 1일 오후 충무아트홀에서 '바보가 세상을 구원한다 4만불, 국민성공시대가 놓친 바보정신을 말하다'를 주제로 세미나를 개최했다. 경제적 성공을 위해 앞만 보고 달려가는 물질주의와 속도주의의 시대에 한 박자 쉼표를 더하는 이색적인 자리였다.

이 글의 중간 부분은 '위대한 바보들'을 기리는 발표문을 발췌 인용한 내용들로 이어진다. 인용만 잘해도 한 편의 글이 만들어진다.

동화작가 고 정채봉의 에세이집 《작은 마음이 아름다운 세상을 만든다》

에 실린 〈오! 놀라운지고!〉라는 제목의 글 역시 인용을 통해 글의 주제를 함축적으로 드러낸다.

한 선사가 크게 깨우치고 읊었다는 선시가 생각난다.

오! 놀라운지고
내가 장작을 패네
내가 샘물을 긷네

현대 생활을 하는 이들로서는 장작을 팬다든지, 물을 긷는다든지 하는 것은 옛 생활양식의 한 여건으로서 그러려니 할는지도 모르겠으나 그 선사의 시대(15세기)를, 그리고 산사라는 환경을 고려한다면 조금도 놀라운 일이 못 된다.(26쪽)

독자는 이 인용된 선시를 읽자마자 자못 흥미를 느끼게 된다. 깨우침의 결과가 고작 저것이란 말인가? 이 글은 중간 부분에서 깨달음이란 하루하루의 일상을 경이감을 갖고 사는 것이란 사실을 조곤조곤 들려준다. 선사의 시에 고개가 끄덕여질 무렵, 작가는 오늘 우리에게 가장 급한 것은 '오!' 하는 감탄사를 복원하는 일이라고 말한다. 마무리 부분은 선시의 패러디다.

오! 놀라운지고

내가 이 아침을 맞네

내가 이 일을 하네

자기계발 분야 등 실용서도 인용을 시작방법으로 즐겨 쓴다. 독자들이 글의 첫머리부터 신뢰감을 갖도록 하는 데 이만한 보증수표가 없다. 경영구루Guru의 말을 끌어 쓰기도 하지만 통계나 지표를 인용하는 경우도 많다. 코칭 전문가 고현숙의 책 《자신만의 스타일로 승부하라》에 실린 〈왜, 지금 공감을 위한 코칭인가?〉라는 글이 그런 사례다.

2012년 기준으로 한국코치협회의 인증 코치가 700명을 넘어섰다. HR 분야 전문가들 사이에서만 회자하던 코칭도 널리 알려지고 있다. 그 분야도 기업의 임원 코칭은 물론 그룹 코칭과 학습 코칭, 커리어 코칭, 팀 코칭 등으로 분야를 넓히는 중이며, 참여하는 사람들도 기업의 관리자 출신은 물론 상담사, 컨설턴트 등 전문가에서 청년, 주부까지 다양하다. 2005년 〈이코노미스트〉에서 예언한 대로 코칭은 가장 빠르게 성장하는 산업이 되었다.(15쪽)

이 글은 다음 문단인 중간 부분부터 왜 코칭이 대세일 수밖에 없는지를 설명한다. 여러 가지 근거와 논리를 말하기 전 지표와 언론 보도를 먼저 인용함으로써 객관성과 신뢰성을 획득한다. 이것이 뒤에 이어지는 근거와 논리의 보증수표 역할을 하는 것은 자명하다. 마무리 부분에서 다시 인용으로 메시지를 전한다. 세계적인 코칭 교육기관의 발표 내용이다. 인용을 시작 부분과 마무리 부분에 배치하고 중간 부분에 자신의 주장을 담았다. 안전하고 확실한 방법으로 자신의 논지를 설득력 있게 펴나가는 글쓰기 기술이다.

시작방법4 이야기
스토리텔링의 힘을 이용하라

이야기는 사물이나 사실, 현상에 대해 일정한 줄거리를 갖고 하는 말이나 글이다. 그것은 사실일 수도 있고 실제로 없는 일을 상상해 꾸민 것일 수도 있다. 같은 말을 해도 유독 재밌는 사람이 있다. 그 사람의 말을 찬찬히 분석해보라. 이야기의 요소가 곳곳에서 발견될 것이다.

이야기가 갖는 힘은 실로 놀랍다. 다른 형식의 콘텐츠는 시간의 풍화를 얼마 견디지 못하고 사라진다. 최후까지 살아남는 것은 이야기다. 지금 온 세상이 '스토리텔링'Story-Telling을 강조하는 이유가 거기 있다. 물건을 팔기 위해, 민심을 얻기 위해, 시청률을 올리기 위해, 영화와 책을 알리기 위해, 가르치기 위해, 심지어는 미래를 예측하기 위해 이야기가 활용된다.

이야기를 짜내는 능력이 이처럼 각광받는 것은 인류사 이래 초유의 일이 아닌가 싶다. 여러 분야에서 이야기 능력은 성공의 디딤돌이 되고 있다.

많은 사람들은 광고나 드라마, 영화를 보면서 이야기를 지어내는 사람들의 특별한 재능을 부러워한다. 과거엔 이야기가 특별한 재능을 가진 사람들의 전유물이 아니었다. 일하는 사람 모두의 공유물이었다. 우리는 그 사실을 까먹은 것일 뿐이다. 우리가 늘 하는 거짓말과 꿈은 역설적으로 우리 모두가 놀라운 이야기 능력을 갖고 있음을 입증해준다.

이야기(서사)는 논술과 함께 글을 진술하는 대표적 방법 가운데 하나다. 똑같은 사건이나 사물을 보아도 서로 다르다. 어떤 사람은 논술 형식으로 정리하는 데 반해 어떤 사람은 이야기 형식으로 그려낸다. 논술로 정리하는 것은 고도의 추상화가 필요하다.

구체적 사례를 관통하는 보편적 법칙이나 원리를 찾아내 그것을 중심으로 서술한다. 이야기는 구체적 사례의 대표적 특징을 포착해 그것을 생생하게 그려낸다. 읽는 사람으로 하여금 그 이야기 속에 숨어 있는 생활의 논리를 자각하게 만든다. 논술이 설명하는 것이라면 이야기는 보여주는 것이다.

이야기로 글쓰기를 시작할 때는 두 가지를 유념해야 한다. 첫 번째는 흥미로울 것. 새롭거나 재밌어야 한다. 낡은 이야기라도 참신하게 재창조하는 게 좋다. 사람들이 좋아하는 이야기의 원형은 손으로 꼽을 만큼 제한돼 있다. 이 원형은 그대로 쓰더라도 인물과 배경을 바꾸면 새로운 이야기가 탄생한다. 두 번째는 개연성이 있을 것. 그럴듯해야 한다. 그럴듯하지 않으면 이야기가 무너질 뿐만 아니라 글 전체가 불신을 받는다. 개연성에 미달되는 부분이 없는지 퇴고 과정에서 꼼꼼하게 살펴야 한다. 시대, 배경 등에서 자주 이런 실수가 빚어진다.

이야기로 글을 시작하는 방법은 보도자료, 사건 기사, 르포르타주, 칼럼 등 다양한 글에 활용된다.

〈한국일보〉에 실린 칼럼 '아르바이트가 스펙이다'(2012년 10월 11일자)는 글쓴이의 직접 경험을 이야기 형식에 담아 글을 시작하고 있다.

1. 지난 한 해 동안 대학에서 글쓰기와 말하기를 가르쳤다. 글쓰기라는 수업 특성상 대학생들의 개인 삶에 대해서 제법 알게 되는데 마트나 커피숍에서 아르바이트를 하며 땀 흘리는 이들이 정말 많았다. 그저 용돈벌이 정도가 아니라 생활비를 버는 학생도 있었다. 그들은 아무래도 다른 이들보다 결석이 많거나 과제물을 덜 냈는데 성적을 매기다보면 이런 성실도 요소 때문에 좋은 점수를 받지 못했다. 독립적으로 살기 위해 땀 흘리는 것만큼 성실한 삶이 없을 텐데 개인 사정을 감안할 수는 없어서 학사 결과로만 성적을 매겨놓고 몇 주 동안 마음이 편치 않았다. 그들이 사회에 나가서 취직을 하려고 할 때 기업이 중요하게 보는 것은 성적이고 그 때문에 그들이 입을 불이익이 마음 아팠기 때문이다. 그러면 그들에게 성적을 높게 주면 되지 않느냐 하겠지만 원칙은 원칙이라는 고지식한 성정상 그게 어려웠다.

2. 실상 사회에서, 회사에서 보탬이 되는 인간형은 스스로 땀 흘린 노동의 경험이 있는 이들일 것이다. 그런데도 기업에서 요구하는 자격('스펙')에는 이런 아르바이트 경험을 쓸 자리가 한정돼 있다. 오히려 외국어 시험 점수나 외국 연수, 명성 높은 기관의 인턴 체험 같은 것은 아주 근사한 경험으로 우대받는다. 그런데 이런 것들은 오히려 부모의 '스펙'일 가능성이 크다. 큰돈이 들어가는 외국 연수는 말할 것도 없고 외국어 점수조차 몇 번이고 시험을 치르면 유리하니 고소득층 자녀에게 유리하다. 또 명성 있는 기관이나 대기업의 인턴 역시 다는 아니지만 인맥이 좌우하는 분야이기도 하다.

3. 물론 대기업의 취업 첫 관문을 좌우하는 자기소개서에는 아르바이트

경험을 말로 녹여내는 문항이 들어 있는 경우도 있다. 그러나 딱히 쓰기 어려운 곳이 더 많다. 오히려 외국 연수, 토익·토플 점수, 인턴 체험은 별도 항목으로 쓰게 되어 있는 반면 아르바이트 체험은 스스로 명분을 부여해서 써야만 쓸 수 있는 것이 되어 있다. 게다가 마트나 커피숍 아르바이트는 유능하지 못해서 몸으로 일했다는, 어쩐지 '찌질한' 경험으로 평가받는 그런 분위기까지 있다. 그래서 대기업에 부탁한다면 '자신만의 노력으로 돈을 번 아르바이트 체험'을 반드시 한 항목으로 물어주었으면 좋겠다. 그 대신 부모의 힘이 개입해야 하는 스펙은 쓸 수 없거나 적게 쓰는 방안도 찾아봤으면 좋겠다.

4. 이것은 대학교 입학에서도 마찬가지다. 현재 대입 사정관 제도니 해서 다양한 체험을 중시하는 대입 경로가 열린 듯하지만 실상 내용을 들여다보면 부모의 개입으로 할 수 있는 체험이 큰 영향을 미치는 분야들이 더 많다. 뿐만 아니라 정시 시험은 오로지 세 군데만 낼 수 있으면서 수시 시험은 여섯 군데나 낼 수 있다는 것 자체가 부모의 소득에 따라 대입 지원을 제한하는 것이기도 하다. 그나마 수시 지원은 무제한 할 수 있는 것에서 여섯 차례로 제한하고 있어서 나아졌다고 하겠으나 정시와 차이가 있는 문제는 여전히 남는다.

5. 부모덕이 아니라 스스로 땀 흘린 결과로, 돈이 아니라 개인의 능력에 따라 자격을 심사하는 제도가 곳곳에서 정교하게 세워지지 않으면 부와 가난의 대물림은 더욱 심해지고 그만큼 한국 사회는 더욱 불안정해진다.

6. 실상 고등학교 학생에게 과도한 입학 스펙을 요구하는 것은 국가가 공

교육을 통해 해야 할 책임을 개인에게 미루는 것이며, 대기업이 취업 준비생에게 과도한 입사 스펙을 요구하는 것은 기업이 훈련시켜야 할 책임을 개인에게 미루는 것이다. 그로 인해 부익부 빈익빈의 고리는 점점 거세지고 있다.

7. 온 사회가 개인에게 스펙을 강요하기 전에 공적인 경로를 성실하게 밟기만 하면 대접을 받을 수 있는 사회를 만들어야 한다.(서화숙)

시작 부분에서 아르바이트 때문에 좋은 성적을 받기 어려운 학생들의 이야기를 압축적으로 그려낸다(1번 문단). 이를 통해 우리 사회 시스템의 불합리한 요소에 대해 현미경을 들이댄다. 중간 부분을 통해 기업이나 학교에서 요구하는 '스펙'이 학생 스스로의 힘보다 부모의 재력에 따라 만들어진다는 사실을 지적한다(2, 3, 4번 문단). 이런 불합리한 제도가 시정되지 않고 공적·사회적 책임을 개인에게만 미룬다면 "부와 가난의 대물림은 더욱 심해지고 그만큼 한국 사회는 더욱 불안정"해질 것이라고 진단한다(5, 6번 문단). 필자는 "스펙을 강요하기 전에 공적인 경로를 성실하게 밟기만 하면 대접을 받을 수 있는 사회"를 만드는 것이 그 해결책이라고 마무리한다(7번 문단). 이 칼럼은 무심하게 넘겼을 법한 개인의 사소한 경험으로부터 시작한다. 거기서 우리 사회에 만연한 불합리와 불평등의 시스템을 읽어낸다. 사소하게 시작해 큰 제안으로 마무리한다. 피래미의 미덕을 두루 갖춘 글이다.

현실이 아닌 소설 속 한 대목의 이야기로 글을 시작할 수도 있다. 신영복의 책《나무야 나무야》에 실린 〈청년들아 나를 딛고 오르거라 - 얼음골 스승과 허준〉이란 글의 시작 부분이다.

이 엽서는 고향의 산기슭에서 띄웁니다.

스승 유의태가 제자 허준으로 하여금 자신의 시신을 해부하게 하였던 골짜기입니다.

소설《동의보감》의 바로 그 얼음골입니다.

오뉴월 삼복에는 얼음으로 덮이고 겨울에는 오히려 더운 물이 흐르는 계곡입니다.

인체의 해부가 국법으로 금지돼 있던 시절, 스승은 이 얼음골로 제자 허준을 불러들였던 것입니다.

스승의 부름을 받고 찾아간 허준의 앞에는 왕골자리에 반듯이 누운 채 자진自盡한 스승의 시체와 시체 옆에 남겨진 유서가 황촉불에 빛나고 있었습니다.

사람의 병을 다루는 자가 신체의 내부를 모르고서 생명을 지킬 수 없기에 병든 몸이나마 네게 주노니 네 정진의 계기로 삼으라고 적은 유서.

그 앞에 무릎을 꿇어앉은 허준.

의원의 길을 괴로워하거나, 병든 이를 구하기를 게을리하거나, 이를 빙자해 돈이나 명예를 탐하거든 벌이라도 달게 받을 것을 맹세한 다음 스승의 시신을 칼로 가르던 허준의 모습이 어둠 속에서 되살아나는 듯합니다.

오늘은 그날의 횃불 대신 타는 듯한 단풍이 어둠을 밝히고 있습니다.

나는 바위너덜에 앉아 생각했습니다.

소설 속의 유의태와 허준의 이야기는 물론 소설가가 그려낸 상상의 세계이며, 사실이 아닐 수도 있습니다.

그러나 그것이 비록 사실은 아니라 하더라도 '진실'임에는 틀림없다고 믿습니다.

사실이라는 그릇은 진실을 담아내기에는 언제나 작고 부족한 것이기 때문입니다.(12쪽)

이 글은 소설에서 배경으로 삼고 있는 밀양 얼음골에 글쓴이가 찾아와 상상의 이야기를 실제처럼 떠올리는 것으로 시작한다. 사실은 아니지만 진실을 담고 있는 이 이야기는 스승과 제자, 산천과 사람의 관계에 대한 통찰로 깊어진다. 다시 글은 소설로 돌아와 《동의보감》을 집필한 허준의 외로운 작업을 그려낸다. 그것은 백성들에 대한 애정의 발로였다. 이런 허준이 있기까지 얼마나 많은 사람의 애정과 헌신이 있었는가를 직시한다. 이 글은 마무리에서 모든 가치가 무너져가는 오늘의 현실을 다시 환기한다. "화사한 언어의 요설이 아니라 결국은 우리의 앞뒤좌우에 우리와 함께 걸어가는 수많은 사람들의 삶으로써 깨닫고, 삶으로써 가르칠 뿐"이라는 메시지를 남긴다. 소설과 현실의 이야기가 서로 교차되고 대비되면서 이야기의 힘은 더욱 커진다.

시골의사 박경철의 《시골의사의 부자경제학》에 실린 〈복리의 힘〉이란 짤막한 글도 이야기의 힘을 효과적으로 활용한다.

1626년 인디언들은 이주민들에게 단돈 24달러에 오늘날 전 세계 금융계의 중심이 될 맨해튼을 팔았다. 흔히 역사 속 어리석은 결정으로 언급되는 이 사례를 월스트리트의 전설적인 투자자 존 템플턴은 다음과 같이 복리의 관점으로 바라봤다.

"24달러를 받은 인디언이 매년 8% 복리 수익률을 올렸다면 지금 맨해튼을 사고 로스앤젤레스를 두 번 사고도 돈이 남는다."

24달러를 매년 8% 복리로 투자하면 2003년에는 95조 달러이며, 원화로는 11경 원이다. 하지만 원금에만 이자를 지급하는 단리로 계산하면 9,771달러밖에 되지 않는다.

부자들일수록 1%의 금리에 민감하다. 그 이유는 이들이 복리의 힘을 누구보다 잘 알고 있고 복리의 힘으로 부자가 된 사람들이기 때문이다.(35쪽)

철학자 윤구병은 《실험학교 이야기》에 실린 〈아이들의 감각을 되살리려면〉에서 에피소드로 글을 시작한다. 다음은 맨 앞부분이다.

1990년대 중반에 어느 텔레비전 방송국에서 어린이날을 맞아 아이들에게 물었다.

"너는 엄마, 아빠한테 무엇을 선물로 받고 싶니?"

"동화책이요."

"예쁜 모자요."

"인어공주 비디오테이프요."

아이들은 저마다 생각나는 대로 자기 소망을 늘어놓기 시작했다. 그런데 그중에 한 아이가 이런 말을 하는 것이었다.

"저, 저는요, 제가 마음대로 쓸 수 있는 시간을 선물로 받고 싶어요."

그때 그 말을 듣고 가슴이 미어지던 기억이 생생하다. 요즈음 아이들은 이 말에 어떤 뜻이 담겨 있는지 잘 모를 것이다.

짤막한 이야기 속에 이 글에서 전하려는 문제의식이 잘 담겨 있다.

미국 대통령 버락 오바마는 2004년 대선 당시 존 케리 민주당 후보를 지지하는 기조연설을 전당대회에서 했다. 이 연설은 이야기의 힘을 언급할 때마다 빠지지 않는 사례다. 오바마는 이 연설을 통해 무명의 정치인에서 일약 세계적인 정치 스타로 발돋움했고, 4년 뒤 대통령에 당선될 수 있었다.

미국의 중심이자 거대한 주州, 링컨의 고향 일리노이를 대신해 제게 전당대회 연설을 허락해주어 깊은 감사를 드립니다. 오늘은 명예로운 밤입니다. 왜냐하면 이 무대에 제가 서 있는 것은 아주 이례적인 일이기 때문입니다. 제 아버지는 케냐의 작은 마을에서 태어나고 자란 외국 유학생이었습니다. 아버지는 염소를 몰며 자랐고 양철 지붕 아래 판잣집 학교에 다녔습니다. 나의 친할아버지는 영국의 가사 노예로서 요리사였습니다.

하지만 할아버지는 자식에 대해 큰 꿈을 갖고 있었습니다. 열심히 일하고 인내해 아버지는 마법과 같은 나라 미국에서 장학금을 받아 공부할 수 있었습니다. 예전에 왔던 사람들에게 자유와 기회의 등불을 밝혔던 곳입니다.

아버지는 거기서 공부하는 동안 어머니를 만났습니다. 어머니는 지구 반대쪽에 있는 캔자스의 한 마을에서 태어나셨습니다. 외할아버지는 대공황 시절 석유 굴착장과 농장에서 일했습니다. 진주만 습격 다음 날, 그는 패튼

장군의 군대에 입대했고 유럽으로 진군했습니다. 집으로 돌아왔을 때, 외할머니는 폭탄 공장에서 일하며 아이들을 키웠습니다.

오바마는 연설의 시작을 이렇게 자신의 집안 내력을 이야기하는 데 할애한다. 친가와 외가 양쪽 가계사를 들려준다. 자신이 물려받은 이 다양성에 감사하며 오직 미국에서만 이런 자신의 성공 스토리가 가능하다고 역설한다. 이 이야기는 흑인인 오바마에 대한 정서적 거부감을 없애준다. 미국이 위대하기 때문에 생겨난 결과로서 그의 삶을 인식하는 데 크게 기여한다. 오바마는 이렇게 미국에 대한 긍지와 자신감을 청중들에게 고취시킨다. 그리고 자신이 전하려는 궁극적 메시지인 "예스, 위 캔!"Yes, We Can!을 반복한다.

시작방법5 질문
궁금증을 불러일으켜라

독자는 제목이나 필자에 대한 사전 정보를 떠올리며 어떤 내용이 펼쳐질지 기대한다. 그런데 궁금증을 풀어주기는커녕 반대로 증폭시키는 경우가 바로 질문이다. 오히려 독자에게 물음을 던져 더 궁금하게 만드는 것이다. 인용과 이야기는 흥미롭고 개요는 편안하다. 반면에 질문은 정의, 환기와 함께 부담스러운 시작이다. 정의와 환기는 깊은 생각을 하거나 통념을 깨야만 접근할 수 있다. 질문을 만나면 약간 놀랄 수밖에 없다. 그러나 질문을 이해하고 나면 궁금증이 더욱 커진다. 뒤에 나올 설명에 대한 기대 역시 더

커지는 장점이 있다.

질문에 대한 답이 충분하게 설명돼 궁금증을 풀고 나면, 그 글에 대한 만족도가 높아진다. 반대로 이해할 수 없는 질문을 하거나, 답이 제대로 제시되지 못하면 비난을 각오해야 한다. 그야말로 '고위험 고수익'High Risk High Return의 전형이다. 독자를 궁금증에 빠뜨렸다 다시 건져낼 자신이 있다면 과감하게 질문을 사용해보는 것이 좋다. 글쓰기를 시작하는 매력적인 방법인 만큼 면밀한 준비와 계산이 필요하다.

충북 괴산 지역 인터넷신문인 〈느티나무통신〉에 실린 글 '혓바닥 있어요? 돼지발톱은요?'는 이런 방법으로 성공을 거둔 사례다. 글쓴이는 철물점에서 점원으로 일하는 자신의 일상 경험을 바탕으로 호기심을 자극하는 질문을 독자에게 던진다. 그 호기심에 대한 답을 제시한 뒤 다시 더 큰 질문을 던져 독자를 깊은 생각으로 유도한다. 글 전문을 옮겨본다.

1. "조기 있어요?" 첫 번째 해프닝의 시작은 바로 이 질문으로부터 시작되었다. 식전 댓바람에 가게 문 열자마자 들이닥친 이가 찾는 물건이 '조기'였다. 아침부터 누굴 골탕 먹이냐 싶어 "조기는 조~오기, 생선가게로 가세요." 했더니 아, 글쎄 이 양반이 입꼬리가 슬그머니 올라가더니 한다는 말. "아저씨, 초짜지요?"

2. 두 번째 해프닝은 그로부터 몇 달 뒤에 일어났다. 가게 문을 황급히 열고 뛰어 들어온 한 남자가 "아저씨, 혓바닥 있어요? 돼지발톱은요……." 아! 멘붕, 도대체 왜 우리 가게 와서 이런 걸 찾냐구요.

3. 그런데 손님들이 찾은 이 물건들이 사실 전부 다 우리 가게에 있던 것

이란 사실을 깨닫는 데는 그리 오래 걸리지 않았습니다. 왜냐구요? 소위 '초짜'들은 몰라도 전문업자들 사이에서 통용되는 언어였고, 초짜라는 약간은 비아냥 섞인 구박을 받고서야 정식 이름과 용도와 그들만의 은어를 배웠으니까요.

4. 그럼, 그 이름의 정체와 판매하는 가게를 알아볼까요? 우선, 조기(생선 조기와 달리 조~기라고 발음)는 비게의 간격을 잡아주는 간격재로 정식 이름은 '도바리'라 부릅니다. 도바리 하니 이것도 생선 이름이랑 비슷하네요. 두 번째 혓바닥이란 건 타카(에어를 이용한 타공구)의 공이를 말하는 것이며, 돼지발톱이란 와이어의 결속장치로 와이어클램프가 정식 이름이지요. 그렇다면 가게는 당연히 철물점이 되겠지요.

5. 그런데 사람들은 왜 정식 이름 대신 그들만의 은어나 약어로 부를까요? 누군가 맨 처음 그런 용어를 썼을 테고 대다수가 그냥 따라 불렀다는 것까지는 추론해볼 수가 있습니다. 어떤 것은 물건의 생김새를 보고 붙인 이름도 있고 그냥 압축해서 부르는 것도 있는가 하면 트렌치코트가 바바리로 바뀌듯 회사명을 그대로 사용하는 경우도 있습니다.

6. 아마도 우리는 사물을 인식하는 체계 중 시각을 가장 먼저 사용하기 때문이 아닐까요? 우리의 인식 체계는 이른바 오감을 통해서 생긴다고 알려져 있지만 사실 많은 부분 시각 체계에만 의존하지 않는가 하는 생각입니다. 시각만이 아니지요. 우리의 인간관계에서도 오감은 충분히 활용되어야 하는데도 듣고 싶은 말만 듣고, 하고 싶은 말만 하고, 보고 싶은 것만 보는 편협한 인식 체계를 사용하고 있진 않은가요?

7. 고추밭에 고추가 열린 것은 결과입니다. 참생명은 그 아래 땅속 깊은

곳 잔뿌리에서 비롯됩니다. 신께서 주신 우리의 모든 인식 체계를 넘어선 깊은 교감이 있는 세상을 꿈꾸어봅니다.(정연도)

시작 부분에 질문과 이야기의 두 방법이 섞여 있다(1, 2번 문단). 독자들은 글쓴이와 마찬가지로 손님들이 왜 철물점에서 조기, 혓바닥, 돼지발톱을 찾는지 이해할 수 없다. '도대체 왜 우리 가게 와서 이런 걸 찾냐구요'라고 하소연한다. 중간 부분의 설명을 통해 비로소 그 이유를 이해하게 된다(3, 4번 문단). 여기서 끝냈다면 이 글의 울림은 그리 크지 않았을 것이다.

사소한 궁금증과 설명이 더 큰 질문을 부른다(5, 6번 문단). '왜 정식 이름 대신 그들만의 은어나 약어로 부를까?' 우리의 판단이 오감 가운데 시각에 편중됐다는 사실을 밝혀낸다. 보고 싶은 것만 보는 편협한 인식 체계 때문이란 사실에 생각이 미친다.

글쓴이는 말에 미혹되지 않고 말을 넘어선 참생명을 알고 교감하는 세상을 꿈꾼다고 마무리한다(7번 문단).

이 글의 미덕은 글쓴이가 단정적으로 표현할 수 있는 대목도 독자에게 질문을 던지는 방법으로 풀어간다는 점이다. 질문을 받은 독자들은 스스로 답을 헤아려본다. 그런 뒤 다음 대목을 읽으며 고개를 끄덕거리게 된다. 글에서 질문을 잘 사용하면 독자와 대화를 나누는 것 같은 효과를 거둘 수 있다. 독자들은 '이게 뭐지?' 하는 마음으로 가볍게 이 글을 읽다가 뜻하지 않게 묵직한 생각을 하나 얻어간다. 이렇게 작은 궁금증으로 시작해서 큰 통찰로 끝나는 것이 좋은 글이다.

출판사의 신간 보도자료를 이런 방식으로 쓴다면 언론과 독자들의 궁금증을 더욱 높이는 효과를 거둘 수 있다.《째깍째깍 시간 박물관》의 보도자료〈여러분은 어떤 시간을 갖고 싶나요?〉시작 부분을 보자.

> 시간이란 무엇일까요? 어떻게 보고 느낄 수 있지요? 항상, 모든 곳에서, 사람들은 지금과 같은 시간 개념을 갖고 살았을까요?
> 《째깍째깍 시간 박물관》은 인류가 어떤 방식으로 시간을 경험해왔는지 들려주면서, 시간의 의미를 제대로 이해하도록 돕고 바람직한 '시간 사용법'을 생각하게 하는 지식정보 그림책입니다. 기존의 7~9세 아이들 대상의 어린이책이 시계를 읽는 방법이나 시간을 알려주는 도구 소개에 집중했던 것과 달리, 이 책은 시간이란 자연의 변화와 질서에 이어지는 개념이며 우리에게 주어진 시간을 어떻게 사용하는지에 따라 전혀 다른 시간으로 만들어갈 수 있다는 깊은 메시지를 전하고 있습니다. (창비출판사)

이 보도자료는 이 책의 핵심 내용을 질문으로 만들어 던지며 시작한다. 다음 문단에서 그 질문에 대한 답을 간단한 개요 형식으로 정리한다. 이어서 여러 문단을 할애해 자세히 설명한다. 보도자료는 통상 신문기사의 리드처럼 핵심 내용을 시작 부분에 배치한다. 이 보도자료의 접근 방식은 매우 신선하다.

2008년 오바마 대통령의 당선 연설 시작 부분도 이런 방법을 쓰고 있다. 오바마는 환호하는 지지자들에게 간단한 인사말을 건넨 뒤 곧바로 질문을 던진다.

안녕하세요. 시카고 시민 여러분! 아직도 미국이 무한한 가능성의 나라라는 것을 의심하는 사람이 있습니까? 아직도 건국 선조들이 꾸었던 꿈이 지금도 살아 있는가에 대해 믿지 못하는 사람들이 있습니까? 민주주의의 힘에 대해 의문을 가진 사람들이 있습니까? 오늘밤이 그 사람들에 대한 답입니다.

가능성, 꿈, 민주주의라는 미국의 가치에 대한 근본적 질문을 청중들에게 던진다. 연설의 전반부를 그에 대한 구체적인 답으로 이어간다. 서너 시간씩 기다리며 투표소에 줄 선 사람들, 다양한 인종과 계층의 공통된 메시지, 세상의 희망을 향한 변화. 연설의 중간에서 이런 바람을 어떻게 국정에 반영하고 실천할지, 그 의지를 밝힌다.

제목이 질문으로 돼 있는 글에선 제목이 시작의 역할을 할 때도 있다. 〈미디어오늘〉에 실린 영화 리뷰 '왜 관상은 스파이를 이겼을까?'(2013년 9월 22일자)는 제목만 봐도 강렬한 흥미를 유발한다. 이 글은 시작 부분에서 제목의 질문을 받아 아래와 같이 덧붙여 설명을 한다. 중간 부분부터 〈스파이〉가 〈관상〉을 이길 것이라는 자신의 흥행 예측이 왜 엇나갔는지 그 이유를 분석한다. 거기에 깔린 정치적 의미를 캐낸다. 독자들은 왜 '관상'이 '스파이'를 이겼을까라는 단순한 호기심에서 처음 이 글을 읽는다. 글을 다 읽고 나면 영화와 현실 정치의 함수관계에까지 생각이 미치게 된다.

비슷한 시기에 개봉하는 영화가 동반 흥행을 할 때, 이를 지켜보는 것은 재미있고 흥미롭다. 비슷한 성격의 영화가 함께 개봉해 흥행하면 '비교'하는 재미가 있고, 전혀 다른 성격의 영화가 흥행하면 '차이'의 묘미를 살피는 재미가 있다. 지금 극장가에서 흥행하고 있는 〈관상〉과 〈스파이〉는 차이의 묘미가 재미를 주는 경우이다. (강성률)

박진감 넘치는 스포츠 기사 역시 질문으로 시작하는 것을 선호한다. 〈이데일리〉의 기사 '류현진은 PS 직행 확정, 그럼 추신수는?' (2013년 9월 22일자)은 제목과 시작 부분 모두 질문 형식을 취한다.

'LA몬스터' 류현진(LA다저스)과 '추추트레인' 추신수(신시내티)를 포스트시즌 무대에서 함께 볼 수 있는 가능성은 얼마나 될까. 류현진은 이미 소속팀 다저스가 리그 우승을 거두며 포스트시즌에 안착했다. 이제 추신수만 남았다. 추신수까지 포스트시즌에 나설 수 있다면 국내 야구팬들에게는 아주 큰 선물이 될 것으로 보인다.

두 선수의 포스트시즌 진출 가능성을 독자에게 먼저 묻는다. 가능성 여부를 곧바로 밝히지 않고 중간 부분에서 기자의 분석으로 답한다. 이렇게 질문을 던지고 답을 하는 방법을 취함으로써 긴장감과 흥미가 배가된다.

시작방법6 환기
생각을 뒤집어라

환기의 사전적 의미는 주의나 여론, 생각 따위를 불러일으키는 것이다. 한

마디로 평소에 생각지도 않았던 것, 당연하다고 여겼던 것을 흔들거나 뒤집는 것이다. 환기는 글 전개방법의 명칭이라기보다 글의 효과를 나타내는 말이다. 환기 효과를 갖는 것으로 반증, 문제 제기, 역설, 반어, 화제 등을 꼽을 수 있다. 일상의 통념과 상식을 깨뜨리는 것이라면 모두 환기에 해당된다.

반증은 자신의 주장을 펴기 위해 그것에 반하는 사실과 주장을 먼저 펼치는 방법이다. 결국 그것이 거짓으로 드러나거나 설득력이 없다는 점을 밝혀내 자기주장의 정당성을 얻는다. 매우 논쟁적인 글에 어울린다.

문제 제기는 대부분 사람들이 당연하다고 여기거나 상식적으로 생각하는 주제에 대해 의문을 갖고 색다른 주장을 하는 방법이다. 예를 들면 이렇다. 많은 사람들이 고등학생은 좋은 대학에 진학하기 위해 입시 공부를 열심히 해야 한다고 생각한다. 하지만 왜 그래야 하는지에 대해 의문을 갖고 접근한다. 오히려 고등학생 때는 교양 지식과 체력을 키워야 한다고 주장하는 것이다. 시사를 다룬 에세이나 칼럼에서 많이 활용한다.

역설은 겉으로 보면 말이 안 되는 것 같지만 그 속을 깊이 들여다보면 진실을 발견하게 되는 것이다. 영어 표현으로 패러독스^{Paradox}라는 말을 많이 쓰는데, 이것이 역설이다. 역설을 설명할 때엔 김소월의 〈진달래꽃〉에서 '사뿐히 즈려 밟고 가시옵소서'라는 구절이 등장한다. '즈려'라는 짓밟는 행위에 '사뿐히'라는 모순된 수식어를 붙였다. 이 시 화자의 마음을 극적으로 표현하고 있다.

반어는 글의 효과를 높이기 위해 실제와 반대되는 뜻으로 진술하는 것을 말한다. 술을 마시느라 밤을 새고 돌아온 아들에게 엄마가 말한다. "우리

장한 아들이 밤새 고생하고 돌아왔네." 요즘 광고나 캠페인 문안에서 반어적 표현을 자주 만날 수 있다.

화제는 매우 흥미로운 사실이나 사건을 맨 앞에서 제시하고 그 궁금증을 풀어나가는 방법이다. 가벼운 에세이나 생활글에 많이 쓰인다.

장하준 교수의 책 《나쁜 사마리아인들》에 실린 〈여섯 살 먹은 내 아들은 일자리를 구해야 한다! 자유무역이 언제나 정답인가〉는 반증의 효과를 극대화한 글이다. 이 글의 시작과 중간 부분을 살펴보자.

1. 내게는 여섯 살 난 아들이 있다. 이름은 진규다. 아들은 나에게 의존하여 생활하고 있지만, 스스로 생활비를 벌 충분한 능력이 있다. 나는 아들의 의식주 비용과 교육 및 의료 비용을 지불하고 있지만, 내 아들 또래의 아이들 수백만 명은 벌써부터 일을 하고 있다. 18세기에 살았던 다니엘 디포는 아이들은 네 살 때부터 생활비를 벌 수 있다고 생각했다.

2. 그뿐인가. 일을 하면 진규의 인성 개발에도 많은 도움이 될 것이다. 아이는 지금 온실 속에서 살고 있기에 돈이 중요한 줄 모르고 지낸다. 아이는 자기 엄마와 내가 저를 위해 노력하는 것에 대해, 자신의 한가로운 생활을 보조하고 자신을 가혹한 현실로부터 보호해주는 것에 대해 전혀 고마움을 모른다. 아이는 과잉보호를 받고 있으니 좀 더 생산적인 인간이 될 수 있도록 경쟁에 노출시켜야 한다. 아이가 경쟁에 더 많이, 그리고 더 빨리 노출될수록 미래에 아이의 발전에는 더 많은 도움이 될 것이고, 아이는 힘든 일을 감당할 수 있는 정신력을 갖추게 될 것

이다. 나는 아이를 학교에 보내지 말고 일을 하게 해야 한다. 아이에게 더 많은 직업 선택의 기회를 주기 위해서 아동 노동이 합법적이거나 최소한 묵인이라도 되는 나라로 이주를 생각할 수도 있는 노릇이다.

3. 내 귀에는 여러분이 나를 보고 미친 사람이라고 욕하는 소리가 들린다. 생각이 짧다고, 매몰찬 사람이라고. 여러분은 나에게 아이를 보호하고 양육해야 한다고 말할 것이다. 내가 여섯 살 먹은 아이를 노동 시장으로 몰아넣는다면 아이는 약삭빠른 구두닦이 소년이 될 수도 있고, 돈 잘 버는 행상이 될 수도 있다. 하지만 뇌수술 전문의나 핵물리학자가 되는 일은 결코 없을 것이다. 만일 아이가 그런 직업을 가지려면, 내가 앞으로 적어도 10년 이상의 세월 동안 보호와 투자를 해야 할 것이다. 여러분이 단순히 세속적인 관점에서 보아도 아이를 학교에 보내지 않아 절약되는 돈을 보고 히죽거리기보다는 아들의 교육에 투자를 하는 편이 현명하다고 말할 것이다. 어쨌든 내 생각이 옳다면, 올리버 트위스트는 생각이 짧은 착한 사마리아인 브라운로우 씨의 손에 구조되는 것보다는, 늙은 악당 페긴을 위해서 소매치기를 하는 편이 나았을 것이다. 브라운로우 씨는 소년 올리버에게서 노동 시장에서 경쟁력을 유지할 수 있는 기회를 빼앗은 것이다.

4. 나의 이런 터무니없는 주장은 개발도상국에는 급속하고 대대적인 무역 자유화가 필요하다는 자유무역주의 경제학자들의 주장과 근본적으로 논지가 일치한다.(107쪽)

글쓴이는 무분별한 자유무역주의의 폐해를 지적하기 위해 이 글을 썼다.

자유무역주의의 폐해를 논박하기 위해 핏대를 세우거나 목청을 높이지 않는다. 시작 부분에서 여섯 살 난 아이에게 생활비를 벌게 하겠다는 충격적 계획을 밝히고, 왜 그래야 하는지 그 이유를 장황하게 늘어놓는다(1, 2번 문단). 이를 읽은 독자들은 이 사람이 제정신이 아니라고 생각할 것이다. 그것을 놓치지 않고 글쓴이는 자신의 계획이 얼마나 어처구니없는 근시안적 판단인가를 짚어낸다(3번 문단). 마침내 자유무역주의 경제학자들의 주장이 그것과 다르지 않다는 사실을 드러낸다(4번 문단).

결국 여섯 살 난 아들을 취업시키겠다는 계획의 터무니없음으로 자유무역주의 주장의 타당성 없음을 통쾌하게 반증하고 있다. 이러면 논쟁은 사실상 노루막이를 넘은 것이나 진배없다. 이런 적절한 반증의 사례로 글을 시작할 수 있다면 그 설득력은 다른 방법이 따라올 수 없을 만큼 강력하다.

한 대학생의 독후감 〈긍정의 종교〉라는 글의 시작 부분이다. 우리 사회 신드롬처럼 퍼진 긍정의 강요에 대해 일침을 놓고 있다. 문제 제기 방법으로 글을 시작한다.

포털사이트 검색창에 '긍정'이란 단어를 치면 여러 연관 검색어가 나온다. '긍정적으로 살아가는 방법', '긍정적인 명언', '긍정의 힘'. 이처럼 우리 사회에서 '긍정'은 의심할 여지없이 '긍정적인 것'으로 여겨진다. 그러나 통념과 반대로 '긍정'의 부정성에 대해 얘기하는 입장이 있다.

《피로사회》와 《긍정의 배신》은 공통적으로 현대사회에서 과도한 긍정성의 폐해에 대해 얘기한다. 《긍정의 배신》은 기업 사회에 유행하는 긍정성 열풍을 다룬다. 그 예로, 동기 유발 산업은 구조조정의 원인을 개인의 능력

부족으로 여기게 하여, '해고'라는 부정적 사건을 '자기계발'이라는 긍정적 기회로 인식하게 한다.(유혜수)

글쓴이는 중간 부분인 두 번째 문단에서부터 긍정의 과잉이 우리 사회에 어떤 부작용을 낳고 있는지 간파해낸다. 우리 사회에서 불고 있는 '힐링'과 '자기계발' 열풍이 그 사례다. 결국 긍정에 대한 맹신이 인간을 더 피로하게 만든다. 그것을 "종교처럼 맹신하는 태도가 외려 더 사람들을 한계 상황으로 몰아갈 수 있음을 충분히 경계해야 한다"라는 메시지로 마무리하고 있다.

신영복의 〈여름징역살이〉 일부다. 이 글은 왜 수인들이 여름보다 겨울을 낫다고 하는지 역설적 사실을 시작 부분에서 제시하고 있다. 독자들에게 그 이유를 설득하는 과정에서 인간에 대한 깊은 통찰을 만나게 한다.

없는 사람이 살기는 겨울보다 여름이 낫다고 하지만 교도소의 우리들은 없이 살기는 더합니다만 차라리 겨울을 택합니다. 왜냐하면 여름 징역의 열 가지 스무 가지 장점을 일시에 무색케 해버리는 결정적인 사실, 여름 징역은 자기의 바로 옆 사람을 증오하게 한다는 사실 때문입니다.

모로 누워 칼잠을 자야 하는 좁은 잠자리는 옆 사람을 단지 37℃의 열덩어리로만 느끼게 합니다. 이것은 옆 사람의 체온으로 추위를 이겨나가는 겨울철의 원시적 우정과는 극명한 대조를 이루는 형벌 중의 형벌입니다.

자기의 가장 가까이에 있는 사람을 미워한다는 사실, 자기의 가장 가까이에 있는 사람으로부터 미움받는다는 사실은 매우 불행한 일입니다. 더욱

이 그 미움의 원인이 자신의 고의적인 소행에서 연유된 것이 아니고 자신의 존재 그 자체 때문이라는 사실은 그 불행을 매우 절망적인 것으로 만듭니다. 그러나 무엇보다도 우리 자신을 불행하게 하는 것은 우리가 미워하는 대상이 이성적으로 옳게 파악되지 못하고 말초감각에 의하여 그릇되게 파악되고 있다는 것, 그리고 그것을 알면서도 증오의 감정과 대상을 바로 잡지 못하고 있다는 자기혐오에 있습니다.(《감옥으로부터의 사색》, 329쪽)

다음 글은 한 어린이재단의 모금 광고다. 반어법을 사용해 메시지를 극대화하고 있다. 아프리카 어느 병원에서 죽음의 위기에 놓인 한 아기를 클로즈업하며 광고는 이렇게 말한다.

> 이 아이를 기억하지 마세요.
> 이름도, 나이도, 어디가 아픈지도 신경 쓰지 마세요.
> 당신이 돕지 않는다면 어차피 세상을 곧 떠날 아이니까요.
> 이 아이에게 관심을 주지 마세요.
> 꿈이 무엇인지, 잘하는 것이 뭔지 궁금해 하지 마세요.
> 당신이 돕지 않는다면 어차피 아무것도 되지 못할 것이니까요.
> 하지만 우리는 알고 있습니다,
> 당신은 그리 냉정하지 못하다는 것을.
> 당신을 기다립니다.(초록우산어린이재단)

피천득의 〈피가지변皮哥之辯〉 시작 부분이다. 이 글은 성이 '피'씨라는 사실을 화제로 삼아 흥미롭게 글을 이끌어간다. 중간 부분에서 피씨라는 성에 얽힌 역사적 내력과 부친의 일화를 유머러스하게 그려낸다.

"피가가 다 있어!"

이런 소리를 듣게 되는 것은 피가가 드물기 때문이다. 그 두꺼운 전화번호부에도 피가는 겨우 열이 될까 말까다. 현명하게도 우리 선조들은 인구 소동이 날 것을 아시고 미리부터 산아제한을 해왔던 모양이다. 피가가 김가보다 이상한 것은 하나도 없다. 우간다 사람에게는 닥터 김이나 닥터 피나 다 비슷하리라.

그래도 왜 하필 피씨냐고?

옛날에 우리 조상께서 제비를 뽑았는데 피가 나왔다. 피가도 좋지만 더 좋은 성이었으면 하고 다시 한 번 뽑기를 간청했다. 그때만 해도 면직원들이 어수룩하던 때라 한 번만 다시 뽑게 하였다. 이번에는 모씨가 나왔다. 모씨도 좋지만 모^{毛}는 피에 의존한다고 생각하셨기에 아까 뽑았던 피를 도로 달래가지고 돌아왔다. 그 후 대대로 우리는 피씨가 좋은 성 중의 하나라고 받들어왔다. 일정 말기에 이른바 창씨라는 짧은 막간 희극이 있었다. 자칫 길었더라면 비극이 되는 것을, 짧은 것이 천만 다행이다.《수필》, 78쪽)

 **알짬1 큰 돌과 작은 돌을 구분하라**

《성공하는 사람들의 7가지 습관》의 저자 스티븐 코비는 언젠가 청중 앞에서 재

있는 실험을 했다. 어떻게 하면 시간을 효율적으로 관리할 수 있는가에 대한 것이었다. 가정과 직장을 가진 한 중년 여성이 이 실험에 초대된다. 그녀에게 코비는 묻는다.

"사소한 수많은 일로 압박감을 느낀 적이 있나요?"

"네."

코비는 테이블 위 미리 준비해둔 투명한 양동이에 작은 녹색 돌을 부으며 여성에게 말한다.

"그런 일은 우리 생활을 채우고 있는 작은 돌들에 비유할 수 있죠."

작은 돌이 3분의 2 정도 채워진 양동이의 테두리를 가리키며 코비는 그녀에게 과제를 내준다.

"자, 이 선을 넘기지 말고 큰 돌들을 그릇에 넣으세요."

열 가지 색의 큰 돌엔 그녀의 삶에서 빼놓을 수 없는 목록이 적혀 있다. 얼핏 보기에도 10개의 큰 돌을 테두리를 넘지 않으면서 3분의 1 정도 남은 공간에 다 넣기란 불가능해 보인다. 그녀는 난처한 상황에 웃음을 지으며 돌을 넣기 시작한다.

첫 번째로 계획, 준비, 예방, 임파워먼트라는 단어가 적힌 청색 돌을 박는다.

두 번째로 인간관계, 가족이라 쓰인 홍색 돌을 심는다. 그녀는 최대한 공간을 확보하기 위해 큰 돌을 작은 돌 속에 파묻는다.

세 번째로 고용, 프로젝트가 적힌 흑색 돌을 넣는다.

봉사, 지역사회, 교회라 적힌 네 번째 주황색 돌을 넣으려고 하지만 여유 공간이 없다.

그녀는 딱히 방법을 못 찾지만 시도를 멈추지 않는다. 그녀의 모습을 지켜보던 좌중에선 폭소가 터져 나온다. 코비는 그녀와 청중에게 묻는다.

"이렇게 느껴본 적이 있나요?"

이구동성으로 "네"라는 대답이 돌아온다.

그녀는 겨우 주황색 돌을 넣고, 백색 돌을 넣으려다 이내 포기하고 만다. 코비가 말한다.

"방금 자기 쇄신을 포기하셨군요. 이런 적이 있으신가요? 너무 바빠서 심신 단련할 시간이 없다고 포기해버린 것 말이죠. 운전하느라 바빠서 주유소에 갈 시간이 없었던 적 있으세요?"

돌은 절반 이상 테이블 위에 남고 그녀는 어찌할 줄 몰라 쩔쩔맨다. 코비가 끼어든다.

"다른 패러다임을 활용해보시죠. 다른 방법을 동원해보세요."

그녀는 코비의 조언을 단숨에 알아채고 방법을 180도 바꾼다. 빈 양동이에 먼저 10개의 큰 돌을 넣는다. 그다음 작은 돌을 붓는다. 양동이를 좌우로 흔들자 작은 돌들이 큰 돌의 틈새를 찾아가 메운다. 이렇게 해서 큰 돌 10개와 작은 돌이 모두 한 양동이에 담겼다. 그녀는 마침내 과제를 풀어냈다.

코비가 제시한 과제는 시간 관리에 대한 것이지만 실용 글쓰기에도 적용된다. 큰 돌을 양동이에 먼저 넣는 방식(큰 돌 방식)대로 글을 쓴다면 핵심을 잘 담으면서도 간결한 글을 쓸 수 있다. 반대로 작은 돌을 먼저 넣으면 길게 쓰고도 핵심을 놓칠 수 있다.

양동이는 글의 분량이다. 실용 글쓰기는 글의 분량을 임의대로 늘리고 더할 수 없다. 자기소개서나 논술문, 칼럼, 기사 등은 분량이 원고지 몇 매로 제한돼 있다. 보도자료, 보고서 등은 특별한 제한은 없지만 최대한 짧은 분량으로 소화하는 것을 미덕으로 삼고 있다.

큰 돌은 글의 주요 내용이고 작은 돌은 주요 내용을 자세하게 해설하거나 예시 따위를 덧붙이는 것이다. 글을 쓰기에 앞서 큰 돌과 작은 돌을 구분하는 것이 중요하다.

큰 돌이라고 하면 어떤 추상적 개념을 떠올릴 수 있다. 결코 그렇지 않다. 추상적 개념이든 구체적 사실이든 글의 논지를 펴나가는 데 근간이 되는 것들이 큰 돌이다. 그 나머지는 모두 작은 돌이라고 할 수 있다.

큰 돌 방식으로 글을 쓰면 기존 글쓰기 공정이 달라진다. 대부분 시작부터 물 흐르듯이 한 호흡에 문장을 이끌어나가 마무리에 이르는 방식으로 글을 쓰고 있다. 큰 돌과 작은 돌을 번갈아가며 양동이에 담는 것과 비슷하다. 글을 능숙하게

> 쓰는 사람들에겐 이 방식이 별 문제가 없다.
> 　문제는 초보자들이다. 초보자들이 이 방식대로 글을 쓰다보면 여러 장을 쓰고도 아직 주요한 핵심은 시작도 못할 때가 많다. 매수가 제한된 글이라면 분량은 다 찼는데 핵심은 누락해야 할 곤란한 처지를 맞게 된다. 어떻게 수정할 수도 없다. 새로 쓰지 않고는 고칠 길이 보이지 않는다.
> 　큰 돌 방식의 글쓰기는 구성이나 논리의 흐름을 잡을 때 큰 돌에 해당하는 의미 덩어리를 먼저 골라내는 것이다.
> 　그 덩어리는 논리로만 혹은 이야기로만 구성되기도 하고 논리와 이야기가 섞여 있기도 하다. 그것을 시작, 중간, 마무리의 피래미 구성법에 맞춰 적당한 순서로 배열한다. 양동이에 큰 돌을 쌓듯이 덩어리를 놓으면 된다. 큰 돌 놓기가 끝나면 작은 돌을 그 틈 사이에 적당히 부으면 된다.

중간은 근거
의미의 덩어리를 추려내 적당히 배열하라

읽는 이는 글쓴이가 던진 낚시를 흥미와 관심을 갖고 지켜본다. 물속에 던진 저 낚싯바늘을 따라 과연 무엇이 올라올까? 힘껏 낚아챘는데 낚싯바늘이 비었거나 겨우 수초나 쓰레기 더미가 딸려왔다면 실망스러울 것이다. 요즘 포털 사이트 뉴스캐스트나 스포츠 신문의 기사 제목에서 이런 경우를 흔히 볼 수 있다.

엄청난 일이 벌어진 줄 알고 제목을 클릭했는데 터무니없는 가십, 눈속임이거나 말장난에 지나지 않는다. 이런 식이면 독자들은 몇 번 속다가 아예 관심을 끊어버린다.

실용 글쓰기는 정확성과 신뢰성을 미덕으로 삼아야 한다. 읽는 이의 관심을 낚아챘다면 반드시 그에 합당한 근거나 이유를 밝혀야 한다. 그래서 중간은 근거^{Reasoning}다. 설득력 있는 근거나 이유를 제시하기 위해 여러 가지 진술방법을 활용할 수 있다.

진술방법으로는 사실, 허구, 묘사, 설명, 논리, 통계 등 여섯 가지가 있다. 사실은 실제로 벌어진 일이고 허구는 상상으로 지어낸 이야기다. 묘사는 생각이나 풍경을 그림처럼 그려내는 것이고 설명은 알아듣기 쉽게 풀어서 말하는 것이다. 논리는 생각을 이치에 맞게 이끌어가는 것이고 통계는 어떤 현상을 수치로 나타내 보이는 것이다.

짧은 글이라면 하나의 진술방법만으로 중간 부분을 구성할 수 있다. 그러나 대부분 글은 여러 가지 진술방법을 이용한다. 여러 가지 진술방법이 어떤 원리에 따라 배열되는 것을 전개방법이라고 한다. 진술방법이 모여 전개방법이 된다고 이해하면 쉽다. 결과적으로 진술방법은 모두 전개방법으로 수렴된다고 할 수 있다.

중간은 시작에서 마무리로 건너가기 위한 징검다리다. 시멘트 다리나 돌다리처럼 처음부터 끝까지 빈틈없이 연결하지 않아도 좋다. 세상에 천의무봉^{天衣無縫}의 글은 없다. 발을 뻗어 옮겨 디딜 만한 간격에 징검돌이 놓여 있으면 된다.

글을 물이 흘러가는 것처럼 매끄럽게 이어나간다고 생각지 마라. 의미의 덩어리들을 잘 가려내고 추려내 적당하게 배열하면 된다. 배열을 할 때 여섯 가지 전개방법 가운데 하나를 선택하면 된다.

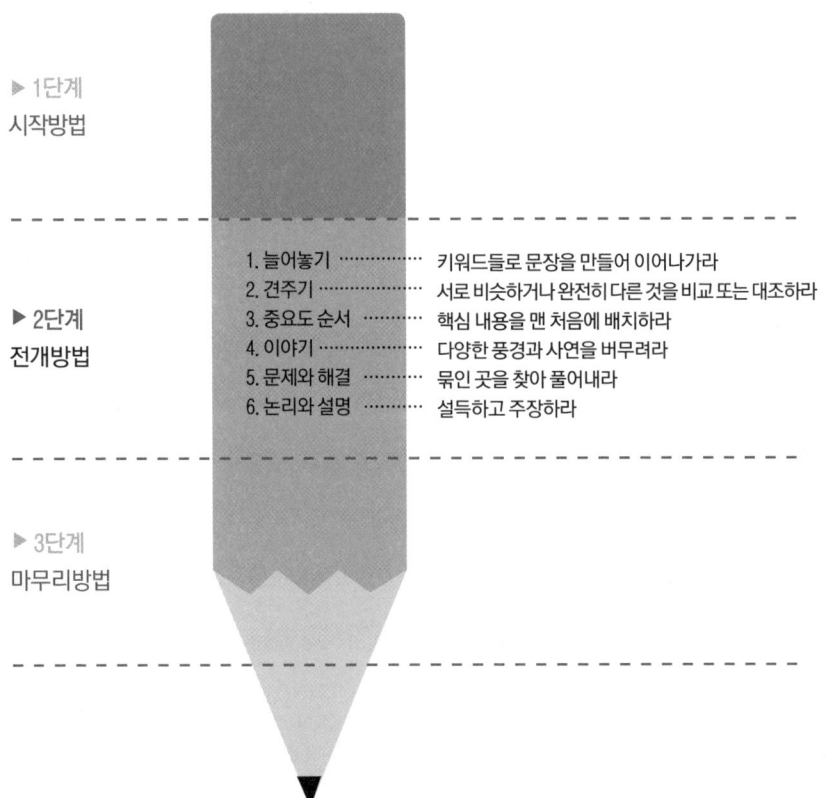

읽는 이들은 기꺼이 발을 뻗어 드문드문 놓여 있는 징검돌을 뛰어넘는다. 징검돌의 간격은 읽는 이의 상상력과 창조적 생각이 꽃을 피우는 공간이다.

　전개방법은 중간 부분을 잘 쓰기 위해 그 특징을 분류한 것이지만, 중간 부분에만 범위를 국한해 설명할 수 없다. 때로는 시작과 마무리까지 걸쳐 전개방법을 설명해야 할 때도 있다.

중간 부분의 전개방법을 잘 안다면 시작과 마무리 부분에 대한 이해가 더 깊어진다. 전개방법을 잘 이해하고 습득하면 중간 부분을 비롯해 글 전체의 구성을 짜는 데 자신감이 생긴다.

전개방법1 늘어놓기
키워드로 문장을 만들어 이어나가라

이는 가장 손쉬운 글쓰기 방식이다. 말 그대로 글 쓸 내용을 잘 늘어놓기만 하면 거지반 글쓰기가 끝난다. 상대방을 어렵게 설득해야 하거나 치밀한 논리적 정합성을 요구하거나 극적 효과를 노리지 않는다면 늘어놓기 전개방법이 좋다. 여기에는 분류와 나열 두 가지가 있다. 분류는 대형마트에 상품이 진열돼 있는 방식을 떠올리면 쉽게 이해할 수 있다. 상위에서 하위까지 카테고리 별로 상품이 분류돼 있다. 식품부를 예로 들면 그 아래 과일, 주잡곡, 채소, 육류, 해산물, 가공식품, 유제품, 음료, 주류, 과자류 등의 카테고리가 있고, 육류의 하위 범주로 돼지고기, 쇠고기, 닭고기 등이 있다. 나열은 그냥 글쓴이가 내키는 대로 늘어놓는 것이다. 특별한 분류나 구분 없이 장꾼들이 난전을 푸는 순서에 따라 늘어서 있는 오일장을 연상하면 이해가 쉽다.

나열 방법은 특히 피천득의 수필에서 빈번하게 나타난다. 시작 부분에서 예문으로 소개한 〈순례〉, 〈수필〉 등이 그렇다. 과거 고등학교 교과서에 실려 많은 사람들이 기억하고 있는 안톤 슈나크$^{Anton\ Schnack}$의 〈우리를 슬프게 하는 것들〉, 민태원의 〈청춘예찬〉도 마찬가지다. 〈우리를 슬프게 하는 것들)의 앞부분을 읽어보자.

울음 우는 아이들은 우리를 슬프게 한다. 정원의 한편 구석에서 발견된 작은 새의 시체 위에 초가을의 햇빛이 떨어져 있을 때, 대체로 가을은 우리를 슬프게 한다. 그래서 가을날 비는 처량히 내리고 사랑하는 이의 인적은 끊겨 거의 한 주일이나 혼자 있게 될 때.

아무도 살지 않는 옛 궁성, 그래서 벽에서는 흙뭉치가 떨어지고 한 창문의 삭은 나무 위에 "아이시여 나는 너를 사랑한다……"는 거의 알기 어려운 문자를 볼 때.

몇 해고 몇 해고 지난 후에 문득 돌아가신 아버지의 편지가 발견될 때. 그곳에 씌었으되 "나의 사랑하는 아들이여, 너의 소행이 내게 얼마나 많은 불면의 밤을 가져오게 했는지……" 대체 나의 소행이란 무엇이었던가. 치기 어린 장난, 거짓말, 혹은 연애 사건. 이제는 벌써 그 많은 죄상을 기억 속에서 찾을 수가 없다. 그러나 아버지는 그 때문에 애를 태우신 것이다.

동물원에 잡힌 호랑이의 불안, 초조가 또한 우리를 슬프게 한다. 그는 언제 보아도 철창가를 왔다 갔다 한다. 그의 빛나는 눈, 그의 무서운 분노, 그의 괴로운 부르짖음, 그의 앞발의 한없는 절망, 그의 미친 듯한 순환. 이것이 우리를 말할 수 없이 슬프게 한다.

울음 우는 아이, 작은 새의 시체, 가을비, 아버지의 편지, 동물원 호랑이, 휠덜린, 아이헨도르프, 친구, 사슴, 재스민, 고향. 읽는 이는 이것들이 어떤 맥락에서 이어지는가를 알 길이 없다. 다만 안톤 슈나크의 머릿속에 우리를 슬프게 하는 것들이 꼬리에 꼬리를 물고 떠올랐을 것이다. 이 글은 논리적 맥락을 갖고 있지 않다. 한 편의 소나타를 듣고 있는 것처럼 박자와 가락이 있다.

그 박자와 가락을 따라가다보면 글쓴이의 정서와 마음의 흐름에 공명하게 된다. 이 글은 '우리를 슬프게 하는 것들'이란 제목이 시작에 해당한다. 시작방법 가운데 개요에 해당한다.

굳이 논리적 맥락을 필요로 하지 않는 글을 쓸 때 안톤 슈나크처럼 써보기 바란다. '우리를 슬프게 하는 것들'을 패러디하거나 '직장 생활을 힘들게 하는 것들', '내가 하고 싶은 것들', '올해 안에 반드시 해야 할 일들', '내 삶을 키워준 사람들', '나의 버킷리스트' 등을 제목으로 글을 써보자. 머릿속에 떠오르는 생각을 일단 키워드로 적어본다. 그 키워드를 바탕으로 문장을 만들고 이어나간다. 음악처럼 박자와 가락을 생각하며 문장을 쓰는 것이 좋겠다. 다 쓰고 난 뒤 읽어보면 의외로 만족할 만한 결과를 얻을 것이다.

분류 방법을 쓰고 있는 글로는 스티브 잡스의 스탠퍼드대학 졸업식 축사, 피천득의 〈나의 사랑하는 생활〉, 신영복의 〈우김질〉 등이 있다. 전체 내용을 몇 개의 상위 카테고리로 나누고 그 안에 하위 카테고리에 해당하는 세부 내용을 정리하는 방법이다. 나열과 달리 일정한 논리적 맥락을 갖는다. 그렇다고 아주 정교한 논리가 필요한 것은 아니다. 어떤 경우에는 '첫째, 둘째, 셋째……' 식으로 순서를 매긴다. 다음은 신영복의 〈우김질〉의 일부분이다.

지난번에는 교도소의 '우김질'에 대한 이야기를 썼습니다만, 그 우김질도 찬찬히 관찰해보면 자기주장을 우기는 방법도 각인각색인데, 대개 다음의 대여섯 범주로 구분할 수 있습니다. 첫째는, 무작정 큰소리 하나로 자기주장을 관철하려는 방법입니다. 목에 핏대를 세우는 고함 때문에 다른 사람의 반론이 묻혀버리는, 이른바 '입만 있고 귀는 없는' 우격다짐입니다.

둘째는, 그 주장에 날카로운 신경질이 가득 담겨 있어서 자칫 싸움이 될까봐 말상대를 꺼리기 때문에 제대로의 시비나 쟁점에의 접근이 기피됨으로써 일견 부전승不戰勝의 외형을 띠는 경우입니다.

셋째는, 최고급의 형용사, 푸짐한 양사量詞, 과장과 다변多辯으로 자기주장의 거죽을 화려하게 치장하는 방법인데, 이것은 가히 물량시대物量時代와 상업광고의 아류라 할 만합니다.

넷째는, 누구누구가 그렇게 말했다는 둥, 무슨 책에 그렇게 씌어 있다는 둥 자체의 조리나 이론적 귀결로써 자기주장을 입증하려 하지 않고 유명인, 특히 외국의 것에 편승, 기술제휴(?)함으로써 '촌놈 겁주려는' 매판적 방법입니다.

다섯째는, $a_1 + a_2 + a_3 + \cdots\cdots + a_n$ 등으로 자기주장에 +가 되는 요인을 병렬적으로 나열하는 '$+\alpha$'의 방법입니다. 결국 －요인에 대한 ＋요인의 우세로써 자기주장의 정당성을 입증하는 방법인데, 이는 소위 '헤겔'의 '실재적 가능성'으로서 필연성의 일종이긴 하나 필연성 그 자체와는 구별되는 것으로 자연과학에 흔히 나타나는 기계적 사고의 전형입니다.

여섯째는, (자기의 주장을 편의상 '그것'이라고 한다면) 우선 '그것'과의 반대물을 대비하고, 전체 속에서의 '그것'의 위치를 밝힘으로써 그것의 객관적 의의를 규정하며, 과거 현재 미래에 걸친 시계열상時係列上의 변화 발전의 형태를 제시하는 등의 방법인데 이것은 한마디로 다른 것들과의 관계와 상호연관 속에서 '그것'을 동태적으로 규정하는 방법입니다.(《감옥으로부터의 사색》, 216쪽)

"지난번에는 교도소의 '우김질'에 대한 이야기를 썼습니다만……대개 다음의 대여섯 범주로 구분할 수 있습니다"가 시작 부분인데, 글을 시작하는 방법 가운데 개요에 해당한다. 그 아래 '첫째는'부터 '여섯째는'으로 시작하는 문단까지가 중간 부분이다. 이 글은 우김질에 대한 놀라운 통찰을 담고 있다. 그저 사소하게 넘길 수 있는 우김질을 이렇게 분류할 수 있다니 신기할 따름이다. 어떤 사물이나 상황을 오랫동안 관찰하고 찬찬히 분석해야 이런 글을 쓸 수 있다.

이런 우김질이 어디 교도소 안에서만 벌어지는 일이겠는가? 당장 오늘자 신문의 칼럼과 사설만 뒤져봐도 여섯 가지 우김질을 모두 발견할 수 있을 것이다. 여섯 가지 우김질을 반면교사로 삼는다면 올바른 소통방법도 보일 것이다.

흔히 어떤 주제로 글을 쓸 때 그 주제와 관련된 내용을 하나의 정서적·논리적 흐름으로만 이해하려는 경향이 있다. 이럴 경우 어느 한 군데라도 흐름이 막혀버리면 글쓰기가 중단된다.

막혀버린 글 앞에서 애를 써보지만 좀체 풀리지 않는다. 수렁에 바퀴가 빠진 자동차가 엑셀러레이터를 밟으면 밟을수록 더 깊이 빠진다는 사실을 알아야 한다. 그렇게 되면 안타깝게도 글쓰기를 중도 포기해버린다.

글이 막힐 때엔 고정관념에서 과감히 벗어나야 한다. 발상의 전환이 필요하다. 글을 하나의 흐름으로 볼 것이 아니라 의미 덩어리의 배열로 볼 필요가 있다. 앞서 징검다리에 비유한 것처럼 의미 덩어리라는 징검돌을 잘 놓으면 독자들은 그것을 성큼성큼 디뎌 개울을 건널 수 있다. 의미 덩어리란 바로 카테고리, 즉 범주다. 주제와 관련된 전체 내용을 몇 개의 범주로 크게 분류하고 그 안에 세부 내용을 배치하는 방식의 범주적 사고가 필요하다. 분류는 범주적 사고를 잘 구현할 수 있는 전개방법이다.

전개방법2 견주기
서로 비슷하거나 완전히 다른 것을 비교 또는 대조하라

견주기 전개방법으로는 비교와 대조가 있다. 대형마트엔 상품이 카테고리별로 분류돼 있을 뿐만 아니라 그 안에서 상품의 가격과 품질을 비교하도록 설계돼 있다. 쌀을 예로 들면 생산지, 품질 별로 가격 차이가 난다. 여주, 이천, 철원에서 생산한 쌀은 비싸고 그 밖의 다른 지역은 상대적으로 값이 헐하다. 고시히까리, 추청 품종은 비싸고 다른 것은 싸다. 가격과 품질을 비교해서 살 수 있다. 주류 코너는 저가와 고가의 진열 모습부터 대조적이다. 저가인 소주, 맥주, 막걸리는 여러 병을 한 포장 상자 담아 일반 상품처럼 수북이 쌓아놓는다. 반면 고급 와인이나 위스키, 보드카, 코냐크는 한 병씩 낱개 포장 상자에 담겨 고급스러운 분위기의 진열대 위에 보석처럼 모셔놓는다. 비교와 대조는 서로 비슷한 것끼리 혹은 서로 다른 것끼리, 두 가지 경우 모두 가능하다. 다만 비교는 서로 견주어 비슷한 점을, 대조는 서로 견주어 반대되거나 차이나는 것을 찾아내는 것이 다르다.

먼저 비교에 대해 알아보자. 〈노컷뉴스〉에 실린 '개성공단 손실 비용 1조 5천억 원 vs 5년간 방위력개선비 70조'(2013년 8월 9일자)라는 기사는 개성공단을 폐쇄했을 때 발생하는 경제적 손실과 방위력 개선비를 비교한다.

1. 개성공단이 폐쇄 단계에 접어드는가 싶더니 재가동을 위한 7차 남북 실무회담을 오는 14일 열기로 남북 당국 간에 극적인 합의가 이뤄졌다. 개성공단이 폐쇄 직전까지 가다보니 실제 폐쇄될 경우와 유지되었을 경우에 개성공단의 안보적 효용은 어느 정도 될까 궁금해진다.
2. 개성공단을 접을 경우 그 손실은 대략 1조5천억 원가량으로 추산된다. 개성공단 입주 기업들의 투자자산 4천5백억 원, 영업 손실 3천억 원, 경협보험금 2천8백억 원, 정부 단기 자금 650억 원, 거래처 피해변상 3천억~4천억 원 등을 합한 금액이다.
3. 개성공단의 손실 규모는 1조5천억 원이지만, 안보적 측면에서 그 효용을 따져볼 필요가 있다. (중략)
개성공단의 손실비용 1조5천억 원은 그 규모에 비해 안보·경제적 측면의 효용은 엄청나다고 할 수 있다. 이는 2년 치 방위력 개선비 증액 요구분 2조 남짓보다도 적은 규모다. 국방부는 향후 5년간(2014~2018) 방위력 개선비로 70조 예산을 요구했다. 2013년 방위력 개선비는 10조1천8백억 원이며, 2014년 요구안은 1조1천억 원을 늘린 11조2천9백억 원 규모이다. 개성공단이 문을 닫으면 남북 간 군사적 긴장이 높아질 수밖에 없다. 국방비 또한 더욱 늘릴 수밖에 없는 구조다. (중략)
4. "……개성공단을 정상화해야 하는 이유가 여기에 있다. 북한 20만 주

민뿐만 아니라 대한민국 경제체제에 대한 신뢰를 개성공단을 통해 확대해나갈 수 있다. 북한 주민들의 마음을 보는 전략으로 유연하게 개성공단 문제를 인내심을 가지고 다뤄야 한다"고 역설했다. 개성공단 정상화를 위한 7차 남북 실무회담을 앞두고 있다. 개성공단 정상화냐 폐쇄냐, 서로의 의지에 의해서 선택을 할 수 있다면, 남과 북의 정치 지도자들이 어떤 선택을 해야 할지는 국민들이 알고 있다.

이 글은 개성공단 폐쇄라는 하나의 상황에서 발생할 수 있는 두 가지 결과, 즉 경제적 손실과 국방비 상승을 비교하고 있다. 구체적 액수까지 계산하며 경제적 손실을 산출하고 있다(2번 문단). 5년간 방위력 개선비용을 예로 들며 군사적 긴장으로 인한 국방비 상승이 경제적 손실을 넘어설 것으로 예측하고 있다(3번 문단).

이 글은 개성공단 폐쇄의 이면적 결과(국방비 상승)가 표면적 결과(경제적 손실) 못지않게 막대하다는 사실을 부각시킨다. 그러면서 결국 개성공단을 정상화해야 하는 필요성과 당위성을 설득한다. 이 글은 질문으로 시작해 해법과 대안으로 마무리하고 있다(4번 문단).

다음 글은 《안정효의 글쓰기 만보》에 실린 〈글짓기 집짓기〉이다.

1. 작품 쓰기는 책을 짓는 작업이다. 글쓰기는 집짓기이고, 번역은 집을 옮겨 짓기와 같다. 한 권의 소설은 한 채의 집이고, 작가는 그 집을 짓는 대목수이다.
2. 멋진 창문이나 울타리 장식 하나만으로도 하나의 독립된 작품이 되기

는 하지만, 아무리 훌륭한 문짝이라고 해도 문짝만으로는 집이 되지 못한다. 그런가 하면 아무리 집 전체를 아름답게 잘 꾸며놓았다고 하더라도, 한쪽 벽에 창문을 하나 달아놓지 않았다면, 그것은 제대로 된 '집'이 아니고, 기왓장이 한 장만 빠져도 사려는 사람은 그런 불완전한 집을 인수하지 않겠노라고 거부한다.

3. 샤갈의 그림에서처럼 주춧돌과 기둥은 전혀 없이 창문만으로 이루어진 집을 상상하기가 과연 가능한가? 집을 완성하려면 벽돌과 문짝과 배수시설과 전등 가운데 어느 하나도 빼놓아서는 안 되고, 문학 작품 또한 주인공과 구성과 상황 따위의 모든 장치와 구성요소를 빠짐없이 완벽하게 갖춰야 한다.

4. 기둥 한 개를 빼놓고 집을 짓는다면, 그 집은 무너진다. 그런데도 사람들은 소설이라는 집을 지으면서 기둥 두어 개쯤은 빼놓고도 전혀 걱정하지 않는다. 문짝이나 창문을 달아놓지 않고도 스스로 완벽한 '작품'이라고 흐뭇해한다.

5. 소설 쓰기는 지극히 정밀한 노동이어서, 단어 하나하나에 신경 쓰기를 게을리하면 안 된다. 낱단어 하나하나가 벽을 올리고 담을 쌓는 데 필요한 벽돌이다. 몇 장의 벽돌을 빼놓으면 담이 무너진다. 마찬가지로, 단어 하나를 소홀히 하면 담 전체를 소홀히 하는 셈이다. 하나의 낱단어를 소홀히 하면, 그래서 모든 단어를 소홀히 하는 셈이다.(35쪽)

글쓴이는 서로 다른 두 가지를 비교해 공통점을 찾아낸다. 현실에서 집짓기와 글짓기는 전혀 별개 영역이다. 그 주체인 작가와 대목은 전혀 다른 직업이고 그 결과인 글과 집은 천양지차가 있는 산물이다. 그러나 작가는 두 가지 이질적인 행위에서 구성원리라는 공통점을 찾아낸다. 집짓기와 글짓기의 재료와 결과, 작업은 다르지만 두 가지 다 모든 장치와 구성요소를 빠짐없이 갖춰야 완벽한 완성품이 된다. 글쓴이는 집짓기와 글짓기를 비교함으로써 글쓰기의 원리를 역설한다. 이 글은 정의로 시작해서(1번 문단) 집짓기에 대한 서술로 먼저 밑자락을 깐 다음(2번 문단) 집짓기와 글짓기를 비교한다(3번 문단). 그리고 글짓기에 대한 지은이의 생각을 분명하게 말한다(5번 문단).

비슷한 것끼리 대조하는 글로는 신영복의 〈두 개의 종소리〉가 있다. 종에서 나오는 비슷한 소리지만 둘 사이에 큰 차이가 있음을 이 글은 말하고 있다.

1. 새벽마다 저는 두 개의 종소리를 듣습니다. 새벽 4시쯤이면 어느 절에선가 범종梵鐘 소리가 울려오고 다시 한동안이 지나면 교회당의 종소리가 들려옵니다.

2. 그러나 이 두 종소리는 서로 커다란 차이를 담고 있습니다. 교회종이 높고 연속적인 금속성임에 비하여, 범종은 쇠붙이 소리가 아닌 듯, 누구의 나직한 음성 같습니다. 교회종이 새벽의 정적을 휘저어놓는 틈입자闖入者라면, 꼭 스물아홉 맥박마다 한 번씩 울리는 범종은 '승고월하문'僧敲月下門의 '고'敲처럼, 오히려 적막을 심화하는 것입니다. 빌딩의 숲속 철제의 높은 종탑에서 뿌리듯이 흔드는 교회 종소리가 마치 반갑지 않은 사람의 노크 같음에 비하여, 이슬이 맺힌 산사山寺 어디쯤에서 땅에 닿을 듯, 지심地心에 전하듯 울리는 범종소리는 산이 부르는 목소리라 하

겠습니다. 교회 종소리의 여운 속에는 플래시를 들고 손목시계를 보며 종을 치는 수위의 바쁜 동작이 보이는가 하면, 끊일 듯 끊일 듯하는 범종의 여운 속에는 부동의 수도자가 서 있습니다.

범종 소리에 이끌려 도달한 사색과 정밀靜謐이 교회 종소리로 유리처럼 깨어지고 나면 저는 주섬주섬 생각의 파편을 주운 다음, 제3의 전혀 엉뚱한 소리, 기상 나팔소리가 깨울 때까지 내쳐 자버릴 때가 많습니다. 그러나 고달픈 수정囚情들이 잠든 새벽녘, 이 두 개의 종소리 사이에 누워 깊은 생각에 잠길 수 있다는 것은 작지만 기쁨이 아닐 수 없습니다.

3. 저는 불제자佛弟子도 기독도基督徒도 아닙니다. 이것은 제가 '믿는다'는 사고양식에는 도시 서툴기 때문이라고 생각됩니다. 제게도 사람을 믿는다거나 어떤 법칙을 믿는 등의 소위 '믿는다'는 사고양식이 없는 것은 아니지만 그런 경우의 믿음은 어디까지나 그 사람의 인격이나 객관화된 경험에 대한 이해와 평가의 종합적 표현일 뿐 결코 '이해에 기초하지 않은 믿음'을 일방적으로 수용하는 태도와는 별개의 것이라 생각됩니다. 결국 범종과 교회종에 대한 포폄褒貶이 저의 종교적 입장과는 인연이 먼 것이며 그렇다고 일시적인 호오好惡나 감정의 경사傾斜에도 관계가 없는 것입니다. 이것은 아마 지금까지 저의 내부에 형성된 의식意識의 표출이었는지 모르겠습니다. 그렇기 때문에 저는 이 두 개의 종소리 사이에 누워 저의 의식 속에 잠재해 있을 몇 개의 종소리에 귀기울여봅니다. 외래 문물의 와중에서 성장해온 저희 세대의 의식 속에는 필시 꺼야 할 이질의 종소리들이 착종錯綜하고 있음에 틀림없습니다.(《감옥으로부터의 사색》, 109쪽)

이 글은 이야기로 시작한다(1번 문단). 중간 부분(2번 문단)부터 교회당의 종소리와 사찰의 범종 소리를 단도직입적으로 대조시킨다. 금속성/나직한 음성, 틈입자/적막의 심화, 반갑지 않은 사람의 노크/산이 부르는 목소리, 수위의 바쁜 동작/부동의 수도자. 두 종소리를 대조시킴으로써 자신의 판단을 명확하게 전달한다. 이런 판단이 불러일으킬 오해의 소지를 불식시키기 위해 마무리 부분(3번 문단)에서 설명한다. "범종과 교회종에 대한 포폄이 저의 종교적 입장과는 인연이 먼 것이며 그렇다고 일시적인 호오나 감정의 경사에도 관계가 없는 것"이라고 전제한다. "외래 문물의 와중에서 성장해 온 저희 세대의 의식 속에는 필시 꺼야 할 이질의 종소리들이 착종하고 있음에 틀림없습니다"라고 의견과 의지를 표명함으로써 마무리한다.

서로 다른 것끼리 대조시킴으로써 그 차이를 더욱 극명하게 드러내는 글로는 나탈리 골드버그의 《글쓰며 사는 삶》에 실린 〈지체와 기다림〉이 있다.

1. 지체와 기다림에는 차이가 있다. 지체는 글쓰기를 미루는 것이다. 내일이 현재라는 생각으로 삶의 에너지를 받아들이지 않으려는 방식이다. 지체하지 마라. 지금 써라.
2. 기다림은 내용이 꽉 차 있는 상태다. 어쩌면 기다림보다는 '충만함'이라는 말이 더 적절할 것이다. 당신은 글을 쓰는 데 한동안 매달렸다. 글을 쓰면서 열정을 느꼈고 행복하기까지 하다. 하지만 당신은 현명하기 때문에 거기에서 물러선다. 그리고는 산책을 한다. 이 산책은 책상에서 글 쓰는 일을 피하기 위한 산책이 아니다. 오히려 글쓰기로 가득 찬

산책이며, 나무와 강, 하늘로 가득한 산책이다.

지체는 그만두는 것이다. 그것은 당신을 작아지게 한다.

기다림은 일을 시작한 상태다. 일에 연료를 공급하고 동시에 연료를 공급받는 상태다. 그렇다면 기다림은 믿어도 된다.

3. 글쓰기를 시작하기 전에 적절한 아이디어를 얻거나 줄거리를 생각하기 위해 기다림이라는 변명을 사용하지 말자. 그것은 지체다. 그냥 쓰기 시작하라.

이 두 가지의 차이를 알고 자기 자신을 속이지 마라. 용감해져야 한다. 땅에 뿌리를 박고 기꺼이 그 자리에 누워 주위의 모든 것들과 함께 평화를 누리는 풀잎처럼 용감해져라.(239쪽)

글쓰기에서 지체와 기다림은 전혀 다르다는 사실을 대조로 보여준다. "지체와 기다림에는 차이가 있다"는 정의로 시작해서(1번 문단), 중간 부분에서는 대조로써 이 정의를 입증하고 설명한다(2번 문단). 그런 다음 "기다림을 빙자해서 지체하지 말고 그냥 쓰기 시작하라, 용감해져라"라고 행동의 변화를 요구하며 마무리한다.

전개방법3 중요도 순서
핵심 내용을 맨 처음에 배치하라

대형마트는 가장 잘 팔리는 순서대로 고객들의 장보기 동선을 설계한다. 대형마트 입장에서 매출을 올리는 데 중요한 순서대로 상품을 배열하는 것이다. 매장 입구에 들어가면 특가 상품이나 이벤트 상품 코너가 먼저 나타난다. 그다음 가장 많은 고객이 이용하는 식품부의 길고 넓은 동선이 이어지고, 식품부가 끝나는 곳에 의류부가 자리하는 식이다. 이런 전개방법은 주로 기사, 보도자료, 자기소개서, 보고서 등에서 많이 활용된다. 말 그대로 가장 중요한 것을 글 맨 앞에 배치하고 중요도가 낮은 순서로 글을 이어가는 것이다. 흔한 경우는 아니지만 그 반대의 경우도 있다.

신문의 스트레이트 기사Straight Articles를 흔히 역피라미드형이라 한다. 스트레이트 기사는 있는 사실을 군더더기 없이 빠르게 전달하는 형태다. 미국 남북전쟁 당시 AP통신이 고안해낸 기사 작성법이다. 가장 핵심이 되는 내용을 기사 맨 앞에 배치하고 중요도에 따라 순차적으로 나열한다. AP가 이 역피라미드형을 고안해낸 이유는 신문의 지면이 한정되어 있었기 때문이다. 매일같이 쏟아지는 뉴스를 최대한 많이 담으려면 불가피하게 기사의 일부분을 잘라내야 했다.

역피라미드형으로 기사를 쓰면 가장 중요한 내용이 맨 앞에 있어서 편집자들이 아래부터 손쉽게 자를 수가 있다. 기자들은 수습 과정을 통해 이 리드에 핵심과 '야마'(기사의 주제나 방향을 가리키는 일본식 은어)를 담는 연습을 한다. 기사가 대부분 잘려나가 리드만 남아도 독자들이 그 내용을 알 수 있도록 훈련받는다.

우리나라 언론계에서는 아직도 역피라미드형을 스트레이트 기사의 금과옥조처럼 받든다. 최근엔 그 한계를 지적하는 목소리도 만만치 않다. 그러면서 등장한 것이 스토리텔링 혹은 내러티브다. 둘 다 이야기를 이용한 전개방법에 해당한다.

보도자료, 자기소개서, 보고서에서 중요도에 따른 전개방법을 사용하는 이유는 신문기사와는 조금 다르다. 이들 세 가지는 모두 명확한 독자를 갖고 있으며, 그 글을 읽는 독자의 판단이 글쓴이가 홍보, 취업 및 진학, 사업의 진행이라는 실질적 목표를 이루는 데 결정적 역할을 한다. 그렇기 때문에 그 글을 읽는 독자인 기자, 인사 담당관, 상사 및 CEO가 최대한 빠른 시간 안에 핵심 내용을 파악하고 이해할 수 있도록 배려해야 한다. 한마디로 갑의 마음을 움직여야 하는 을의 글쓰기인 셈이다.

다음은 민영통신사 〈뉴스1〉에 실린 '종로구 창신동 쪽방촌 일대 회색벽 벽화로 재탄생'(2012년 11월 9일자)이라는 제목의 기사다.

1. 서울시는 대학생들의 재능 기부로 8월부터 추진했던 동대문 창신동 일대(일명 동대문 쪽방촌) 벽화 그리기 작업을 10월 말 완료했다고 9일 밝혔다.
2. '추억을 그리다'를 주제로 창신동 쪽방촌의 회색 담벼락은 1970~1980년대 추억의 작품 39점으로 탈바꿈했다.
3. 이번 벽화 그리기는 홍익대학교 조형대학 대학생 재능 기부와 서울시청 직원, 민간 기업의 자원봉사자 등 300여 명이 지역 주민들과 함께 2개월간의 공동작업으로 이뤄졌다.
4. 전체 벽화 제작과정은 다큐멘터리로 만들어져 2013년 8월 EBS국제다큐영화제^{EIDF}에 출품 예정이다.
5. 김경호 서울시 복지건강실장은 "우리 사회 이웃을 생각하는 젊은 학생들과 자원봉사자들의 재능 기부로 쪽방촌 골목이 다니고 싶은 길로

변모했고 겨울철을 맞이해 주민들에게 따뜻한 마음의 선물이 될 수 있기를 기대한다"며 "앞으로 이웃 간 소통과 나눔의 장소를 만들 수 있는 쪽방촌 벽화 작업을 다른 지역에도 계속 확산하는 방안을 검토할 계획"이라고 말했다.

이 기사는 전형적인 스트레이트 기사다. 가장 핵심이 되는 내용인 '창신동 쪽방촌 벽화 그리기 작업 완료'를 기사 시작 부분인 리드로 뽑았다. 이 리드엔 육하원칙에 해당하는 내용이 모두 들어 있다. 이야기로 시작해서(1번 문단) 중요도 순서에 따른 전개방법으로 문단을 배치하고 있다. 이 상황에서 독자들은 무엇이 궁금할까? 벽화의 내용(2번 문단)과 작업 주체(3번 문단)일 것이다.

국제다큐영화제 출품(4번 문단)은 이 기사의 덤과 같은 정보다. 지면이 허락한다면 알면 좋겠지만 몰라도 무방하다. 그런 다음 관계자 인터뷰(5번 문단) 내용의 인용으로 기사를 마무리한다. 이 기사는 이야기를 이용한 전개방법이라고도 할 수 있다. 스트레이트 기사는 대부분 중요도 순서에 따른 전개방법과 이야기를 이용한 전개방법 두 가지 모두에 해당한다.

똑같은 사건을 다룬 스트레이트 기사도 시점에 따라 큰 차이를 나타낸다. 앞의 기사는 보도자료를 통해 이 뉴스의 재료를 공급한 서울시를 주인공으로 삼았다. 실제로 이 벽화를 그린 홍익대 학생들을 주인공으로 삼는다면 기사는 어떻게 바뀔까? 〈아시아경제〉에 실린 '창신동 쪽방촌 7080 추억의 벽화로 변신'(2012년 11월 9일자)이라는 제목의 기사를 읽어보자.

1. "작업 기획 단계에서 쪽방촌에 사시는 분들과 많은 대화를 나누며, 그분들이 원하는 그림을 그려드리고 싶었다. 살기는 어려웠지만, 살아가는 정이 있던 1970~1980년대 그 시절의 향수를 그리면서, 내가 태어나기도 전 우리나라의 어제를 보게 되는 좋은 기회가 됐다."

2. 지난 8월부터 동대문 쪽방촌 벽화 그리기 작업에 참여한 홍익대학교 기젤라 학생의 말이다. 이처럼 청계천과 동대문 시장의 역사와 함께했던 창신동 쪽방촌의 차가운 회색 담벼락 53면(206.6m)에 가난하지만 따뜻했던 추억의 작품 39점이 그려졌다. 초등학교 교과서에 나올 법한 인물들과 지나간 산아제한 포스터, 호랑이 민화와 신윤복의 〈월하정인〉을 패러디한 것 같은 그림까지 다양하다.

3. 이번 벽화 그리기는 지난 5월 영등포 쪽방촌에 그려진 23개 벽화에 이은 두 번째 프로젝트로 재능 기부 대학생을 비롯해 서울시청 직원, 민간 기업의 자원봉사자 등 300여 명이 지역 주민들과 함께 2개월여 동안의 공동작업으로 이뤄졌다. 작업은 10월 말 완료됐다.

4. 홍익대 조형대학 영상영화과 학생들은 의미 있는 졸업작품을 구상하고 있던 차에 영등포 쪽방촌 벽화 작업에 영감을 얻어 지역 주민들과 자원봉사자들이 벽화라는 매개체를 통해 소통하는 과정을 영상으로 제작하기로 결정했다. 지난 10월 말 완료된 벽화 작업은 내년 8월에는 공중파 방송에서도 선보여져 그 과정을 생생히 살펴볼 수 있을 전망이다.

5. 김경호 서울시 복지건강실장은 "우리 사회 어려운 이웃을 생각하는 젊은 학생들과 자원봉사자들의 재능 기부로 쪽방촌 골목이 다니고 싶

은 길로 변모함으로써, 겨울철을 맞아 주민들에게 따뜻한 마음의 선물이 될 수 있기를 기대한다"면서 "앞으로 이웃 간 소통과 나눔의 장소를 만들 수 있는 쪽방촌 벽화 작업을 다른 지역에도 계속 확산하는 방안을 검토할 계획"이라고 말했다.

　주의 깊게 읽지 않으면 앞 기사와 전혀 관련이 없는 기사처럼 보일지도 모르겠다. 이 기사는 이 작업에 참여했던 홍익대 기젤라 학생의 말을 리드로 뽑았다(1번 문단). 이 한마디의 인용으로 '창신동 쪽방촌 벽화 그리기'의 의미와 효과를 함축적으로 보여준다. 단순한 상황 전달을 넘어선다. 대학생들이 재능 기부를 통해 사회적으로 뜻깊은 일을 했다는 사실을 부각시켰다. 그 점이 가장 중요한 '야마'라고 기자는 판단했다. 독자 역시 그렇게 받아들였을 것이다.
　이렇게 시점을 서울시에서 기젤라 학생으로 바꾸니 독자들은 사실과 함께 그 의미까지 파악할 수 있게 됐다. 종래의 리드문과 다른 새로운 스트레이트 기사 형식이다.
　중간 부분부터는 앞의 기사와 거의 동일하게 내용을 배열하고 있다. 창신동 쪽방촌 벽화 그리기 작업과 벽화의 내용(2번 문단)-작업의 주체(3번 문단)-국제다큐영화제 출품(4번 문단)-관계자 인터뷰(5번 문단) 식이다. 기자와 언론사는 달라도 기사 내용의 중요도 순서를 판단하는 기준은 대동소이하다. 시작 부분에서 기젤라 학생의 말을 인용한 것만 덧붙였는데도 이렇게 다른 느낌의 기사가 만들어졌다.
　보도자료는 반드시 중요한 순서대로 작성하는 것이 좋다. 하루에도 언론사에 밀려드는 보도자료는 수십, 수백 편에 이른다. 1분 안에 기자의 눈에서 불꽃이 튀도록 써야 한다. 쓰레기통에 버려지지 않고 선택을 받을 수 있는 길이다. 최근 출간된 남덕현의《충청도의 힘》이란 책의 보도자료 '인생 별거 있간디? 사는 거 다 거기서 거기지'다.

1. 페이스북에 연재되어 순전히 입소문만으로 유명해진 에세이를 엮은 책이 바로《충청도의 힘》이다. 작가 남덕현은 도시에서 살다가 처가인 충남 보령 달밭골에 정착해 살던 중에 장인어른을 비롯, 평균 연령 일흔이 넘는 동네 어르신들의 능청스런 대화를 곁에서 듣게 된다. 그리고 그 사소한 일상의 대화 속에 담긴 위대한 힘을 발견하고는 일이 끝나는 밤마다 새벽마다 그 대화를 손에 잡힐 듯 재구성해 페이스북에 연재를 시작했다.
2. 《충청도의 힘》은 어제가 오늘 같고, 오늘이 내일 같은 별일 없는 일상을 살아가는 어르신들의 이야기다. 이만큼 살아보니 인생 별것 없음을, 별것 없으니 그런 줄만 알고 살면 되는 것임을 말하는, 인생이 뭔지 알 만한 분들의 사소한 이야기가 오히려 큰 울림을 준다.
3. 페이스북에 연재할 당시에도 순전히 입소문을 통해 늘어난 페이스북 친구(일명 페친)들만 약 1천 명에 이른다. 무명의 작가에겐 큰 관심이라 할 만한 숫자다. 글을 읽고 난 페친들의 찬사도 이어졌는데, 이는 사소하고도 어쩌면 비루하기까지 한 이야기들 속에 담긴 감동과 힘에 공감하는 바가 컸기 때문일 것이다. 또한 바쁘다는 이유로 잊고 살았던 삶의 지혜를 충청도 어르신들이 보여주고 있기 때문일 것이다.

4. 큰 것이 위대하고, 강한 것이 오래가는 세상이 된 지 오래다. 이 책은 그 흐름과는 반대로 작은 것, 사소한 것이 가진 진짜 힘에 대해 이야기한다. 많이 배우고 잘나가는 근사한 사람들이 아닌, 그저 근근이 살아가는 시골 어르신들이 이 책의 주인공이다.

5. 월전리 노인회장이자 뼛속까지 충청도스러운 장인어른, 서울살이를 마치고 내려와 처가살이를 자처한 머슴 사위가 펼치는 한판 승부에는 유머가 느껴지고(74쪽, 〈해방 사위 훼방 놓네〉 편), 여자를 꼬시기 위해선 딱 쓰리스텝이면 족했다고 말하는 전직 제비 출신 할아버지의 이야기에서는 삶의 애환이 묻어난다(81쪽, 〈제비던〉 편). 딸만 셋이어서 시어머니에게 구박만 받고 살았던 시장 닭집 여사장님의 이야기는 눈물 없인 들을 수 없을 정도다(181쪽, 〈추워두 참구, 졸려두 참구, 배고퍼두 참구〉 편). "인생 별거 있간디? 사는 거 다 거기서 거기지."(이하 생략)

이 보도자료의 각 문단은 중요도에 따라 배열돼 있다. 신간 보도자료가 미디어와 독자에게 다가설 수 있는 강조점은 대략 세 가지다. 필자, 내용, 화제다. 필자는 아직 한 권의 책을 냈거나 사회적 명성이 거의 없는 무명이다. 이미 글을 접한 사람들은 이 글의 페이소스와 재미를 알고 있다. 아직 책을 사지 않은 사람들에겐 그것을 전달하기가 마땅치 않다.

출판사는 페이스북에서 화제가 됐다는 점을 보도자료의 리드로 내세운다. 이 점이 기자와 독자들에게 가장 흥미를 끌 수 있는 무기다. 그는 통상적 작가 이미지와 다른 독특한 이력을 가졌다. 그가 어떻게 페이스북이라는 공간에서 그렇게 큰 반향을 불러일으켰는지를 그려내며 호기심을 유도

한다(1번 문단).

그런 다음 책의 개요를 설명하고(2번 문단), 한 번 더 페이스북에서의 반응을 강조한다(3번 문단). 그 후에야 구체적인 책 내용이 소개된다(4, 5번 문단). 화제(필자)-내용-화제-내용의 순서다. 실제로 이 책은 여러 언론의 소개와 페이스북의 입소문으로 많은 사람들에게 깊은 인상을 심어주었다.

덜 중요한 순서대로 문맥을 배치하는 글도 있다. 덜 중요한 것을 글의 시작 부분에 배치하고 뒤로 갈수록 중요도를 높이는 방식이다. 이 방식은 마무리에서 가장 중요한 내용이 나온다. 극적 긴장감을 높이는 효과를 거둘 수 있다. 점강법을 사용하면 이런 전개방법이 나온다. 다음은 독일의 목사이자 신학자인 마르틴 니묄러^{Martin Niemöller}가 나치에 반대하여 쓴 글 〈그들이 처음 왔을 때〉다.

> 그들이 처음 공산주의자들을 잡아갔을 때, 나는 항의하지 않았다.
> 나는 공산주의자가 아니었으니까.
> 그다음 그들이 유대인들을 잡아갔을 때, 나는 항의하지 않았다.
> 나는 유대인이 아니었으니까.
> 그다음 그들이 노조원을 잡아갔을 때, 나는 항의하지 않았다.
> 나는 노조원이 아니었으니까.
> 그다음 그들이 가톨릭 신자를 잡아갔을 때, 나는 항의하지 않았다.
> 나는 개신교 신자였으니까.
> 그다음 그들이 나를 잡아갔을 때, 항의해줄 어떤 사람도 남아 있지 않았다.

니묄러는 자신과 관련이 멀다고 생각하는 순서대로 글을 전개하고 있다. 공산주의→ 유대인→ 노조원→ 가톨릭 신자가 잡혀가도 나와 상관없는 일이라며 항의하지 않았다. 그리고 마침내 정작 자신이 잡혀갈 때엔 항의할 사람이 아무도 남아 있지 않았다. 니묄러는 그 사실을 고백함으로써 비겁한 침묵이 어떻게 공동체를 파괴하고 자신마저 파멸시키는가를 역설적으로 보여준다.

 **알짬2 생소한 것은 귀납으로, 익숙한 것은 연역으로**

참여정부 국정 의제 가운데 가장 논란이 됐던 것은 대연정 제안이다. 사건의 발단은 이렇다.

노무현 대통령이 대연정을 구상하고 있다는 사실이 2005년 한 언론의 보도로 갑자기 대중에게 알려졌다. 노 대통령이 전날 당정청 핵심 인사들을 만난 자리에서 밝힌 구상이 언론에 유출된 것이다.

아이디어 차원이라며 그냥 덮을 수도 있었지만 노 대통령은 당시 여당인 열린우리당 당원들에게 공개서한을 보내고 KBS 〈국민과의 대화〉에 나와 한나라당에 대연정을 공식 제안했다. 길고 지루한 여야의 공방이 몇 달 동안 이어졌다.

야당은 고도의 술책이라며 대응 자체를 회피했다. 여당 내에선 '어떻게 독재세력과 손을 잡느냐', '정권을 대통령 마음대로 넘겨주느냐'라며 날선 비판이 쏟아졌다. 이를 바라보는 국민의 여론은 싸늘했다. '탄핵에서 살려냈더니 엉뚱한 일을 하고 있다'는 목소리가 들끓었다. 이 논란의 와중에 대연정을 제안한 취지나 그 내용은 모두 실종됐다. 정치인, 학자, 언론, 시민사회 대부분이 논란의 한 주체가 돼 대연정을 제안한 정치적 복선이 무엇이냐는 논쟁에 기름을 끼얹었다.

대연정 제안은 결국 없던 일이 되고 말았다. 노 대통령은 퇴임 때까지 대연정

논란에 대한 막대한 정치적 부담을 짊어져야 했다. 대연정은 퇴임 이후에도 노 대통령이 '완전한 실패'로 언급할 만큼 뼈아픈 실책이었다.

이 문제를 새삼 이 책에서 복기하는 것은 귀납과 연역의 차이를 대연정 논란이 가장 생생하게 보여주기 때문이다. 대연정 의제는 구상 단계에서 언론에 유출되고 대통령이 직접 제안함으로써 공론의 시장에 처음 나타난다.

전형적인 연역 방식이다. 대연정이란 결론이 먼저 공론에 던져지고 이것의 필요성과 정당성을 계속 설명하고 해명하는 방식으로 공론이 진행됐다. 대연정은 우리나라 정치에서 아주 생소한 시스템이었다. 유럽에선 정당 간 연정이 비일비재하고 심지어 좌파와 우파가 '적녹연정'까지 하지만 우리 정치는 거의 경험해보지 않은 미증유의 실험이었다.

일반 국민은 고사하고 정치인과 언론인조차 합당과 연정의 차이를 구분하지 못하는 상황이었다. 이런 마당에 대연정이란 낯선 말이 던져지자 정치권이나 일반 국민이 그 내용을 곱씹어볼 겨를도 없이 거부감부터 드러내는 것은 어찌보면 당연한 일이었다. 의도한 것은 아니지만 결과적으로 대연정 의제가 연역의 방식으로 진행됨으로써 빚어진 비극이었다. 이로 인해 엄청난 오해를 불러일으켰으며 정책적 실패로 귀결될 수밖에 없었다.

노 대통령이 대연정을 구상한 것은 고질적인 지역 대결 구도를 해소하기 위해서였다. 지역 대결 구도가 정치 발전을 가로막고 있다. 이런 후진적 정치 시스템 아래선 대한민국이 선진국으로 도약할 수 없는 것은 물론이고 당면한 위기조차 극복할 수 없다는 절박한 판단 때문이었다.

그 무렵 대통령은 유럽의 여러 나라가 연정과 사회적 대타협으로 경제적·사회적 위기를 극복하고 선진국으로 도약한 사례들을 접했다. 대화와 타협의 정치가 만들어져야 가능한 일이었다. 이런 후진적인 정치 시스템을 개혁하려면 선거제도 개혁이 이뤄져야 하는데, 야당의 협조와 동의 없이는 불가능한 일이었다. 대통령은 그것이 가능하다면 권력 분할, 권력 이양까지도 감내할 수 있다고 결심했다.

만일 이 문제가 귀납의 방식으로 진행됐다면 어땠을까? 대통령은 대연정이란 결론을 먼저 말해선 안 된다. 지역 대결 구도라는 후진적 정치 시스템이 우리나라의 발전을 어떻게 가로막고 위기를 초래하고 있는지부터 국민들에게 충분하게 설명했어야 한다. 이에 대한 공감대가 형성되면 이를 연정과 사회적 대타협으로 극복한 유럽 여러 나라의 사례를 자연스럽게 알리는 것이다.

이렇게 귀납의 방식으로 진행됐다면 국민 여론, 정치권의 반응, 언론과 시민사회의 담론을 면밀하게 살펴가며 대통령의 문제의식에 합당한 정책적 결론을 유도해낼 수 있었을 것이다. 그 결론은 대연정일 수도 있고 그렇지 않을 수도 있다. 역사에 가정은 없지만 귀납의 방식으로 접근했다면 뼈아픈 실패는 없었겠다는 아쉬움이 든다. 대연정의 성공 여부와 별개로 공론이 깊어질수록 대통령의 문제의식과 충정, 유럽의 대안 사례에 대한 국민적 학습 등이 결과로 남아 있지 않았을까, 생각해본다.

귀납과 연역의 문제는 거대한 국정을 운영하는 데에만 적용되는 것이 아니다. 조직 내부, 조직과 이해관계자 사이, 가정, 친구 등 공적·사적 커뮤니케이션 전반에 걸쳐 나타난다. 특히 누군가를 설득하거나 누군가로부터 공감을 이끌어내야 하는 실용 글쓰기에선 반드시 유의해야 할 알짬이다.

여러분이 써야 할 글이 생소한 것, 패러다임의 변화, 거부감이나 저항을 불러일으키는 것이라면 귀납의 방식을 택하는 것이 좋다. 어떤 개별적 사실을 제시하고 이것을 관통하는 일반적 흐름을 잡아낸 뒤 글을 쓴 사람의 주장이 아니라 사실과 논리의 당연한 결론으로 말하고 싶은 주제를 제시하는 것이다. 독자는 이 글을 통해 이런 주제에 도달하게 된 불가피성을 납득하게 될 것이다.

여러분이 써야 할 글이 익숙한 것, 기존 패러다임의 연속, 누구나 좋아할 만한 것이라면 연역의 방식을 택하는 것이 좋다. 주제를 간명하게 시작 부분에서 제시하고 그에 대한 근거를 중간 부분에서 펼친 다음 마무리로 효과나 전망을 제시해 신뢰도를 높인다. 주제를 시작 부분에서 바로 보여주지 않는다면 글을 읽는 사람은 짜증을 내거나 그 신빙성에 대해 의심을 할지도 모른다.

전개방법4 이야기
다양한 풍경과 사연을 버무려라

이야기에 대해선 시작 부분에서 자세하게 설명한 바 있지만 여기서 몇 가지 더 언급해두고 싶다. 이야기는 인류가 언어를 사용하기 시작한 때로부터 지금까지 가장 큰 사랑을 받고 있는 의사전달 방식이다. 이야기의 가능성과 활용 방법에 대해 그동안 일반 사람들은 크게 주목하지 않았다. 그저 예술가들이 문학과 영화, 연극, 음악극 등 서사 장르에서 사실이나 허구의 이야기를 내러티브나 플롯의 방식으로 사용하는 것으로만 여겼다.

지금은 달라졌다. 이제 누구나 이야기를 의사전달 수단으로 활용하는 시대가 됐다. 직역하면 '이야기로 말하기'라는 뜻의 스토리텔링이 모든 분야의 왕도처럼 등장했다. 스토리텔링은 기존 서사 장르를 넘어 다큐멘터리, 게임, 광고는 물론이고 교육과 대인관계, 비즈니스, 마케팅, 행정, 정치 분야까지 뻗어나가고 있다. 스토리텔링을 말하지 않는 분야가 거의 없다고 할 정도다. 이야기로 말하면 상대방이 더욱 쉽게 이해하고 공감한다. 이야기로 말하면 더 널리 퍼진다. 이야기로 말하면 더욱 오래 남는다.

이 전개방법은 두 가지로 나눌 수 있다. 첫째는 시간과 공간의 순서에 따라, 사물과 상황의 흐름에 따라 이야기를 전개하는 것이다. 재래시장 골목을 천천히 걷는다고 상상해보자. 걸음을 옮길 때마다 짐승, 잡화, 채소, 어물, 농기구, 화훼, 곡물 등을 벌여놓은 시장 골목 풍경이 그려지고, 손님들과 흥정하는 장꾼들의 모습이 그려진다. 이윽고 날이 저물면 서둘러 천막을 걷고 짐을 쌓는 파장이 된다.

둘째는 글쓴이의 생각의 흐름에 따라 이야기를 전개하는 것이다. 글쓴이의 생각과 행동에 따라 시간과 공간이 자유자재로 배열된다. 다시 시장 골목을 걷는다고 치자. 시장 골목 초입에서 파는 강아지를 보면서 어린 시절 키우던 강아지를 생각한다. 강아지가 마당에서 뛰어놀던 옛 집을 떠올리며 지금 아파트 생활의 삭막함을 이야기한다. 모종을 보면서 언젠가는 마당이 넓은 집으로 이사가 강아지를 키우고 텃밭을 만들어야겠다고 꿈꿔본다. 물론 이 두 가지가 섞인 경우도 있지만 그렇더라도 한쪽의 특징이 더 강하게 나타난다.

시간과 공간의 순서에 따라 전개되는 글부터 살펴보자. 〈조선일보〉에 실린 '당신이 모르는 당신을 그립니다, 내 이름은 알리스 닐. 사후^{死後} 더 주목받는 화가 알리스 닐, 아시아 첫 전시'라는 제목의 기사(2013년 5월 7일자)는 전통적인 기사 형식을 과감하게 파괴한다. 이 기사는 알리스 닐의 전시회를 소개하기 위한 목적으로 쓰였다. 하지만 단순한 소개에 그치지 않는다. 이미 고인이 된 닐을 화자로 등장시켰다. 자신의 삶과 미술을 자서전 구술하듯 고백하는 형식을 취한다. 닐을 모르더라도, 설사 그의 전시회를 보지 못하더라도 이 기사를 읽은 독자들은 그녀의 삶과 미술에 대해 깊은 감회를 갖지 않을 수 없다. 이는 시간의 흐름에 따라 이야기를 풀어가는 전개방법이다. 한 사람의 삶이든, 한 나라의 운명이든 지나온 역사를 돌아보는 글은 대부분 시간의 흐름에 따른 전개방법을 취한다.

1. 내 이름은 알리스 닐. 인물화를 주로 그린 미국 화가예요. 미국 〈아트뉴스〉는 저를 두고 "그녀가 남자이고 명문가 출신이었다면 루시앙 프로이트에 비견되는 평가를 얻었을 것"이라고 했고, 〈뉴욕타임스〉는 "제

2차 세계대전 이후 그녀처럼 표현적이며 심리적인 통찰력으로 인물화를 그린 작가는 없었다"고 했지요.

2. 사실 나는 그냥 그려야만 했던 거예요. 밥벌이를 위해서, 아이들을 기르기 위해서. 만나서 좋아하게 된 사람들을 그렸어요. 정신적 깊이, 일상에서 묻어나는 특별함, 제3자에게는 뚜렷이 보이지만 당사자는 잘 모르는 특징 같은 것들. 그래서 평생 가난했지만 후회는 없어요.

3. 내 고향은 미국 펜실베이니아 시골이에요. 어느 날 아빠가 묻더군요. "알리스, 너도 '그냥 여자'로 살 거니?" "아뇨, 난 여자라는 이유로 하고 싶은 일도 못하는 '2등 시민'으로 살진 않겠어요."

4. 고교 졸업 뒤 돈을 모아 1921년 필라델피아 여성디자인학교에 들어갔어요. 거기서 운명처럼 쿠바에서 온 카를로스 엔리케스를 만나 사랑에 빠져 결혼했지만 3년 만에 헤어졌어요. 남편은 쿠바에 맨해튼만 한 농장을 가진 부잣집 아들이었어요. 1928년 둘째딸을 낳자 "함께 아바나로 가자"고 하더군요. 난 거기가 싫었어요. 남편은 딸을 데리고 아바나로 떠났고 나는 신경쇠약에 걸렸어요. 두 번의 자살 시도 그리고 정신병원 입원.

5. 1년 후 퇴원해 나는 뉴욕 그리니치빌리지에서 뱃사람과 3년을 살았어요. 그 남자는 여자가 돈도 안 되는 그림 그리는 게 꼴같잖다면서 내 그림 30점을 태워버렸어요. 나이트클럽 가수였던 두 번째 동거남과 맏아들 리처드를 낳았죠. 그때가 1939년이에요. 영화감독 샘 브로디와는 1941년 둘째아들 하틀리를 낳았고요.

6. 공산주의자들과 어울리다 FBI 조사도 받았어요. 절 '로맨틱 보헤미안

타입의 공산주의자'라고 썼더군요. 잘 봐준 거죠. 그 수사관, 모델 부탁은 거절하더군요.

7. 뉴욕 허름한 아파트에 살면서도 아들 둘은 사립학교에 보냈어요. 다행히 두 아들은 컬럼비아대를 졸업하고, 리처드는 변호사, 하틀리는 의사가 됐죠. 좌파 친구들은 날 비난했죠. "왜 하필 자본주의 속물이나 가는 사립학교냐." 철없는 친구들 같으니. 부모의 사상이 뭐든 아이들은 당당히 경쟁하며 살게 해줘야죠.

8. 사람들은 내 그림 속에서 피카소나 코코슈카(1886~1980, 오스트리아 표현주의 화가)를 찾아내려고 해요. 하지만 나는 어떤 사조를 따르거나 작가를 모방한 적이 없어요. 내 그림 속 사람들은 늘 관람자의 눈을 들여다보죠. 배에 입은 총상 자국을 드러낸 〈앤디 워홀〉(1970)을 보세요. 앤디는 말했어요. "이봐 앨리스. 난 사람들이 맘대로 덧씌운 내 모습에 신물이 나. 있는 그대로의 나를 그려줘." 그는 내가 그린 자기 모습이 가장 좋다고 했어요. 〈수 실리와 그녀의 남편〉(1948)은 아이를 유산하고 슬픔에 잠긴 친구 부부예요. 혼이 나간 듯한 여자, '괜찮아, 괜찮아' 하며 아내를 달래는 남편의 아픔. 느껴지지 않나요?

9. 난 그저 그런 작가일 뿐이었어요. 하지만 엘리자베스 페이튼 같은 후배 화가들이 내게 영향을 받았다고 말하면서 1974년 뉴욕 휘트니미술관에서 회고전이 열렸죠. 갑자기 부르는 곳이 많아졌어요.

10. 말년에 인생 좀 풀리나 싶더니, 글쎄 덜컥 결장암에 걸렸네요. 그게 끝이었어요. 재산이라곤 그림용 앞치마 2개, 팔레트 2개, 옷 네다섯 벌이 전부. 아, 맞다. 침대 매트리스 밑에 현금이 담긴 깡통이 있었을

텐데. 손주들 학비로 모아둔 5,600달러쯤이죠.

11. 지난 2000년 뉴욕 현대미술관, 런던 테이트모던 등에서 내 탄생 100주년 기념 전시를 열었어요. 요즘 경매에서도 내 그림이 인기가 많다지요?

12. 그런데 그게 무슨 소용. 난 그저 '하고자 한다면 무엇이든지 할 수 있다'는 생각으로 살았을 뿐이죠. '기구한 인생'으로 보일지라도 난 충분히 행복했어요. 한 남자와 결혼했고, 네 남자와 같이 살았으며, 사람들의 인생을 그림에 담은 여자, 내 이름은 알리스 닐이에요.

13. 서울 사간동 갤러리 현대에서 미국 화가 알리스 닐 Alice Neel, 1900~1984의 전시가 6월 2일까지 열린다. 아시아에서 첫 전시. 그녀는 최근 세계 미술계에서 가장 각광받는 작가 중 하나다. 닐의 아들 하틀리 부부 인터뷰, 각종 기사와 자료 등을 종합해 그녀의 인생과 작품 세계를 재구성했다.

이 기사는 정의와 인용으로 시작한다. 이 기사의 화자인 닐은 자신의 직업과 자신에 대한 언론의 평가를 인용하며 자신이 어떤 사람인지 간접적으로 정의한다(1번 문단). 그리고 육성으로 자신의 삶과 미술이 어떤 것이었는가를 직접적으로 정의한다(2번 문단). 중간 부분에서는 충실하게 시간의 흐름에 따라 이야기를 전개한다(3~11번 문단). 자신의 유년과 청소년 시절(3번 문단), 첫 번째 결혼과 자살 시도(4번 문단), 두세 번의 결혼과 출산(5번 문단), 아들의 성장과 진학(7번 문단), 화가로서의 작품 활동과 전시회(8, 9번 문단), 말년의 병사(10번 문단), 사후의 전시회로 이야기(11번 문단)가 이어진다. 그리고 다시 한 번 시작 부분에서처럼 자신의 삶에 대해 정의하고(12번 문단) 의견으로 글을 마무리한다. 여기서 이 기사는 사실상 끝난 것이다. 그러나 전시회 정보를 알려야 하기 때문에 추신처럼 한 문단을 덧붙였다(13번 문단). 상자에 별도의 정보 기사로 담아 처리하면 더 좋지 않았을까 한다.

스티브 잡스의 스탠퍼드대학 졸업식 축사도 표면적으로는 늘어놓기의 형식을 띠고 있지만 맥락적으로는 시간의 흐름에 따라 이야기를 풀어가는 전개방법을 취한다.

시인 김하돈의 기행 에세이집 《마음도 쉬어가는 고개를 찾아서》 가운데 〈진부령/민통선의 봄은 오지 않고〉의 일부다. 이 글은 공간의 순서에 따라 이야기를 펼친다.

> 1. 한계리 재내마을에서 한계령과 헤어진 길은 미시령과 진부령을 바라보며 북녘으로 북녘으로 오른다. 설악의 품도 내설악에서는 제법 온순하여 길도 그저 곱게 꼬리를 감추는 사뭇 착한 길이다. 남녘에는 이미 동백이 피고 지고 우수 지난 지가 언제인데 다만 이곳은 아직도 겨울이 한창이니 세상에 오가는 계절이란 참으로 새삼스러운 것임에 틀림없다. 아파트 난간 마루에 두고 온 영산홍의 기억이 설악의 흰 눈밭을 붉게 물들였다. 봄눈이란 으레 분분하기 마련인데 때 아닌 폭설이 춘삼월을 덮는다.
> 2. 군부대와 마을이 반반을 이루는 남교 마을은 대승령(1,210m)으로 오르는 십이선녀탕 골짜기의 들목이다. 미시령길로 역로驛路가 한창이던 무렵 이곳에는 남교역嵐校驛이 있었다. 옛길을 걸어 아침에 원통역을 떠난

길이라면 점심을 들기가 좀 이를 듯싶고, 거꾸로 원암역을 떠나 미시령을 넘어오는 길이라면 날랜 걸음이라도 점심은 거르고 늦은 곁두리나 먹을 거리이다. 남교를 지나 얼마쯤이면 금세 백담사 들목의 가평加坪이다. 인제문화원의 책에는 백담사 매표소가 있는 내가평에 가력원加歷院이 있었다고 하는데, 《신증동국여지승람》의 기록을 보면 "남교역은 현인제의 북쪽 50리, 가력원은 현의 동쪽 72리 양양부와의 경계"라고 했다. 옛글을 따른다면 가력원은 소동라령所冬羅嶺, 한계령 정상쯤 되어야 할 터인데 어찌된 영문인지 모르겠다.

3. 가평에서 마등령(1,327m) 길을 따라 20리 남짓, 만해 한용운의 백담사는 잘 있었다. 시절을 따라 인물이 들고 나니 거기 산중 가람의 흥망성쇠 또한 머무는 사람을 따라 영욕을 거듭하는 터라 선지식이 머물면 청정한 도량이요, 무참괴승無慚愧僧이 머물면 이내 여염의 별채가 되는 법이다. 백담사의 지난 시절에는, 선禪과 시詩의 배를 타고 대승의 바다를 건너간 선각이 야단법석野壇法席의 사자후를 토하는 시절도 있었고, 총과 칼로 피의 바다를 건너온 아수라가 염마졸閻魔卒을 거느리고 관광버스 줄을 세워 야단법석을 떠는 시절도 있었다. 그래도 백담사는 잘 있었다. 다만 마음 하나 고쳐먹으면 삼라만상이 모두 부처라고 오늘도 변함없이 잘 있었다.

4. 지금은 남교, 가평, 용대를 한데 모아 그저 용대리로 부르지만 본래의 용대는 미시령과 진부령의 갈림길에 놓인 마을이다. 남교에서 가평은 10리가 조금 넘고 가평에서 용대는 10리 길에 조금 못 미친다. 용대의 갈림길에는 도시 한복판에나 어울릴 듯한 으리으리한 찻집과 식당이

자리 잡은 지 꽤 오래되었고 이제 여느 민가는 없다. 갈림길 조금 아래로 난 마을길을 들어가보니 대충 열 집이나 넘어 보이는 동네인데 사람도 통 보이지 않고, 제법 큰 황태 덕장인데 황태 역시 한 마리도 안 보인다.(19쪽)

기행 에세이는 대부분 공간의 이동을 따라 글이 진행된다. 공간의 이동을 큰 틀로 삼고 그 안에 다양한 풍경과 사연을 버무려 이야기를 만든다. 이 글 역시 마찬가지다. 한계리 재내마을의 갈림길(1번 문단)에서 시작해 남교마을(2번 문단)→백담사(3번 문단)→용대리(4번 문단)로 이어진다. 공간을 옮길 때마다 마을의 유래, 옛 기록, 지리, 개인적 감회가 시루떡의 고물처럼 들어가 있다.

다음은 시공간에 크게 구애받지 않고 글쓴이 생각의 흐름에 따라 이야기가 전개되는 글이다. 〈한겨레〉에 실린 칼럼 '사바스에서 길러지는 창의력'(2013년 3월 11일자)을 읽어보자.

1. 예전에 이스라엘 사람과 일한 적이 있다. 그는 유대교를 독실하게 믿는 사람이었다. 반면 나는 이스라엘이나 유대인에 대해서는 아는 것이 전혀 없었다. 그런데 평소에는 밤늦게라도 이메일이나 전화에 바로바로 응답을 할 정도로 열심히 일하는 이 사람이 금요일 오후부터는 매번 연락두절 상태가 되는 것이었다. 그런 다음 토요일 저녁이 되면 비로소 답장이 왔다. 처음에는 급한 일로 연락했는데 간단한 질문에도 답을 안 해주니 섭섭했다. 그런데 나중에 이유를 알고 보니 그는 유대교의 안식일

인 '사바스'를 철저하게 지키고 있는 것이었다. 그 시간 동안은 일을 해서도 안 되고 전화나 컴퓨터를 써도 안 되기 때문에 당연히 이메일을 읽고 답장하는 것도 안 된다는 것이었다. 철저하게 쉬는 것이다. 그것을 알고부터는 안식일에는 그를 방해하지 않기로 했다. 당시에는 종교적인 이유로 일주일에 하루 일을 멀리하는 그가 그리 부럽지 않았다. 오히려 쓸데없는 구속이라고 생각했다.

2. 그런데 요즘은 생각이 달라졌다. 강제로라도 그런 안식의 시간을 갖는 것이 필요하다고 여기게 된 것이다. 너무나 바쁘게 사는 한국인들을 보면서 그런 생각을 하게 됐다.

3. 우리는 정말 열심히 산다. 아침 일찍 조찬모임에 가거나 학원에 가면서 하루를 시작한다. 종일 정신없이 일하고 야근도 다반사다. 그리고 또 직장 동료나 친구들과 함께 한잔을 한다. 주말은 주말대로 등산, 골프 등 취미활동에 바쁘다. 놀러 가는 것도 무슨 전투를 치르듯이 한다. 아이들도 부모와 마찬가지로 바쁜 일정 속에서 산다. 밤늦게까지 학원에 있고, 주말에도 과외활동을 하기에 바쁘다. 한마디로 열심히 사는 사람들이다. 이것이 오늘날의 한국을 만든 원동력이라는 것도 부정할 수 없다.

4. 이처럼 열심히 사는 한국인들이 요즘 '스마트폰'이라는 문명의 이기를 만났다. 덕분에 예전보다도 더 바쁘게 산다. 머리가 쉴 새가 없다. 남들을 따라가려면 유행하는 게임도 열심히 해야 한다. 쉴 새 없이 울리는 카톡 메시지에도 답을 해야 인간관계가 유지된다. 인기 있는 텔레비전 프로그램도 빠지지 않고 봐줘야 한다. 지하철을 타보면 온 국민이 스

마트폰 화면에 머리를 박고 있는 듯싶다. 스마트폰은 바쁜 생활을 더욱 '스마트'하게 보낼 수 있도록 도와주는 것 같다. 이제 우리에게 멍하니 있는 자투리 시간은 허용되지 않는다. 덕분에 이른바 '저녁이 있는 삶'은커녕 조용한 아침이나 한가로운 주말도 없는 삶을 보내는 사람이 많다.

5. 얼마 전 뉴욕에서 독실한 유대교 신자인 한 젊은이를 만났다. 그는 컴퓨터프로그래머다. 그런 그도 안식일은 철저히 지킨다고 한다. 전화나 컴퓨터는 건드리지도 않는단다. 그럼 주로 뭐하냐고 물었더니 "그냥 철저하게 쉰다. 독서를 하고, 가족과 친구와 대화하고, 사색을 많이 한다. 정말 머리를 식히기에 좋다"고 한다.

6. 삶을 열정적으로 바쁘게 사는 것도 좋다. 하지만 이처럼 여유롭게 사색하면서 자신을 돌아볼 시간을 내는 것도 중요하지 않을까. 유대인들을 접하면서 그들이 얼마 안 되는 인구인데도 인류에 큰 족적을 남긴 수많은 창의적인 인물을 배출한 것은 우연이 아니라는 생각을 하게 됐다. 일주일에 한 번씩 모든 것을 내려놓고 쉬면서 토론하고 사색하는 습관도 그들의 중요한 성공 요인 중 하나일 것이다.

7. 우격다짐으로 쥐어짠다고 창의적인 생각이나 혁신이 나오는 것이 아니다. 유대인의 안식일을 보면서 무엇보다도 쉬면서 사색하고 대화하는 습관을 익히는 것이 창의력을 키우는 원천이 아닐까 생각해본다. 일주일에 몇 시간은 스마트폰을 내려놓고 앞에 있는 사람과 대화하는 습관을 만들어보자.(임정욱)

이 칼럼은 유대교 안식일인 '사바스'를 지키는 이스라엘 동료의 이야기로 시작한다(1번 문단). 중간 부분에서 정말 바쁘게 살아가는 우리나라 사람의 생활상을 그리고(2~4번 문단), 미국의 유대교 신자가 사는 모습을 꺼내 한국인의 생활상과 대비시킨다(5번 문단). 모두 이야기지만 특별히 시공간의 흐름을 따르고 있지 않다. 글쓴이가 자신의 논지를 펴기 위해 다양한 이야기의 삽화들을 논리적 흐름에 맞게 배열하고 있을 뿐이다. 그리고 마무리에서 휴식의 필요성을 역설하며 휴식이 가능하도록 행동의 변화를 주문한다(6, 7번 문단).

전개방법5 문제와 해결
묶인 곳을 찾아 풀어내라

이는 말 그대로 글의 시작이나 중간 부분에서 문제를 던지고 중간이나 마무리 부분에서 해결 방안을 제시하는 방법이다. 문제를 제기해서 해결하는 단순한 구조도 있고, 문제를 제기하고 원인을 짚은 다음 해결하는 복합한 구조도 있다. 이때 제기되는 문제는 현실에서 실제로 나타나는 복잡다단한 것일 수도 있고, 논리와 사변 같은 이론의 영역에서 제기되는 것일 수도 있다.

이 전개방법은 다양한 실용문에서 활용된다. 정부나 기업의 모든 기안서, 보고서, 기획서가 사실상 이 전개방법에 따른다. 보고서, 기획서는 결국 현실의 문제를 현상과 원인으로 분석하고 그것을 해결하는 방안을 마련하는 것이다. 상품 홍보문, 시사 칼럼 등에서도 빈번하게 쓰인다. 입시, 취업, 승진 등을 위한 논술문 역시 대부분 이 전개방법을 사용한다.

문제를 제기해서 해결하는 단순한 구조의 예문부터 살펴보자. 다음은 한 회사가 자사의 의약품을 홍보하려고 쓴 기사 방식의 광고문이다.

1. 찬바람이 불면 어김없이 찾아오는 콧물, 재채기, 코 가려움증을 호소하는 사람이 의외로 많다. 위의 불편함은 겪어보지 않은 사람은 알 수 없을 정도로 힘들다. 얼굴 중심부에 있는 코는 사람의 인상을 결정지을 뿐 아니라 숨을 쉬고 냄새를 맡으며 공기 중의 나쁜 이물질을 걸러주는 중요한 신체기관이다.

2. 과민반응으로 인한 콧물, 재채기, 코 가려움증은 호흡을 방해하고 장시간 지속될 경우 짜증을 불러오기도 한다. 일에 집중하기 힘들고 신경 쓰이기 때문에 업무나 학업을 진행하는 데 여간 힘든 것이 아니다. 그러므로 코 건강은 세심한 관리가 무엇보다 중요하다.

3. 국민 건강에 이바지하고 있는 광동제약에서는 식품의약품안전처로부터 코 건강 개별 인정형 건강기능식품으로 인정받은 '광동 코코그린'을 출시했다. '광동 코코그린'은 구아바잎 추출물 등 복합물로 다량의 폴리페놀이 함유된 혼합 제제로서 과민반응으로 인한 재채기, 콧물, 코 가려움 현상을 유발하는 효소에 대한 우수한 억제 기능이 있음을 증명하는 다수의 논문이 발표되었다.

4. 구아바잎 추출물 등 복합물은 구아바잎, 녹차잎, 장미꽃잎 등을 주원료로 개발한 원료로서, 2007년 보건산업기술대전에서 우수상에 선정되기도 하였다. 본 원료는 엘라그산, EGCG, 길산의 함량을 규격화하여 기능성을 강화한 식물성 원료로 시험관실험, 동물실험, 인체시험 등을 통하여 식품의약품안전처로부터 과민반응에 의한 코 상태 개선

에 도움이 되는 건강기능식품 개별인정형 원료로 인정된 원료다.

5. 국내 대학병원에서 인체시험을 통해 기능성과 안전성이 인정된 개별인정형 원료를 사용하여 식약처로부터 "과민반응으로 인한 코 상태(콧물, 재채기, 코 가려움증) 개선에 도움을 줄 수 있음"을 확인한 광동의 믿을 수 있는 제품이다.

6. '광동 코코그린'은 코가 불편한 사람들의 부담을 줄일 수 있는 특별 이벤트를 실시하고 있다. 제품에 대한 자신감으로 후불제 판매를 실시해 구입에 대한 부담이 없을 뿐 아니라 제품력에도 더욱 믿음이 간다.

7. '광동 코코그린'은 환절기만 되면 코가 과민해지고 쉴 새 없이 콧물이 나오거나, 재채기, 코 가려움증으로 불편을 호소하는 사람들을 비롯해 코 건강이 좋지 않아 주의력 부족을 호소하거나, 코 과민 반응이 있는 어린이, 학생 그리고 재채기, 콧물, 코 가려움증으로 스트레스를 겪는 직장인들에게 적극적으로 추천한다.

이 글은 겨울철 코가 건강하지 않을 경우 겪는 어려움을 강조하는 것으로 시작한다. 이야기와 정의, 두 가지 방법이 뒤섞인 시작 부분(1, 2번 문단)에서 코의 건강 문제를 제기한다. 중간 부분(3~6번 문단)은 그 문제에 대한 해결 내용이다. 원인을 따로 설명하지 않는다. 구아바 잎 추출물 등으로 '광동 코코그린'이라는 건강기능식품을 만들어 출시한다는 부분이 바로 해결책이다(3번 문단). 그 뒤 그것의 효능을 입증할 수 있는 몇 개의 근거를 제시하고(4, 5번 문단), 후불제 판매로 부담이 적다는 사실까지 덧붙인다(6번 문단). 그리고 마무리 부분(7번 문단)에서 코 건강에 문제가 있는 직장인들에게 이 상품을 적극 추천한다.

유시민의《청춘의 독서》가운데〈위대한 한 사람이 세상을 구할 수 있을까-표도르 도스토옙스키, 죄와 벌〉은 소설이 제기하는 철학적 문제에 대해 저자가 답하여 해결하는 형식의 글이다.

1. 도스토옙스키가《죄와 벌》에서 던진 질문을 다시 생각해본다. "선한 목적이 악한 수단을 정당화하는가?" 그는 이 소설에 자기가 찾은 대답을 남겨두었지만, 처음 읽었을 때 나는 그것을 알아채지 못했다. 하지만 이제는 작가의 생각을 뚜렷이 인지한다. "아무리 선한 목적도 악한 수단을 정당화하지는 못한다." 도스토옙스키는 살인을 저지른 주인공이 겪었던 정신적·정서적 고통을 절절하게 그렸다. 또한 유형지에 따라간 소냐가 비슷한 고통을 겪는 죄수들에게 사랑과 존경을 받는 모습을 따뜻하게 묘사했다. 그리고 마침내 유형지 작업장 통나무 더미 위에서 라스꼴리니꼬프가 소냐의 발에 몸을 던져 키스하는 장면을 통해 주인공이 죄를 인정하고 심리적 고통에서 해방되는 과정을 보여주었다.

2. "아무리 선한 목적을 이루기 위해서라고 하더라도, 인간은 악한 수단을 사용한 데 따르는 정신적 고통을 벗어나지 못한다." 도스토옙스키는 이렇게 말한다. 죄를 지으면 벌을 면하지 못하는 게 삶의 이치라는 것이다. 그런데 이 문제는 다른 맥락에서 볼 수도 있다. 선한 목적을 이루기 위해 악한 수단을 사용하는 것을 정당화할 수 있는지 따지는 것은, 악한 수단으로 선한 목적을 이룰 수도 있다는 것을 전제로 한다. 그

런데 나는 이 전제를 인정하지 않는다. 정당성 여부를 따지기 전에, 악한 수단으로는 선한 목적을 절대 이루지 못한다고 믿는다. 이것은 어떤 연역적·논리적 추론의 산물이 아니다. 실제로 있었던 역사적 사건들을 보고 체험한 끝에 얻은 경험적·직관적인 판단이다.

3. 도스토옙스키는 60세였던 1881년 폐기종으로 사망했다. 그가 세상을 떠난 후 얼마 지나지 않아 스스로 "양심상 모든 장애를 제거할 수 있는 권리를 가졌다"라고 믿는 한 무리의 '비범한 사람들'이 나타났다. 그들은 계급 차별과 착취에 신음하는 "인류를 위한 구원적인 신념"을 위해 "피 앞에서도 멈추지 않는" 사태를 감수했으며 "모든 종류의 폭력을 써야만 하고, 그래야 할 의무"를 실제로 행사했다. (중략) 우리는 이 체제의 슬픈 종말을 이미 알고 있다. 소비에트연방은 이후 최고 권력자 스탈린 개인을 숭배하고 신격화한 1950년대에 절정에 올랐다가, 1980년대 종반 미하일 고르바초프Mikhail Gorbachyov의 페레스트로이카(개혁)와 글라스노스트(개방)로 결국 붕괴와 해체의 운명을 맞았다. (26쪽)

이 글은 도스토옙스키의 질문을 인용하면서 시작한다. "선한 목적이 악한 수단을 정당화하는가?" 이 질문에 대해 도스토옙스키가 《죄와 벌》에서 준비한 답은 "아무리 선한 목적도 악한 수단을 정당화하지는 못한다"이다. 그것을 이제 글쓴이는 뚜렷이 알게 됐다고 밝히고 있다(1번 문단). 중간 부분에서 새로운 질문을 던진다. '그렇다면 정당성 여부를 따지기 전에, 악한 수단으로 선한 목적을 이룰 수 있는가?' 글쓴이는 곧바로 대답한다. '악한 수단으로는 선한 목적을 절대 이루지 못한다고 믿는다(2번 문단).' 그 답의 근거로 드는 것이 볼셰비키 혁명가들이 피와 프롤레타리아트 독재로 세운 소비에트연방의 붕괴다(3번 문단). 곧이어 히틀러의 사례도 등장한다. 다시 이 글은 《죄와 벌》로 돌아가서 세상을 변화시키는 것은 소설 속에 등장하는 소냐나 두냐 같은 '평범한 사람들'이라고 역설한다.

이 글은 문제-해결-심화된 문제-해결의 구조를 갖고 있다. 그리고 마무리 부분에서 "선한 목적은 선한 방법으로만 이룰 수 있다"라고 힘주어 말하여 의견과 의지를 표명한다.

다음은 정책 기획보고서 〈서민의 가계부채 연착륙 대책〉이다.

〈서민의 가계부채 연착륙 대책 보고〉

최근 저소득층과 고령층 등 취약 가계의 대출이 높은 증가세
그 부작용을 최소화하기 위한 〈서민의 가계부채 연착륙 대책〉을 수립

I. 배경 및 필요성

□ 가계부채 증가에 따른 경제성장 불안요인 확대

□ 서민은 가계부채에 허덕이는데 금융기업은 이자소득 사상 최대

※ 2011년 14조 원대, 전년의 3배

□ 가계부채 연착륙을 위한 강력한 정책 개발·시행으로 경제위기 요인 해소 및 국민의 행복추구권 확보

※ 점진적으로 OECD 평균 수준으로 가계부채 안정화

II. 현황 및 문제점

□ 가계부채 급증 및 건전성 악화

• 실업률 증가에 따른 저소득층의 생계형 대출이 급증

-2011년말 913조원(매년 8%씩 증가)

• 경제·소득규모 대비 주요국에 비해 높은 수준

-2009년 기준: GDP대비 86%(12위), 가처분소득 대비 153%(9위)

• 금리 위험에 취약

-변동금리 대출 비중이 높음

-분할상환보다는 일시적 대출상환 및 거치식 비중이 높음

• 금리가 높은 제2금융권을 중심으로 가계부채가 급격히 증가

-2011년도 기준: 은행 5.7% 증가, 비은행권 11.6% 증가

□ 가계부채 급증 원인 분석

• 일자리 감소에 의한 생계형 대출 급증

-외환위기 이후 기업 구조조정에 의한 해고 증가

• 50대 퇴직 및 노령층에 대한 생계형 대출 급증

-노후 생활연금이 불확실한 데 따른 악순환 우려

【근로자】퇴직 후 생계비 마련을 위한 과도한 임금 인상 요구
【기업】이윤을 늘리기 위해 가격을 높게 책정
【악순환】임금 인상, 물가상승 악순환으로 산업 경쟁력 약화, 일자리 감소

• 부동산 가격 하락에 따른 가계대출 부실

-주택담보 대출 비중: 2010년도 65.3%

※ 금융위기 이전인 2008년 61.2% 대비 4.1% 상승

• 저금리로 인한 대출수요 증가 및 금융회사의 경쟁적 가계대출 확대

-금리인상 및 급격한 회수는 가계부채의 부실화와 금융위기 초래

Ⅲ. 개선방안

☐ [일자리 창출] 안정적인 일자리 창출로 상환능력 제고

• 부채 상환 능력을 배양하기 위한 소득증대 방안 강구

-제조업 부활, 과학기술 수준을 높여 안정적 일자리 창출

-중소기업 육성으로 일자리 확대(중소기업이 일자리의 85%)

• 물가안정, 신성장 동력 확충으로 안정적이고 다양한 일자리 확대

☐ [연금체계 개선] 노년층에 대한 연금 확대 방안 강화

• 노령연금, 국민연금 등 노년층에 대한 연금 증대 방안 수립

• 연금 수령액의 증액 등 노년층에 실질적인 생계 안정화 방안 수립

☐ [부동산 안정화] 가격 안정 및 거래 활성화 방안 수립

• 세제 개편 등을 통한 부동산 거래 활성화

-기준금리 인하 정책 수립

※ 2008년 글로벌 금융위기에 선제적 대응으로 기준금리 인하(5.25%→2%)

• 부동산 규제 완화를 통한 시장 활성화 도모

☐ [가계부채 연착륙 대책 수립] 금융 부분 정책 대응 강화

• 금융권의 자구 노력 및 사회적 책무 강화

-가계부채의 급격한 회수보다는 상환기간 장기화 등으로 충격 완화

-신규 대출자 및 부실 우려가 있는 고객관리 철저

　• 카드사 및 여신 전문 금융회사 등 제2금융권 관리 강화

　　-외형 확대를 적정 수준으로 제한, 신용카드 발급 억제

　　-체크카드 활성화를 위한 가맹점 수수료율 인하 및 세제지원 우대

　• 가계부채의 시장 및 금리 리스크에 대한 위험도 축소

　　-가계부채의 추가 억제와 상환기간 장기화

　　-고정금리 대출 비중 확대

　• 철저한 개인 자산 관리 강화

　　-장기적 플랜에 따른 자산 관리로 즉흥적이고 무분별한 대출 탈피

　　-소득 대비 예금, 보험, 대출 비율 조정 등 지속적 재무관리

　Ⅳ. 향후 추진계획

　　□ 금융위원회 등 관계기관 협의체 구성: 2014년 1/4분기

　　□ 금융기관, 학계, 재계, 소비자 등 공청회 개최: 2014년 1/4분기

　　□ 가계부채 종합대책 수립 및 발표: 2014년 2/4분기

　　□ 추진 현황 점검 및 모니터링: 2014년 4/4분기

　상자에 들어 있는 개요와 추진 배경이 이 보고서의 시작이다. 보고서의 시작은 대부분 앞으로 전개될 내용을 간단한 개요로 정리하고 추진 배경이나 목적에서 이 보고서를 작성하는 이유를 간략하게 밝힌다.

　현황 및 문제점과 개선방안이 중간 부분에 해당한다. 현황 및 문제점에서 가계부채의 수준의 심각성과 서민가계 대출의 취약성을 통계로 밝힌다.

이 부분이 문제 제기다.

  이 보고서는 문제 제기 부분에 문제의 원인을 포함하고 있다. 개선방안이 해결에 해당한다. 일자리 창출, 연금체계 개선, 부동산 안정화, 가계부채 연착륙 대책 수립 등이 그 해결책이다.

  향후 추진계획이 이 보고서의 마무리 부분이다. 해결책을 실천하기 위한 구체적인 업무 계획과 일정을 담고 있다. 마무리방법 가운데 해법과 대안에 해당한다.

전개방법6 논리와 설명
설득하고 주장하라

논리는 이치^{理}를 따지는^{論} 것이다. 우리 앞에 수없이 많은 사물과 상황이 놓여 있다. 우리 머릿속에도 수없이 많은 지식과 경험이 담겨 있다. 이 둘이 만나 생각을 만든다. 그 가운데 사물과 상황의 본질을 꿰뚫는 법칙이나 이치가 바로 논리다. 논리는 설득을 전제로 한다. 다른 사람을 설득할 수 없다면 논리가 아니다. 그것은 비논리다. 정당하지 않은 눈가림의 방법으로 설득하는 것은 궤변이다.

  설득하는 방법엔 두 가지가 있다. 첫 번째는 제시와 설득 방법이다. 주장, 개념, 화제, 원인(결과) 등을 제시한 뒤 그에 대해 설명, 의미, 결과(원인)를 드는 것이다. 두 번째는 비판과 주장이다. 다른 사람의 주장을 비판한 뒤 자신의 주장을 펴는 것이다. 이런 경우 논쟁적인 글이 된다. 이 전개방법은 칼럼이나 논문, 설명문에서 주로 사용한다. 일반적인 설명문의 경우 논리성을 강하게 띠고 있지 않지만 제시와 설득의 구조를 갖고 있다는 점에선 마찬가지다.

먼저 제시와 설득 유형에 해당하는 글을 보자. 법정 스님의 〈오해〉 전문이다.

1. 세상에 대인관계처럼 복잡하고 미묘한 일이 또 있을까. 까딱 잘못하면 남의 입에 오르내려야 하고, 때로는 이쪽 생각과는 엉뚱하게 다른 오해도 받아야 한다. 그러면서도 이웃에게 자신을 이해시키고자 일상의 우리는 한가롭지 못하다.

2. 이해란 정말 가능한 걸까. 사랑하는 사람들은 서로가 상대방을 이해하노라고 입술에 침을 바른다. 그리고 그러한 순간에서 영원을 살고 싶어 한다. 그러나 그 이해가 진실한 것이라면 항상 불변해야 할 텐데 번번이 오해의 구렁으로 떨어진다.

3. "나는 당신을 이해합니다"라는 말은 어디까지나 언론 자유에 속한다. 남이 나를, 또한 내가 남을 어떻게 온전히 이해할 수 있단 말인가. 그저 이해하고 싶을 뿐이지, 그래서 우리는 모두가 타인이다.

4. 사람은 저마다 자기중심적인 고정관념을 지니고 살게 마련이다. 그렇기 때문에 어떤 사물에 대한 이해도 따지고 보면 그 관념의 신축 작용에 지나지 않는다. 하나의 현상을 가지고 이러쿵저러쿵 말이 많은 걸 봐도 저마다 자기 나름의 이해를 하고 있기 때문이다.

5. '자기 나름의 이해'란 곧 오해의 발판이다. 우리는 하나의 색맹에 불과한 존재다. 그런데 세상에는 그 색맹이 또 다른 색맹을 향해 이해해주

지 않는다고 안달이다. 연인들은 자기만이 상대방을 속속들이 이해하려는 맹목적인 열기로 인해 오해의 안개 속을 헤매게 된다.

6. 그러고 보면 사랑한다는 것은 이해가 아니라 상상의 날개에 편승한 찬란한 오해다. "나는 당신을 죽도록 사랑합니다"라는 말의 정체는 "나는 당신을 죽도록 오해합니다"일지도 모른다.

7. 언젠가 이런 일이 있었다. 불교 종단 기관지에 무슨 글을 썼더니 한 사무승이 내 안면 신경이 간지럽도록 할렐루야를 연발하는 것이었다. 그때 나는 속으로 이렇게 뇌고 있었다. '자네는 날 오해하고 있군. 자네가 날 어떻게 안단 말인가. 만약 자네 비위에 거슬리는 일이라도 있게 되면, 지금 칭찬하던 바로 그 입으로 나를 또 헐뜯을 텐데. 그만두게. 그만둬.'

8. 아니나 다를까, 바로 그다음 호에 실린 글을 보고서는 입에 개거품을 물어가며 죽일 놈, 살릴 놈 이빨을 드러냈다. 속으로 웃을 수밖에 없었다. '거보라고, 내가 뭐랬어. 그게 오해라고 하지 않았어. 그건 말짱 오해였다니까.'

9. 누가 나를 추켜세운다고 해서 우쭐댈 것도 없고 헐뜯는다고 해서 화를 낼 일도 못 된다. 그건 모두가 한쪽만을 보고 성급하게 판단한 오해이기 때문이다.

10. 오해란 이해 이전의 상태가 아닌가. 문제는 내가 지금 어떻게 살고 있느냐에 달린 것이다. 실상은 말 밖에 있는 것이고 진리는 누가 뭐라고 하건 흔들리지 않는다. 온전한 이해는 그 어떤 관념에서가 아니라 지혜의 눈을 통해서만 가능할 것이다. 그 이전에는 모두가 오해일 뿐이다.

"나는 당신을 사랑합니다."

'무슨 말씀, 그건 말짱 오해라니까.'《무소유》, 29쪽)

이 글은 대인관계의 복잡 미묘한 속성을 가리키며 "이해란 정말 가능한 걸까"라는 질문으로 글을 시작한다(1, 2번 문단). 중간 부분의 첫 단락(3번 문단)에서 이 질문에 대한 답이 바로 나온다. "남이 나를, 또한 내가 남을 어떻게 온전히 이해할 수 있단 말인가. 그저 이해하고 싶을 뿐이지, 그래서 우리는 모두가 타인이다." 이해란 불가능하다는 주장이다.

그다음부터(4~9번 문단) 논리와 이야기로 이 주장의 타당성을 설득한다. 자기중심적인 고정관념으로 자기 나름의 이해를 하고 있고 있을 뿐이라는 것이다(4번 문단). '자기 나름의 이해'란 오해의 발판이다(5번 문단). 사랑 역시 찬란한 오해다(6번 문단). 오해에 대한 에피소드(7, 8번 문단), 칭찬과 비난 모두 오해의 산물이다(9번 문단). 그런 다음 온전한 이해란 지혜의 눈을 통해서만 가능하기 때문에 지금 내가 어떻게 살고 있느냐에 모든 것이 달려 있다며 이 글을 마무리한다(10번 문단).

〈코메디닷컴〉에 실린 '나는 왜 불행? 부자 동네에 자살이 많은 이유'(2013년 11월 6일자)는 흥미로운 연구 결과를 화제로 제시하고 부연 설명을 통해 설득하는 방식을 취한다.

    1. 나는 왜 이렇게 불행한 것일까? 지금도 자신의 처지를 비관하며 우울한 감정에 싸여 있는 사람이 있을 것이다.
    2. 하지만 이런 감정은 남들과 비교하는 그릇된 습관 때문이라는 연구 결

과가 있다. 비교 의식이 클수록 삶의 만족도는 낮았고, 특히 소득을 비교하는 사람은 질투심 때문에 두 배나 더 불행한 것으로 나타났다.

3. 이 같은 사실은 프랑스 파리경제대학의 앤드류 클라크 박사 연구팀이 유럽인들의 소득 비교 의식과 삶의 만족도를 조사한 논문에서 밝혀졌다. 조사 결과 유럽인들은 소득 비교를 중요하게 여기고 있었는데, 같은 임금을 받아도 월급액 비교에 연연하는 사람은 삶의 만족도가 떨어진 것으로 나타났다. 특히 잘사는 지역의 사람들일수록 남과 비교를 많이 하게 되고 쉽게 현실을 비관해 스스로 목숨을 끊는 비율이 더 높게 나왔다.

4. 미국 워릭대학 앤드류 오스왈드 교수팀의 연구 결과도 흥미롭다. 미국 각 주의 삶의 만족도와 자살률의 관계를 비교해보니 유타 주는 삶의 만족도가 1위였지만 자살률도 비교적 높은 9위였다. 하지만 뉴욕 주는 삶의 만족도가 45위로 최하위권이었으나 자살률은 미국 주 가운데 가장 낮았다. 미국의 다른 주도 삶의 만족도가 높으면 역설적으로 자살률도 높고, 삶의 만족도가 낮으면 자살률도 낮게 나왔다.

5. 연구팀은 "사람들은 보통 경제력이 좋고 삶의 만족도가 높으면 자살은 생각지도 않을 것으로 생각하지만 실제로는 그 반대"라며 "부유한 지역 사람들은 주변과 자주 비교하게 되고 상대적인 박탈감을 키우게 돼 오히려 쉽게 삶을 비관한다"고 말했다.

6. 남과 비교하지 않고 자신의 처지를 담담하게 받아들이는 것이 정신건강에 좋다. 옥탑방에 살아도 자신이 만족한다면 '나는 행복한 사람'인 것이다.

이 글은 "나는 왜 이렇게 불행한 것일까?"라는 질문으로 시작한다(1번 문단). 중간 부분의 서두(2번 문단)에서 불행을 느끼는 이유는 '남들과 비교하는 그릇된 습관 때문'이라는 연구 결과를 제시한다. 그런 다음 프랑스와 미국 대학의 연구 내용을 자세하게 설명한다(3~5번 문단). 이를 통해 앞서 제시한 연구 결과의 타당성을 독자에게 설득한다. 마무리 부분에서는 해법과 대안을 제시한다(6번 문단).

비판과 주장의 유형에 해당하는 글을 보자. 앞서 소개한 대학생의 독후감 〈긍정의 종교〉 전문이다.

1. 포털사이트 검색창에 '긍정'이란 단어를 치면 여러 연관 검색어가 나온다. '긍정적으로 살아가는 방법', '긍정적인 명언', '긍정의 힘'. 이처럼 우리 사회에서 '긍정'은 의심할 여지없이 '긍정적인 것'으로 여겨진다. 그러나 통념과 반대로 '긍정'의 부정성에 대해 얘기하는 입장이 있다.

2. 《피로사회》와 《긍정의 배신》은 공통적으로 현대사회에서 과도한 긍정성의 폐해에 대해 얘기한다. 《긍정의 배신》은 기업 사회에 유행하는 긍정성 열풍을 다룬다. 그 예로, 동기 유발 산업은 구조조정의 원인을 개인의 능력 부족으로 여기게 하여, '해고'라는 부정적 사건을 '자기계발'이라는 긍정적 기회로 인식하게 한다. 이런 구체적 예는 《피로사회》에서 일반론적으로 분석된다. 외부와 내부로 이분법적이었던 지난 세기와 달리 현대에는 경계가 사라졌다. 성과 사회에서 경계의 상실은 능력의 무한성을 긍정하는 자기 착취로 이어진다. 이러한 긍정성의 과잉은 우울증과 같은 현대의 신경성 질환들을 유발한다. 결국, 긍정성의 과잉은 사

람을 피로하게 만든다.

3. 긍정성 과잉의 폐해는 이미 우리 삶에 깊숙이 파고들었다. '힐링', '자기계발' 열풍이 대표적이다. 서점에는 《멈추면 비로소 보이는 것들》, 《아프니까 청춘이다》, 《언니의 독설》과 같은 자기치유, 자기계발 도서가 베스트셀러 도서의 한쪽 면을 차지한다. 또한 힐링 콘서트와 자기계발 강연이 우후죽순 생겨났다. 이런 열풍은 개인의 변화를 초점으로 한다. '힐링'은 부정적 상황의 대응책으로 긍정적 사고로 내면을 다스리기를 제시한다. '자기계발'은 개인이 실패에 좌절하지 말고 스스로를 더 채찍질하기를 강요한다. 그러나 이러한 힐링과 자기계발이라는 긍정성의 열풍은 오히려 개인을 더욱 피곤하게 한다.

4. 최근의 경제위기와 공동체 해체라는 거대한 외부 상황을 마주한 사람들은 그에 순응하며 내적 태도를 바꾸기 시작했다. 그 결과가 책과 강연을 통한 힐링과 자기계발이다. 그러나 외부 상황이 그대로인 가운데 마음을 달래고 속이는 것은 효과가 단기적이다. 한마디로 힐링 열풍은 값싼 진통제다. '할 수 있다', '괜찮다', '믿는 대로 이루어진다'와 같은 긍정성은 비과학적 주술로 바뀐다. 또한 개인은 자신의 가능성을 맹신하여 스스로를 신격화한다. 이러한 긍정성의 한계는 사회의 문제를 개인의 문제로 축소시킨다는 것이다. 때문에 국가와 기업은 자진해서 긍정성을 확산시킨다. 《긍정의 배신》에서 언급한 기업의 동기 유발 강연회가 대표적인 예다. 주술이 된 긍정성은 맹목성을 띤다. 신이 된 개인은 자신의 범위 안에서 해결책을 찾으려 하고, 이는 자기 착취로 이어진다. 그리고 이는 《피로사회》에서도 말했듯, 우울증과 소진증후군과 같은 병리학적

결과를 낳는다. 결과적으로 사회적 차원의 문제가 개인의 자유인 내면적 차원의 문제로 위장되어 개인은 끊임없이 피로해지는 상황에 놓인다.

5. 긍정주의는 인간이 다른 동물보다 우수한 '생각하는 능력'으로 마침내 모든 것을 극복하려는 시도라고 볼 수 있다. 하지만 이때 발생하는 현실적 문제는 개인이 긍정주의를 강요받는 것이다. '긍정성'을 종교처럼 맹신하는 태도가 외려 더 사람들을 한계 상황으로 몰아갈 수 있음은 충분히 경계해야 한다.

이 글은 '긍정의 부정성'에 대한 글쓴이의 비판적 주장을《피로사회》와 《긍정의 배신》이라는 두 책을 통해 풀어낸다(1, 2번 문단). 긍정의 과잉은 구조조정의 원인을 개인의 능력 부족으로, 능력의 무한성을 긍정하는 자기착취로 이어지고 있다는 비판이다. 특히 힐링과 자기계발을 강조하는 책들은 "부정적 상황의 대응책으로 긍정적 사고로 내면을 다스리기를 제시"한다. "개인이 실패에 좌절하지 말고 스스로를 더 채찍질하기를 강요"한다. "오히려 개인을 더욱 피곤하게 한다."(3번 문단)

그런 다음 긍정의 과잉이 끼치는 폐해를 사회 전반에까지 확대시킨다(4번 문단). "최근의 경제위기와 공동체 해체라는 거대한 외부상황을 마주한 사람들이 그에 순응하며 내적 태도를 바꾸기 시작"한 것도 긍정의 과잉이 낳은 산물이다. "외부 상황이 그대로인 가운데 마음을 달래고 속이는 것은 효과가 단기적"이다. "한마디로 힐링 열풍은 값싼 진통제"다. "결과적으로 사회적 차원의 문제가 개인의 자유인 내면적 차원의 문제로 위장되어 개인은 끊임없이 피로해지는 상황에 놓인다."

마무리 부분(5번 단락)에서 글쓴이는 요청한다. 긍정주의 자체가 나쁜 것은 아니지만 그것을 종교처럼 맹신하고 강요한다면 "사람들을 한계 상황으로 몰아갈 수 있음은 충분히 경계해야 한다"고.

마무리는 메시지
독자의 마음을 움직일 수 있는 한마디를 던져라

이제 우리는 시작에서 독자의 관심을 낚아챈 뒤 중간에서 근거와 이유를 제시하며 독자를 이해시켰다. 얼핏 생각하면 글쓰기는 여기서 끝내도 좋을 듯싶다. 관심을 자극한 뒤 거기에 합당한 답을 주었다. 이제 할 일이 다 끝난 것 아닌가. 하지만 결코 그렇지 않다. 여기서 멈추면 글은 반쪽짜리가 되고 만다. 글은 묻고 답하는 문답풀이가 아니다. 단순하게 궁금증을 풀어주고 호기심을 채워주는 것이 아니다. 글은 그 이상이 돼야 한다.

영화 〈국가대표〉에 나왔던 스키점프 장면을 떠올려보자. 출발 신호가 울린다. 스키는 급경사면을 따라 쏜살같이 활강한다. 순식간에 도약대를 통과한다. 스키는 허공을 향해 부웅 날아오른다. 한 마리 매처럼 활공한다. 날개도 없이. 마침내 폴 라인$^{Fall\ Line}$을 향해 날아간다. 두 발의 스키날이 눈밭에 닿으며 부드럽게 미끄러진다. 이 착지의 순간, 두 팔을 벌리고 무릎을 약간 엇갈리게 한다. 우아하고 안정적인 동작을 만들어내야 한다. 착지의 순간은 전광석화처럼 짧지만 가장 중요하다. 가장 많은 점수가 여기에 걸려있다. 착지 동작에 따라 메달의 색깔이 바뀐다.

피래미 구성법 3단계 6법칙

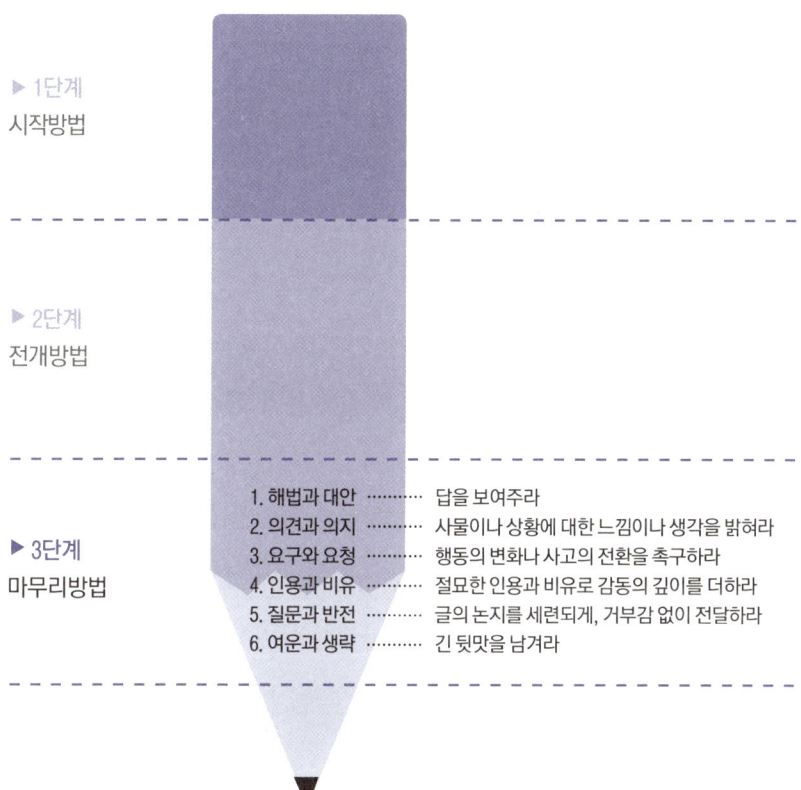

이를 글쓰기에 비유해보자. 출발부터 도약대까지가 시작이다. 도약대를 통과해 공중으로 날아올라 활공하는 것이 중간이다. 마무리가 바로 착지다. 착지를 잘해야 좋은 점수를 받는 것처럼 마무리를 잘해야 좋은 글이 된다. 독자에게 좋은 글로 기억된다. 마무리에서 독자의 마음을 움직일 수 있는 한마디를 던져야 한다. 그것이 바로 메시지다.

메시지를 결론으로 이해하기 쉽다. 결론의 사전적 의미는 '말이나 글의 끝을 맺는 부분' 혹은 '최종적인 판단'이다. 지금까지 이끌어온 글이나 생각을 매듭짓는다는 뜻이다. 메시지는 결론이 아니다. 메시지는 반드시 독자에게 무엇을 제시하거나 요구한다. 해법과 의견을 제시하거나 행동의 변화, 사고의 전환을 요구한다. 질문과 인용, 여운과 생략을 활용해 간접적으로 메시지를 전하기도 한다.

그렇다면 독자의 마음을 움직이고 독자의 기억을 지배할 수 있는 메시지는 어떤 것이 있는가? 어떻게 해야 독자의 머릿속에 강렬한 인상과 기억을 남길 수 있는가? 마무리방법 역시 여섯 가지로 정리할 수 있다. 해법과 대안, 의견과 의지, 요구와 요청, 인용과 비유, 질문과 반전, 여운과 생략이 그것이다. 마무리엔 한 가지 방법이 쓰일 때도 있지만 두세 가지가 쓰일 때도 있다. 다만 여기선 핵심 문장을 중심으로 마무리방법을 구분해보았다.

각 방법에 대한 자세한 내용을 예문과 함께 설명해보기로 하자. 여기에 쓰인 예문의 대부분은 앞서 시작과 중간에서 이미 언급했던 것들이다. 앞부분에서 인용한 전체 예문을 찾아가 읽어보면, 시작-중간-마무리의 흐름을 훨씬 더 일목요연하게 이해할 수 있다.

마무리방법1 해법과 대안
답을 보여주라

해법과 대안은 말 그대로 어떤 문제가 제기되거나 상황이 발생했을 때 이에 대한 해결책, 대책, 대안을 제시하는 것이다. 사회적인 문제를 다룬 칼럼, 해명서 등에서 이 마무리방법을 주로 쓴다. 정책기획보고서, 사업기획보고서, 사업제안서 등 보고서도 이 방법을 이용한다.

다음은 〈아르바이트가 '스펙'이다〉의 일부분이다. 1, 2번 문단은 마무리로 가기 위한 논리적 전제에 해당한다. 마무리 부분인 3번 문단이 등장하기 위해 밑자락을 까는 역할이다. "공적인 경로를 성실하게 밟기만 하면 대접을 받을 수 있는 사회를 만들어야 한다"가 마무리 부분의 핵심 문장이다. 시작과 중간 부분에서 언급한 문제에 대해 구체적인 해결책을 제시하고 있다.

1. 부모덕이 아니라 스스로 땀 흘린 결과로, 돈이 아니라 개인의 능력에 따라 자격을 심사하는 제도가 곳곳에서 정교하게 세워지지 않으면 부와 가난의 대물림은 더욱 심해지고 그만큼 한국 사회는 더욱 불안정해진다.
2. 실상 고등학교 학생에게 과도한 입학 스펙을 요구하는 것은 국가가 공교육을 통해 해야 할 책임을 개인에게 미루는 것이며 대기업이 취업 준비생에게 과도한 입사 스펙을 요구하는 것은 기업이 훈련시켜야 할 책임을 개인에게 미루는 것이다. 그로 인해 부익부 빈익빈의 고리는 점점 거세지고 있다.
3. 온 사회가 개인에게 스펙을 강요하기 전에 공적인 경로를 성실하게 밟기만 하면 대접을 받을 수 있는 사회를 만들어야 한다.

다음은 〈태블릿이 고객의 주문을 받을 수 있을까〉의 마무리 부분이다. 여기서 기술문명이 인간의 일자리를 빼앗는 시대에 어떻게 살아남을지, 구체적 해법과 대안을 제시한다.

그렇다. 태블릿이 고객의 주문을 받을 수는 있다. 하지만 인간의 일자리는 급속히 사라지고 있으며 인간은 더는 인간과 대화하지 않는 시대로 돌입하고 있다.

이런 세상에서의 인간으로서 경쟁력을 유지하는 방법은 무엇일까. 기계가 하지 못하는 비판적 사고능력을 키우며 역설적으로 인간과 효과적으로 대화하는 방법을 익히는 것이 아닐까 싶다. 미래를 대비해 단순지식을 암기하는 것보다 이런 능력을 키우는 쪽으로 교육의 방향을 바꿔야 할 것이다.

〈나는 왜 불행? 부자 동네에 자살이 많은 이유〉는 시작과 중간에서 많은 사람들이 실제와 달리 불행하다고 느끼는 이유를 해외 연구 결과를 통해 이렇게 밝힌다. "부유한 지역 사람들은 주변과 자주 비교하게 되고 상대적인 박탈감을 키우게 돼 오히려 쉽게 삶을 비관한다." 그런 상황을 극복하기 위해선 어떻게 해야 할까? 그 해결책을 마무리 부분에서 구체적으로 제시한다.

남과 비교하지 않고 자신의 처지를 담담하게 받아들이는 것이 정신건강에 좋다. 옥탑방에 살아도 자신이 만족한다면 '나는 행복한 사람'인 것이다.

마무리방법2 의견과 의지
사물이나 상황에 대한 느낌이나 생각을 밝혀라

의견과 의지는 어떤 사물이나 상황에 대한 글쓴이의 느낌이나 생각을 밝히는 것이다. 감정, 의견, 판단, 주장, 평가, 바람, 의미부여, 의지 등이 여기에 해당한다. 해법과 대안을 주장하거나 그에 대해 의견을 내는 것과 헷갈릴 수 있다. 의견과 의지는 해법과 대안 수준의 구체적 해결책에 아직 이르지 않은 것들이다. 다양한 에세이와 칼럼, 자기소개서, 보도자료 등에 이런 방식의 마무리가 쓰인다. 요약보고서나 상황보고서 등에도 사용된다.

피천득의 〈수필〉에서 시작과 중간 부분은 '수필'에 대한 여러 가지 정의와 비유로 점철되어 있다. 마무리 부분에서 수필을 쓰기 어려운 상황에 대한 글쓴이의 아쉬운 감정을 드러낸다.

> 이 마음의 여유가 없어 수필을 못 쓰는 것은 슬픈 일이다. 때로는 억지로 마음의 여유를 가지려 하다가 그런 여유를 갖는 것이 죄스러운 것 같기도 하여 나의 마지막 십분지 일까지도 숫제 초조와 번잡에 다 주어버리는 것이다.

법정 스님의 〈무소유〉는 주장과 의견이 뒤섞여 있다. "우리들의 소유 관념이 때로는 우리들의 눈을 멀게 한다"는 주장이고, "아무것도 갖지 않을 때 비로소 온 세상을 갖게 된다는 것은 무소유의 또 다른 의미이다"는 의견이다.

우리들의 소유 관념이 때로는 우리들의 눈을 멀게 한다. 그래서 자기의 분수까지도 돌볼 새 없이 들뜬다. 그러나 우리는 언젠가 한 번은 빈손으로 돌아갈 것이다. 하고많은 물량일지라도 우리를 어떻게 하지 못할 것이다.

크게 버리는 사람만이 크게 얻을 수 있다는 말이 있다. 물건으로 인해 마음을 상하고 있는 사람들에게는 한 번쯤 생각해볼 말씀이다. 아무것도 갖지 않을 때 비로소 온 세상을 갖게 된다는 것은 무소유의 또 다른 의미이다.

앞서 소개한 자기소개서는 "앞으로도 국제사회의 정치, 인권, 환경 문제 등을 해결하기 위한 방안을 공부하고 연구하고 싶습니다"라는 의지를 밝히며 K대학교 국제학부에 지원하는 이유를 설명한다.

저는 앞으로도 국제사회의 정치, 인권, 환경 문제 등을 해결하기 위한 방안을 공부하고 연구하고 싶습니다. 유엔개발계획^{UNDP}과 함께 긴밀하게 국제개발협력 연구에 기여해온 K대학교 국제학부에서 공부해 인권이 보장되는 평화로운 세계를 만드는 데 보탬이 되는 인재가 되고자 지원합니다.

《째깍째깍 시간 박물관》의 보도자료는 작품에 대한 평가로 마무리한다.

이 책에서도 글과 그림을 함께 하는 작가의 특장점을 잘 살려 환상적인 시간 여행 이야기에 사랑스럽고 개성 있는 동물 캐릭터를 탄생시켜 흥미진진하면서도 따뜻한 느낌을 형성하며, 글에서 모두 표현하지 못하는 것들을 다채롭고 풍부한 그림 구성과 색감으로 뒷받침하여 책의 내용을 더욱 효과적으로 전달하고 있습니다.

〈돼지발톱 있어요? 혓바닥은요?〉는 "신께서 주신 우리의 모든 인식 체계를 넘어선 깊은 교감이 있는 세상을 꿈꾸어봅니다"라는 바람을 밝히며 마무리한다.

고추밭에 고추가 열린 것은 결과입니다. 참생명은 그 아래 땅속 깊은 곳 잔뿌리에서 비롯됩니다. 신께서 주신 우리의 모든 인식 체계를 넘어선 깊은 교감이 있는 세상을 꿈꾸어봅니다.

마무리방법3 요구와 요청
행동의 변화나 사고의 전환을 촉구하라

요구와 요청은 어떤 판단을 내리거나 어떤 행위를 할 것을 직접적으로 말하는 것이다. 요구는 명령에 가깝고 요청은 부탁에 가깝다. 해법과 대안, 의견과 의지 두 가지는 독자들에게 메시지를 제시하는 선에서 그쳤다. 이 경우는 독자들에게 행동의 변화나 사고의 전환을 요구하거나 요청한다. 사설, 칼럼, 성명서, 자기계발서 등에서 자주 보인다.

나탈리 골드버그는 《글쓰며 사는 삶》에서 글을 쓰기 위해 기다린다고 변명하지 말고 "그냥 쓰기 시작하라"고 독자들에게 행동의 변화를 요구한다.

글쓰기를 시작하기 전에 적절한 아이디어를 얻거나 줄거리를 생각하기 위해 기다림이라는 변명을 사용하지 말자. 그것은 지체다. 그냥 쓰기 시작하라.

이 두 가지의 차이를 알고 자기 자신을 속이지 마라. 용감해져야 한다. 땅에 뿌리를 박고 기꺼이 그 자리에 누워 주위의 모든 것들과 함께 평화를 누리는 풀잎처럼 용감해져라.

칼럼 〈사바스에서 길러지는 창의력〉은 시작과 중간 부분에서 유대인들이 보여주는 창의력의 원천이 사바스에 있음을 설득력 있게 말하고 있다. 마무리 부분에서 "일주일에 몇 시간은 스마트폰을 내려놓고 앞에 있는 사람과 대화하는 습관을 만들어보자"고 행동의 변화를 요청한다.

우격다짐으로 쥐어짠다고 창의적인 생각이나 혁신이 나오는 것이 아니다. 유대인의 안식일을 보면서 무엇보다도 쉬면서 사색하고 대화하는 습관을 익히는 것이 창의력을 키우는 원천이 아닐까 생각해본다. 일주일에 몇 시간은 스마트폰을 내려놓고 앞에 있는 사람과 대화하는 습관을 만들어보자.

〈긍정의 종교〉라는 제목의 독후감은 긍정의 과잉이 빚는 폐해를 지적하며 "'긍정성'을 종교처럼 맹신하는 태도가 외려 더 사람들을 한계 상황으로 몰아갈 수 있음은 충분히 경계해야 한다"며 사고의 전환을 요청한다.

긍정주의는 인간이 다른 동물보다 우수한 '생각하는 능력'으로 마침내 모든 것을 극복하려는 시도라고 볼 수 있다. 하지만 이때 발생하는 현실적 문제는 개인이 긍정주의를 강요받는 것이다. '긍정성'을 종교처럼 맹신하는 태도가 외려 더 사람들을 한계 상황으로 몰아갈 수 있음은 충분히 경계해야 한다.

마무리방법4 인용과 비유
절묘한 인용과 비유로 감동의 깊이를 더하라

인용과 비유는 글쓴이의 메시지를 다른 사람의 말과 글, 혹은 맞춤한 비유을 빌어 전달하는 방식이다. 완곡하게, 우회적으로 메시지를 전달할 때 좋은 방법이다. 인문학적 칼럼, 문학성이 강한 에세이, 스트레이트 기사에 자주 쓰인다.

윤구병은 〈한겨레〉에 쓴 칼럼 '땅을 국유화해라'(2014년 1월 2일자)에서 "농민에게 희망이 없다면 이 나라에도 인류에게도 희망이 없다"며 땅을 국유화하자고 역설한다. "농사짓고 싶어도 땅이 없어서, 땅값이 너무 높아서 엄두를 못 내는 사람들이 땅에 발붙이고 살 길이 달리 없"기 때문이다. 국유화를 통해 농민들이 땅을 값싸게 임대할 수 있다면 어떤 결과가 나타날까? "허물어진 마을 공동체를 되살리고 문 닫은 시골 학교들 문을 열고 그 안에서 삶에 기쁨을 주는 문화가 꽃피게 하면 도시에 머물라고 붙들어도 농사짓고 살겠다고 뿌리칠 사람들이 줄을 서 있다." 그리고 마무리 부분에서 윤봉길 의사의 《농민독본》에 나온 명구로 메시지를 갈음한다. 울림이 크다.

그러나, 잘 들어라. 농민에게 희망이 없다면 이 나라에도 인류에게도 희망이 없다. 마지막으로 한마디 덧붙이자.

"농민은 인류의 생명 창고를 그 손에 잡고 있습니다. 우리 조선이 돌연히 상공업 나라로 변하여 하루아침에 농업이 그 자취를 잃어버렸다 하더라도 이 변치 못할 생명 창고의 열쇠는 의연히 지구상 어느 나라의 농민이 잡고 있을 것입니다." 지금부터 87년 전인 1927년에 윤봉길 의사께서 《농민독본》에 쓰신 글이다.

신문과 방송의 스트레이트 기사는 대부분 인용으로 마무리한다. 언론계에선 이를 '쿼트'Quote라고 부른다. 뉴스에서 언급한 내용과 관련된 관계자, 전문가 등이 쿼트의 주인공이다. 어떤 사건에 대한 여론의 반응을 살펴보기 위해 일반 시민이 등장하기도 한다. 〈종로구 창신동 쪽방촌 일대 회색벽 '벽화'로 재탄생〉이라는 기사는 다음과 같이 마무리된다.

김경호 서울시 복지건강실장은 "우리 사회 이웃을 생각하는 젊은 학생들과 자원봉사자들의 재능 기부로 쪽방촌 골목이 다니고 싶은 길로 변모했고 겨울철을 맞이해 주민들에게 따뜻한 마음의 선물이 될 수 있기를 기대한다"며 "앞으로 이웃 간 소통과 나눔의 장소를 만들 수 있는 쪽방촌 벽화 작업을 다른 지역에도 계속 확산하는 방안을 검토할 계획"이라고 말했다.

법정 스님의 수필 〈설해목〉의 전문이다. 마무리 부분에서 한 문장짜리 비유로 글 전체 내용을 함축한다. 독자들은 노승의 이야기와 함께 이 문장을 기억하게 될 것이다.

해가 저문 어느 날, 오막살이 토굴에 사는 노승 앞에 더벅머리 학생이 하나 찾아왔다. 아버지가 써준 편지를 꺼내면서 그는 사뭇 불안한 표정이었다.

사연인즉, 이 망나니를 학교에서고 집에서고 더 이상 손댈 수 없으니, 스님이 알아서 사람을 만들어달라는 것이었다. 물론 노승과 그의 아버지는 친분이 있는 사이였다.

편지를 보고 난 노승은 아무런 말도 없이 몸소 후원에 나가 늦은 저녁을 지어 왔다. 저녁을 먹인 뒤 발을 씻으라고 대야에 가득 더운 물을 떠다주었다. 이때 더벅머리의 눈에서는 주르륵 눈물이 흘러내렸다.

그는 아까부터 훈계가 있으리라 은근히 기다려지기까지 했지만 스님은 한마디 말도 없이 시중만을 들어주는 데에 크게 감동한 것이다. 훈계라면 진저리가 났다. 그에게는 백천 마디 좋은 말보다는 다사로운 손길이 그리웠던 것이다.

이제는 가고 안 계신 한 노사(老師)로부터 들은 이야기다. 내게는 생생하게 살아 있는 노사의 모습이다.

산에서 살아보면 누구나 다 아는 일이지만, 겨울철이면 나무들이 많이 꺾인다. 모진 비바람에도 끄떡 않던 아름드리 나무들이, 꿋꿋하게 고집스럽기만 하던 그 소나무들이 눈이 내려 덮이면 꺾이게 된다. 가지 끝에 사뿐사뿐 내려 쌓이는 그 가볍고 하얀 눈에 꺾이고 마는 것이다.

깊은 밤, 이 골짝 저 골짝에서 나무들이 꺾이는 메아리가 울려올 때, 우리들은 잠을 이룰 수 없다. 정정한 나무들이 부드러운 것 앞에서 넘어지는 그 의미 때문일까. 산은 한겨울이 지나면 앓고 난 얼굴처럼 수척하다.

사밧티의 온 시민을 공포에 떨게 하던 살인귀 앙굴라말라를 귀의시킨 것은 부처님의 불가사의한 신통력이 아니었다. 위엄도 권위도 아니었다. 그것은 오로지 자비였다. 아무리 흉악무도한 살인귀라 할지라도 차별 없는 훈훈한 사랑 앞에서는 돌아오지 않을 수 없었던 것이다.

바닷가의 조약돌을 그토록 둥글고 예쁘게 만든 것은 무쇠로 된 정이 아니라, 부드럽게 쓰다듬는 물결이다.(《무소유》, 33쪽)

마무리방법5 질문과 반전
글의 논지를 세련되게, 거부감 없이 전달하라

질문과 반전은 마무리에서 되묻거나 뒤집어보는 것이다. 글은 마무리됐지만 독자의 생각 속에서 다시 새로운 글을 시작하게 만든다. 독자에게 질문과 반전을 던짐으로써 직접적인 제시와 요구보다 더 큰 메시지를 전달할 수 있다. 독자의 자기성찰과 주체적 판단을 이끌어낸다.

반전의 방법으로는 반어, 반문, 역설, 비약, 풍자 등이 해당된다. 자신의 논지를 세련되게, 거부감 없이 전달하려 할 때 이 방법을 쓸 수 있다. 칼럼이나 에세이에 자주 쓰인다.

〈좀비 거짓말〉의 마무리는 폴 크루그먼의 '좀비 거짓말'과 관련한 말을 먼저 인용한다. 그런 다음 이것을 '무상급식이 망국적 포퓰리즘'이라는 거짓말과 연결시킨다.

마지막 대목의 질문은 독자들이 이 문제에 대한 가치 판단과 함께 '나는 어떻게 생각하고 행동할까?'를 고민하게 만든다.

앞에서 소개한 칼럼에서 폴 크루그먼은 말한다. "어떻게 하면 이 좀비들의 머리에 총을 쏠 수 있을까?" 이것을 지금의 한국의 상황에 적용해보면 이렇다. 어떻게 하면 무상급식이 망국적 포퓰리즘이라는 이런 종류의 거짓말들이 되살아나지 못하게 할 수 있을까?

〈한겨레〉에 실린 칼럼 '선생님이 정말 미워요'(2013년 12월 16일자)는 시작과 중간 부분에서 대입 면접관으로 참여하면서 느낀 경험을 소개한다. 사회 지도자로 성장할 만한 훌륭한 수험생들에게 묻는다. 공부와 담쌓고 지낸 동료 학생들이 무슨 생각을 하며 교문을 나설까? 수험생들의 답은 역지사지와는 거리가 멀다. 자기 본위의 대답뿐이다. 글쓴이는 마무리 부분에서 이렇게 걱정을 털어놓으며 독자에게 묻는다.

> 성실한 사람, 자기 절제를 잘하는 사람, 목표를 설정하면 매진하는 힘을 가진 학생들은 참 많이 있었다. 모두 훌륭했다. 그러나 이들이 좋은 대학을 졸업하고 사회 지도자가 되었을 때, 그들 성공한 사람들은 대다수의 보통 사람들을 어떤 시선으로 바라다보는 것일까. 학교와 선생님이 정말 미울 수밖에 없었던 친구들, 그렇지만 말할 수 없었던 친구들, 혹은 그래서 학교를 뛰쳐나간 학생들은 그들에게 어떤 사람들로 기억되는 것일까. 남의 처지에서 세상을 바라다보는 지도자를 찾아보기 어려운 까닭이 이런 데서 비롯된 것은 아닐까.(강명구)

피천득의 글은 언제나 마무리가 독특하다. 해법과 대안, 의견과 의지, 요구와 요청 등 정통적인 마무리방법이 쓰이는 경우는 거의 없다. 질문과 반전, 여운과 생략 등 다소 변칙적인 마무리를 즐겨 쓴다. 피천득의 수필집 《수필》 가운데 아이러니, 비약, 풍자, 반어에 해당하는 마무리 부분을 살펴보자.

> 대사관 문을 나올 때, 수위는 나보고 티켓을 달라고 한다. 좀 어리둥절하여 쳐다보니 주차증을 달라는 것이다. 나는 웃으며 자동차들 틈으로 걸어 나왔다.(《가든 파티》, 62쪽)

> 요즘 나는 점잔을 빼는 학계 '권위'나 사회적 '거물'을 보면 그를 불쌍히 여겨, 그의 어렸을 적 모습을 상상하여보는 버릇이 생겼다. 그러면 그의 허위의 탈은 눈같이 스러지고 생글생글 웃는 장난꾸러기로 다시 환원하는 것이다.(《낙서》, 92쪽)

> 하늘의 별을 쳐다볼 때 내세가 있었으면 해보기도 한다. 신기한 것, 아름다운 것을 볼 때 살아 있다는 사실을 다행으로 생각해본다. 그리고 훗날 내 글을 읽는 사람이 있어 '사랑을 하고 갔구나' 하고 한숨지어 주기를 바라기도 한다. 나는 참 염치없는 사람이다.(《만년》, 129쪽)

하워드 진의 《오만한 제국》은 마무리 부분에서 극적인 반전 효과를 구사한다. 인용과 비유를 이용하기도 하지만 질문과 반전이 더 강렬하다.

1960년대 하버드 로스쿨 학생이 부모님들과 졸업생들 앞에서 이렇게 말했다.

"우리나라의 거리들은 지금 혼란에 빠져 있습니다. 대학들은 폭동과 난동을 일삼는 학생들로 가득 차 있습니다. 공산주의자들은 우리나라를 호시탐탐 파괴하려 하고 있습니다. 러시아는 무력을 동원해 우리를 위협하고 있습니다. 나라는 위험에 처해 있습니다. 그렇습니다! 위험은 안팎으로 들끓고 있습니다. 지금 우리는 법과 질서가 필요합니다. 그것이 없다면 우리나라는 살아남을 수 없습니다."

긴 박수소리가 이어졌다. 박수소리가 잦아들자 그 학생은 청중들에게 조용히 말했다.

"지금 말한 것은 1932년 아돌프 히틀러가 연설한 내용입니다."

마무리방법6 여운과 생략
긴 뒷맛을 남겨라

여운과 생략은 마무리 부분에서 뒷맛을 남기는 기법이다. 여운은 글의 흐름에서 살짝 빗겨가거나 에둘러 표현하는 것이다. 생략은 아예 마무리를 표현하지 않고 독자들의 유추에 맡기는 것이다. 음악이 '도'가 아니라 '시'나 '라'로 끝났을 때의 느낌에 비유할 수 있겠다. 문학성이 강한 에세이나 칼럼에 자주 쓰인다.

법정 스님의 〈조조할인〉은 조조할인 영화를 보러 영화관을 찾는 사람들에 대한 깊은 애정을 나타낸다. 밀집을 피해 아침 일찍부터 앉아 있는 사람들. "그렇게 앉아 있는 뒷모습들을 보노라면 말할 수 없는 친근감이 출렁거린다." 그리고 이들에 대한 격한 애정이 영화 〈25시〉를 봤을 때의 기억을 되돌린다. "요한 모리츠!" 하고 부르는 소리가 귓가에 쟁쟁하게 남는다.

〈25시〉를 보고 나오던 지난해 여름의 조조, 몇 사람의 얼굴에서 눈물 자국을 보았을 때 나는 문득 "요한 모리츠!" 하고 그들의 손을 덥석 쥐고 싶은 충동을 느꼈다.(《무소유》, 60쪽)

피천득은 질문, 반전과 함께 여운, 생략을 매우 즐겨 썼다. 그 대표적인 글이 〈인연〉과 〈나의 사랑하는 생활〉이다. 먼저 것은 여운, 나중 것은 생략의 방법을 보여준다.

그리워하는데도 한 번 만나고는 못 만나게 되기도 하고, 일생을 못 잊으면서도 아니 만나고 살기도 한다. 아사꼬와 나는 세 번 만났다. 세 번째는 아니 만났어야 좋았을 것이다.
오는 주말에는 춘천에 갔다 오려 한다. 소양강 가을 경치가 아름다울 것이다.(《수필》, 37쪽)

나는 신발을 좋아한다. 태사신, 이름 쓴 까만 운동화, 깨끗하게 씻어논 파란 고무신, 흙이 약간 묻은 탄탄히 삼은 짚신, 나의 생활을 구성하는 모든 작고 아름다운 것들을 사랑한다. 고운 얼굴을 욕망 없이 바라다보며, 남의 공적을 부러움 없이 찬양하는 것을 좋아한다. 여러 사람을 좋아하며 아무

피래미 구성법 3단계 18법칙

▶ 1단계
시작방법

1. 개요 ········· 글의 내용을 압축적으로 제시하라
2. 정의 ········· 사물과 사태의 뜻을 명백하게 밝혀라
3. 인용 ········· 다른 사람의 말과 글을 끌어들여라
4. 이야기 ······ 스토리텔링의 힘을 이용하라
5. 질문 ········· 궁금증을 불러일으켜라
6. 환기 ········· 생각을 뒤집어라

▶ 2단계
전개방법

1. 늘어놓기 ······· 키워드들로 문장을 만들어 이어나가라
2. 견주기 ·········· 서로 비슷하거나 완전히 다른 것을 비교 또는 대조하라
3. 중요도 순서 ··· 핵심 내용을 맨 처음에 배치하라
4. 이야기 ·········· 다양한 풍경과 사연을 버무려라
5. 문제와 해결 ··· 묶인 곳을 찾아 풀어내라
6. 논리와 설명 ··· 설득하고 주장하라

▶ 3단계
마무리방법

1. 해법과 대안 ······ 답을 보여주라
2. 의견과 의지 ······ 사물이나 상황에 대한 느낌이나 생각을 밝혀라
3. 요구와 요청 ······ 행동의 변화나 사고의 전환을 촉구하라
4. 인용과 비유 ······ 절묘한 인용과 비유로 감동의 깊이를 더하라
5. 질문과 반전 ······ 글의 논지를 세련되게, 거부감 없이 전달하라
6. 여운과 생략 ······ 긴 뒷맛을 남겨라

도 미워하지 아니하며, 몇몇 사람을 끔찍이 사랑하며 살고 싶다. 그리고 나는 점잖게 늙어가고 싶다. 내가 늙고 서영이가 크면 눈 내리는 서울 거리를 같이 걷고 싶다.《수필》, 72쪽)

어떤 일의 성과를 나열한 뒤 자평하기 곤란할 때에도 마무리를 생략할 수 있다. 《있는 그대로 대한민국》에 실린 〈시스템이 일인자〉의 마지막 문단이다.

개별 행정기관 차원에서는 국민에게 더 효율적으로 봉사할 수 있도록 시스템을 혁신하였는데, 특히 통관, 조세, 특허, 출입국, 정부조달 등 국민 생활과 밀접한 분야에서 수요자 중심으로 업무를 전면 재설계하여 표준화, 시스템화하였다.(149쪽)

 **알짬3 자주성에 호소하라**

실용 글쓰기의 대상은 아주 구체적일 뿐만 아니라 제한적이라고 앞서 말했다. 이 말은 곧 보고서나 자기소개서, 보도자료, 이메일 등을 보냈을 때 나타나는 반응 역시 구체적이고 즉각적으로 확인된다는 뜻이기도 하다. 상대에게 긍정적 감정과 판단, 결정을 이끌어내지 못한다면 그 글은 형식의 완성도나 내용의 충실성과 상관없이 결과적으로 실패했다고 봐야 한다.

바로 이 점이 문학적 글쓰기와 확연하게 다른 실용 글쓰기만의 특징이다. 상대의 긍정적 답변을 이끌어내는 방법은 거창한 내용과 형식에만 좌우되는 것이 아니다. 그 시대의 패러다임을 잘 이해하고 거기에 맞게 소통해야 한다. 예를 하나 들어보자.

1970~1980년대 공중화장실 남자 소변기 앞엔 대개 이런 글이 붙어 있었다. '소변을 절대 변기 밖으로 흘리지 마시오.' 군사정권의 권위주의 문화가 온 사회를

짓누르던 그때엔 오줌 누는 것조차도 경계선 밖으로 나가지 않기 위해 긴장하지 않을 수 없었다. 그땐 누구나 그렇게 금지를 직접 말하는 것이 자연스러웠고 얼마쯤은 그래야 말을 들어먹었다.

올림픽이 지나고 1990년대 중반 1인당 국민소득이 1만 달러를 넘으면서 소변기 옆엔 이런 푯말이 나붙기 시작했다. '남자가 흘리지 말아야 할 것은 눈물만이 아닙니다.' 여전히 금지를 직접 말하는 화법이긴 하지만 비유를 써 완곡한 메시지로 전달하고 있다.

이제 우리나라는 2만 달러를 넘어(이명박 정부에서 다시 1만 달러로 추락하긴 했지만) 선진국의 문턱을 밟고 있다. 이제 소변기 옆엔 '한 발 더 다가와주세요'라고 쓰여 있다. 소변에 대한 직접적 언급을 하지 않으면서 오줌 누는 사람의 교양 있는 행동을 애교 있게 유도하는 표현이다. '소변을 절대 변기 밖으로 흘리지 마시오'에서 '한 발 더 다가와주세요'로 변화하기까지 우리나라의 경제력과 국민의식은 진화를 거듭해왔다.

얼마 전 리처드 탈러(Richard H. Thaler) 시카고대학 교수와 카스 선스타인(Cass Sunstein) 하버드대학 로스쿨 교수가 함께 쓴 《넛지》를 읽었다. 네덜란드 암스테르담의 스키폴공항에 남자 소변기 중앙에 파리 그림을 그려놓았더니 변기 밖으로 튀는 소변의 양이 80%나 줄었다는 얘기가 나왔다. 어느새 암스테르담의 파리는 우리나라의 소변기에도 한두 마리씩 날아들고 있다.

한 가지 사례가 더 있다. 뉴욕 한 거리에서 거지가 '나는 장님입니다'라는 푯말을 적은 종이를 목에 걸고 시민들에게 구걸을 하고 있었다. 그런데 시민들은 거지 앞을 무심히 지나칠 뿐 동전 한 닢 놓고 가는 사람이 없었다. 앙드레 볼튼이란 시인이 우연히 이 안타까운 상황을 지켜보다 푯말의 글귀를 고쳐주었다. '봄이 옵니다. 그런데 저는 그것을 볼 수 없습니다.'

놀라운 변화가 나타나기 시작했다. 지나가는 행인들마다 거지에게 적선을 아끼지 않았고 그 앞엔 금세 동전과 지폐가 쌓였다. '나는 장님입니다' 속엔 '나는 불행하니까 당신들이 나를 도와줘야 한다'라는 의무를 강조하는 듯한 메시지가 들어 있었다. 행인들은 그 메시지를 보고 오히려 '네가 불행한 것이 내 책임이냐?'

라는 반발 심리가 일어났다.

하지만 '봄이 옵니다. 그런데 저는 그것을 볼 수 없습니다'는 행인들에게 의무를 캐묻지 않으면서 행인들이 장님 거지가 놓이게 된 처지를 헤아리게 만들었다. 행인들은 자발적 감정과 판단에 따라 장님 거지를 동정하고 그를 돕고 싶은 마음을 내게 된 것이었다.

민주주의와 경제, 문화의 수준이 높을수록 사람들의 자주성 혹은 자주적 의식이 높아진다. 억지로 강요하지 않고 읽는 사람의 자발적 선택을 이끌어내는 메시지 구성이 더욱 효과적이다. 부정적 사실과 표현을 써야 하거나 상대에게 의무를 부여해야 할 상황에서도 '파리'와 '봄'을 떠올려볼 필요가 있다.

스티브 잡스의 졸업식 축사로 피래미 구성법 익히기

지금까지 피래미 구성법을 모두 살펴보았다. 시작, 중간, 마무리 각각 여섯 가지씩 모두 열여덟 가지 방법이다. 이것을 외우고 익힌다면 앞으로 글쓰기에 대한 막연한 걱정은 사라질 것이다. 글을 어떻게 시작할까, 고민할 필요가 없다. 시작하는 방법 여섯 가지 가운데 하나를 선택하면 된다. 글을 어떻게 이어나갈까, 머리를 쥐어짜지 않아도 된다. 중간을 이어가는 방법 여섯 가지 가운데 하나를 골라 쓰면 된다. 글을 어떻게 마무리할까, 밑도 끝도 없는 한숨을 내쉬지 않아도 된다. 마무리하는 방법 여섯 가지 가운데 하나를 뽑아 사용하면 된다.

물론 시작, 중간, 마무리는 유기적으로 연결돼 있는 만큼 어떤 방법으로 시작했으면 그와 어울리는 중간과 마무리방법을 찾아내는 것이 필요하다. 그러나 그것은 그다지 어려운 일이 아니다. 그 역시 여섯 가지 가운데 하나를 고르는 일일 뿐이다. 누구나 삶의 다양한 경험을 통해 의사전달에 필요한 기본적인 감각을 갖고 있다. 이것은 배워서 아는 것이 아니라 삶을 통해 얻어진 것이다. 여섯 가지 가운데 무엇을 선택하는 것이 적당한지, 그 생득된 감각이 일러준다.

피래미 구성법은 그동안의 글쓰기 방법과 전혀 다른 혁신적인 것이다. 모든 사람이 쉽고 정확하게 자신의 생각을 글로 전달할 수 있도록 글쓰기를 이끌어준다. 아무리 그렇더라도 이것을 한 번 읽는 것만으로는 별다른 효과를 거두지 못한다. 피래미 구성법은 반드시 외우고 익혀야 실제 글쓰기에서 써먹을 수 있다. 그러면 어떤 상황에서도 다른 사람이 이해할 수 있도록 글로 자신의 생각을 펼쳐 보일 수 있다. 운전면허를 딴 뒤 곧바로 도로에 나가면 떨리고 불안하다. 피래미 구성법도 처음엔 어설프고 앞뒤가 뒤틀릴 수 있다. 거기서 멈추면 안 된다. 시간과 경험이 모든 것을 해결해준다.

이제 피래미 구성법을 몸으로 익힐 수 있는 구체적 방법을 소개하려고 한다. 스티브 잡스의 스탠퍼드대학 졸업식 축사에 그 방법이 담겨 있다.

이미 고인이 된 애플의 CEO 스티브 잡스는 2005년 6월 12일 스탠퍼드대학 졸업식에서 역사적인 축사를 한다. 축사에서 밝힌 것처럼 리드칼리지 중퇴자에 불과한 그가 세계 최고의 명문 대학 졸업식에서 세계 최고의 인재들에게 앞으로 어떻게 살아갈 것인가에 대해 이야기한 것이다. 잡스는 그동안 자신이 살아온 이야기를 금기처럼 여기며 누구에게 털어놓는 것을 극도로 꺼렸다. 하지만 이날은 달랐다. 그는 자신의 인생 밑바닥까지 담담하고 솔직하게 털어놓으며 삶과 일을 통해 알게 된 소중한 진실을 졸업생들에게 전했다.

잡스의 축사는 그 자체로도 감동적인 명문이지만 피래미 구성법을 설명하기에 가장 맞춤한 예문이다. 글쓰기 강의를 할 때마다 반드시 잡스의 축사를 활용하는 내용을 넣는다. 많은 예문들을 사용해보았지만 실용 글쓰기의 관점에서 이만큼 두루 미덕을 갖춘 글은 없었다.

포인트1
시작-중간-마무리, 기본에 충실하라

잡스의 축사를 정독한 다음 피래미 구성법이 어떻게 적용됐는지 시작, 중간, 마무리 부분을 각각 살펴본다. 이 축사에 나타난 피래미 구성법과 표현 방법만 잘 익혀도 기본적인 글을 막힘없이 쓸 수 있다. 내가 글쓰기 강의에서 이 축사를 읽고 분석하고 요약하는 과정을 강조하는 이유가 여기에 있다. 이 축사를 확실하게 내 것으로 만든다면 가장 든든한 글쓰기 도구를 하나 얻을 것이다. 먼저 이 글 전문을 읽어보자.

1. 세상에서 가장 훌륭한 대학 중 하나로 꼽히는 이곳에서 여러분의 졸업식에 함께하게 돼 매우 영광입니다. 솔직히 말하면, 저는 대학을 졸업하지 못했습니다. 오늘 이 자리만큼 대학 졸업식을 가까이서 보는 것도 처음이네요. 오늘은 제 삶에 대한 세 가지 이야기를 들려드릴까 합니다. 대단한 건 아니고, 딱 세 가지만 이야기하겠습니다.

2-1-1. 첫 번째는 인생의 연결점에 관한 이야기입니다.

2-1-2. 저는 리드칼리지에 입학한 지 6개월 만에 자퇴했습니다. 그 후 1년 6개월 정도는 대학 주변에 머물며 청강을 하고 지내다가 결국 그만두었습니다. 왜 제가 자퇴를 했을까요?

이야기는 제가 태어나기 전으로 거슬러 올라갑니다. 저의 친어머니는 대학원에 다니던 젊은 미혼모였고, 저를 입양 보내기로 결정했습니다. 친어머니는 저의 장래를 위해 반드시 대학을 나온 부모에게 입양되길 바랐습니다.

그런 이유로 저는 태어나자마자 어느 변호사 가정에 입양되기로 정해져 있었죠. 하지만 제가 태어났을 때, 그들은 여자 아이를 원한다고 마음을 바꾸었습니다. 그래서 대기자 명단에 있던 양부모님은 한밤중에 걸려온 전화를 받게 됐습니다.

"예기치 못한 남자아이가 태어났는데, 그 아이를 입양하시겠습니까?"

"물론이죠."

그러나 양어머니는 대학을 졸업하지 못했고 양아버지는 고등학교조차 졸업하지 못했다는 사실을 친어머니는 나중에 알게 됐죠. 그래서 친어머니는 최종 입양 서류에 사인을 거부했어요. 몇 달 후, 친어머니는 양부모님으로부터 저를 대학까지 보내겠다고 약속을 받은 후에야 겨우 고집을 꺾었습니다. 이것이 제 인생의 시작이었습니다.

17년 후, 저는 대학에 입학했습니다. 그러나 저는 순진하게도 스탠퍼드만큼이나 등록금이 비싼 학교를 선택했고, 노동자이셨던 양부모님이 평생 동안 모아둔 돈은 모두 제 학비로 들어갔습니다.

6개월 후, 대학 생활이 저에게 그만한 가치가 없다는 것을 느꼈습니다. 그 당시 저는 제가 인생에서 진정으로 원하는 게 무엇인지, 또 대학 생활이 그것을 알아내는 데 얼마나 도움이 될지 알 수 없었습니다. 그러면서 저는 대학에서 부모님이 평생 모아둔 돈을 펑펑 쓰고 있었습니다.

저는 모든 일이 다 잘될 거라고 믿으며 자퇴를 결심했습니다. 그 당시엔 몹시 두렵고 겁이 났지만, 돌이켜보면 제 인생 최고의 결정 중 하나였던 것 같습니다. 자퇴를 결정한 이후 평소에 흥미가 없었던 필수과목을 듣는 대신 흥미로운 강의들을 찾아 듣기 시작했습니다.

그 생활은 그다지 낭만적이진 않았습니다. 기숙사에서 머물 수 없었기 때문에 친구 집 방바닥에서 자기도 했고, 5센트짜리 코카콜라병을 팔아 끼니를 때우기도 했습니다. 매주 일요일 밤마다 그나마 괜찮은 음식을 먹기 위해 11킬로미터를 걸어서 해어크리슈나 사원에 가기도 했습니다. 정말 맛있었어요.

오로지 제 호기심과 직관에 따라 저질렀던 많은 일들이 훗날 더없이 소중한 인생 경험이 됐습니다. 한 가지 예를 들어보겠습니다.

그 당시 리드칼리지는 아마도 전국에서 최고의 서체 교육을 제공했을 겁니다. 교정 곳곳에 붙은 포스터와 서랍에 붙어 있는 라벨은 모두 손으로 아름답게 쓴 서체들이었습니다. 자퇴를 한 상황인지라 정규과목을 들을 필요가 없어 서체에 대해 배워보기로 결심했습니다.

저는 세리프와 산세리프라는 서체를 배웠는데, 서로 다른 문자들이 결합할 때 생기는 여백이 얼마나 가지각색인지, 무엇이 문자의 레이아웃을 아름답게 만드는 것인지에 대해 배웠습니다. 그것은 과학이 창조할 수 없을 정도로 아름답고 역사적이었으며 예술적으로 미묘한 면이 있었기 때문에 저는 이것에 흠뻑 빠졌습니다.

사실 이것들이 제 인생에서 실제로 어떻게 적용될지에 대한 기대는 하지 않았습니다. 그러나 10년 후, 처음으로 매킨토시 컴퓨터를 구상할 때, 그때의 기억들이 되살아났습니다. 우리는 그 기술들을 매킨토시 디자인에 쏟아 부었고, 매킨토시는 아름다운 서체를 지원하는 최초의 컴퓨터가 되었죠.

만약 제가 서체 수업을 듣지 않았더라면, 매킨토시는 이토록 다양하고 균형 있는 서체를 갖지 못했을 것입니다. 많은 개인용 컴퓨터들이 운영체제로 하고 있는 윈도우즈가 매킨토시를 그대로 카피했기 때문에, 아마도 어떤 개인용 컴퓨터에서도 이런 기능을 찾아보기 힘들었을 것입니다. 만약 제가 대학을 자퇴하지 않았다면 서체 수업을 듣지 못했을 것이고, 개인용 컴퓨터는 지금과 같은 아름다운 서체를 갖추지 못했을지도 모릅니다.

물론 대학 시절에는 앞을 내다보고 이런 인생의 점들을 연결해가는 일은 불가능했겠죠. 하지만 10년 뒤에 돌이켜보니 너무나 선명합니다.

2-1-3. 다시 말하자면, 지금 여러분은 미래를 내다보고 점을 연결할 수 없습니다. 다만 현재와 과거의 사건들을 연결시켜볼 순 있겠지요. 그러므로 여러분들은 그 점들이 어떠한 방식으로든 미래로 꼭 이어진다는 것을 믿었으면 좋겠습니다.

무언가를 믿으세요. 직감이든 운명이든 인생이든 업보든, 그 어떤 것이라도 좋습니다. 이런 방식은 저를 실망시키지 않았고, 제 삶의 모든 것을 바꿔놓았습니다.

2-2-1. 두 번째는 사랑과 상실에 관한 이야기입니다.

2-2-2. 저는 운 좋게도 일찍이 제가 하고 싶은 일을 찾았습니다. 저와 워즈니악은 스무 살 때 부모님의 차고에서 애플을 시작했습니다. 열심히 일한 덕에 차고에서 단둘이서 시작했던 애플은 10년 뒤 4,000여 명이 넘는 종업원을 거느리는 200억 달러 규모의 기업으로 성장했습니다. 우리는 최고 품질의 매킨토시를 출시했고 저는 바로 1년 전에 막 서른 살이 됐습니다. 그리고 전 해고당했습니다.

어떻게 본인이 차린 회사에서 해고당할 수 있냐고요? 애플이 점점 성장하면서 함께 기업을 이끌어나갈 수 있는 유능한 경영자를 채용했습니다. 처음 일 년은 순조롭게 척척 잘해나갔죠. 그러나 미래를 보는 비전이 서로 어긋나기 시작했고, 결국 우리 둘 사이도 틀어졌습니다. 이사회는 그의 편에 섰고 저는 서른 살에 회사에서 쫓겨났습니다. 그것도 아주 공개적으로 말이죠.

저는 인생의 방향을 잃어버렸고, 엄청난 충격을 느꼈습니다. 몇 개월 동안 정말 아무것도 할 수 없었습니다. 이전 세대 기업가들로부터 이어받은 바통을 떨어뜨린 것처럼 그들의 기대를 저버린 것에 대해 죄송스러운 마음이 들었습니다. 데이비드 패커드와 밥 노이스를 만나 상황을 이렇게까지 망쳐놓은 것에 대해 사과하기도 했습니다. 저는 대중의 눈에는 실패자였고 실리콘밸리에서 도망쳐버리고 싶었습니다.

그러나 천천히 무언가를 깨닫기 시작했습니다. 아직도 제가 하는 일에 애착을 갖고 있었으며 애플에서 겪었던 사건들도 일에 대한 저의 애정을 추호도 꺾지 못했습니다. 비록 해고를 당했지만, 일을 사랑하는 마음은 여

전했기 때문에 다시 시작하기로 결심했습니다.

당시에는 몰랐지만 애플에서 해고당한 일이 제 인생 최고의 사건임을 나중에야 깨닫게 됐습니다. 성공이라는 중압감은 곧 초심으로 되돌아가 다시 시작할 수 있다는 가벼움으로 바뀌었고, 모든 일에 대해 덜 확신하는 태도를 갖게 됐습니다. 초심자의 가벼운 자세가 저를 자유롭게 했고, 제 인생 최고의 창의력을 발휘할 수 있는 시기로 들어가게 해주었습니다.

그 후 5년 동안, 저는 넥스트와 픽사라는 회사를 창업했고, 지금 제 아내가 된 그녀와 사랑에 빠졌습니다. 픽사는 세계 최초로 컴퓨터 애니메이션 영화인 〈토이 스토리〉를 제작했으며, 지금은 세계에서 가장 성공적인 애니메이션 제작사가 되었습니다.

주목할 만한 사건들이 진행되면서 애플이 넥스트를 인수하고 저는 다시 애플로 복귀했습니다. 넥스트에서 개발한 기술들은 현재 애플 부흥의 핵심이 되고 있습니다. 또한 저와 제 아내 로렌은 화목한 가정을 꾸렸습니다.

2-2-3. 애플에서 해고당하지 않았더라면 이런 일들이 일어날 수 없었겠지요. 정말 쓰디쓴 약이었지만 환자에겐 그 약이 필요한 법입니다. 살아가다보면 때때로 인생이 우리 뒤통수를 벽돌로 내리치는 일이 생깁니다. 그렇더라도 신념을 잃지 마세요. 저를 앞으로 나아갈 수 있게 했던 유일한 힘은 제가 하는 일을 사랑한 것이라 확신합니다.

여러분도 사랑하는 일을 찾아야 합니다. 사랑하는 연인을 위해 그러하듯 당신의 일에 대해서도 진실해야 합니다. 일은 삶에서 매우 큰 부분을 차지합니다. 일에 대한 진정한 만족을 느끼기 위해선 스스로 가치 있다고 믿는 일을 하는 것입니다.

훌륭한 일을 성취할 수 있는 단 한 가지 방법은 자신이 하는 일에 애착을 갖고 사랑하는 것입니다. 아직 그 일을 찾아내지 못했다면, 안주하지 말고 계속 찾아보기 바랍니다. 온 힘을 다해 그 일을 찾아낸다면 당신은 가슴으로 느끼게 될 것입니다. 좋은 관계가 그러하듯 여러분과 일의 관계도 세월이 지날수록 더욱더 깊어질 것입니다. 멈추지 말고 계속 찾아보세요.

2-3-1. 세 번째는 죽음에 관한 이야기입니다.
2-3-2. 제가 열일곱 살 때 이런 문장을 읽었습니다. "하루하루를 마지막 날인 것처럼 살아간다면 언젠가는 꼭 성공할 것이다." 이 글에 깊은 감동을 받은 저는 지난 33년간 매일 아침 거울 앞에 서서 스스로 제 자신에게 다음과 같이 묻곤 했습니다. "만일 오늘이 내 인생의 마지막 날이라면 오늘 내가 해야 하는 일을 할 것인가?" 그리고 "아니"라는 대답이 여러 날 동안 계속되면 변화가 필요할 때라는 것을 직감했습니다.

곧 죽는다는 사실을 기억하는 것은 인생에서 중요한 선택을 할 때 가장 필요한 도구입니다. 죽음 앞에선 외부의 기대나 자존심, 수치스러움이나 실패에 대한 두려움은 사라지고 가장 중요한 한 가지만 남기 때문입니다. 언젠간 죽는다는 사실을 기억하는 것은 무언가 잃을지도 모른다는 함정에서 벗어나는 가장 좋은 방법입니다. 여러분이 이미 발가벗겨진 상태라면 마음을 따라가지 못할 이유도 없습니다.

1년 전, 저는 암 진단을 받았습니다. 오전 7시 30분에 검사를 받았는데 췌장에 악성 종양이 뚜렷하게 보였습니다. 저는 췌장이 무엇인지조차 몰랐습니다. 의사들은 치료할 방법이 없는 종류의 암이라며 3개월 내지 6개월 정도밖에 살 수 없다고 통보했습니다. 의사는 집으로 돌아가 남은 일을 마무리하라고 조언했습니다. 죽음을 준비하라는 말이었죠. 그 뜻은 자식들에게 앞으로 10년 동안 해주고 싶었던 것들을 단 몇 개월 안에 마무리 지어야 한다는 말이었고, 가족들이 제 임종을 쉽게 받아들일 수 있게 확실히 정리하고 그들에게 작별 인사를 하라는 말이었습니다.

저는 하루 종일 진단을 받았습니다. 그날 저녁엔 조직검사를 받는데 내시경을 식도로 집어넣었고 위를 지나 장까지 넣어서 췌장을 바늘로 찔러 종양에서 암세포를 채취했습니다. 저는 마취 상태였는데 제 곁에 있던 아내가 말해주길, 의사가 제 몸에서 떼어낸 암세포를 현미경으로 검사하더니 눈물을 글썽거렸다고 합니다. 세포를 분석한 결과 수술로 치료가 가능한 보기 드문 종류의 췌장암이었기 때문이었죠. 저는 수술을 받았고 지금은 멀쩡합니다.

2-3-3. 그때만큼 죽음이 가깝게 다가왔던 적은 처음이었고 앞으로도 수십 년간은 이런 일이 없길 바랍니다. 이런 경험을 해봄으로써 순전히 머리로만 알고 있을 때보다는 죽음이 때로는 유용하다는 것을 확실하게 말할 수 있습니다.

누구도 죽음을 원치 않습니다. 천국에 가고 싶어 하는 사람이더라도 죽는 것을 원하진 않죠. 하지만 죽음은 우리 모두가 함께 하는 최종 목적지입니다. 누구도 죽음을 피해갈 순 없습니다. 그래야만 합니다. '죽음'은 삶이 발명해낸 최고의 발명품이기 때문이죠. 죽음은 삶을 변화시키는 존재입니다. 새로운 것을 받아들이는 길을 열어주기 위해 헌것을 치워버립니다. 여러분도 당장은 새것이지만, 오래지 않아 헌것이 되어 사라질 것입니다.

너무 드라마틱하게 얘기해서 죄송하지만 엄연한 사실입니다. 여러분의 시간은 한정되어 있으니, 다른 사람의 삶을 사느라 시간을 허비하지 마세요. 다른 사람의 생각에 얽매이는 도그마에 빠져 살지 마세요. 시끄러운 타인의 목소리가 여러분의 내면에서 우러나오는 마음의 소리를 방해하지 못하게끔 하십시오.

가장 중요한 것은 자신의 마음과 직관을 따르는 용기를 갖는 것입니다. 그것들은 이미 당신이 무엇을 진정으로 원하는지 알고 있습니다. 다른 것들은 모두 부차적입니다.

3-1. 제가 어렸을 때 《지구 백과》라는 멋진 책이 있었는데, 저희 세대 때는 성경만큼 유명했던 책이지요.

3-2. 여기서 그리 멀지 않은 먼로파크에 살고 있는 스튜어트 브랜드라는 사람이 쓴 책인데, 그는 자신만의 시적 감성으로 이 책에 생기를 불어넣었습니다. 개인용 컴퓨터나 전자출판이 생기기 이전인 1960년대 후반이었기 때문에, 타자기나 가위, 폴라로이드 카메라로 만들어진 책입니다. 구글이 나타나기 35년 전 종이로 된 구글 같은 것이었지요. 그것은 이상주의적이고, 훌륭한 도구와 개념들이 가득 담겨 있습니다.

스튜어트 브랜드와 그의 팀은 《지구 백과》의 개정판을 몇 차례 더 냈고 책이 수명을 마감할 때쯤 마지막 자료를 내놓았습니다. 그때가 1970년대 중반이었고, 제가 여러분의 나이였을 때죠. 최종판 뒤표지에는 아침 시골길의 모습을 담아놓은 사진이 있었는데, 모험심이 가득한 사람이라면 히치하이킹을 하고 싶 만한 길이었어요.

그 밑에 이런 글이 적혀 있습니다. "항상 갈망하라. 우직하게 나아가라." 그것은 그들의 마지막 작별 인사였습니다.

3-3. 항상 갈망하라. 우직하게 나아가라. 저는 제 자신이 늘 이러기를 바랐습니다. 그리고 지금, 새로운 출발을 앞두고 있는 그대들에게도 같은 소망을 빕니다.

항상 갈망하십시오. 그리고 우직하게 나아가십시오. 감사합니다.

(번역 백지원)

이제부터 잡스의 축사가 어떻게 피래미 구성법에 따라 쓰였는지, 하나하나 짚어보자.

먼저 시작 부분인 1번 문단은 영광이다, 대학을 졸업하지 못했다, 졸업식을 가까이서 처음 본다, 삶에 대한 세 가지 이야기를 하겠다는 4개의 의미 단위로 나눌 수 있다. 여기서 핵심 문장은 '제 삶에 대한 세 가지 이야기를 들려드릴까 합니다'라는 부분이다. 이는 시작방법 가운데 개요에 해당한다. 앞으로 전개될 이야기를 압축적으로 정리해 표현한 것이다. 잡스는 실제로 중간 부분에서 첫째, 둘째, 셋째 번호를 매기며 자신의 이야기를 들려준다.

시작이 너무 싱겁다. 하지만 앞서 밝혔듯 잡스이기 때문에 괜찮다. 이미 잡스에 대한 청중의 관심은 하늘을 찌르고도 남음이 있다. 굳이 유혹하는 낚시를 던지지 않아도 된다. 대수롭지 않은 듯 이야기를 꺼내는 것이 오히려 중간과 마무리 부분에 대한 기대를 높인다. 게다가 대단한 건 아니라는 말을 덧붙임으로써 역설적으로 청중의 호기심을 더욱 고조시킨다.

중간 부분은 2-1번에서 2-3번까지의 문단들이다. 중간 부분은 시작 부분에서 밝힌 것처럼 세 가지 카테고리로 구성돼 있다. 인생의 전환점(2-1), 사랑과 상실(2-2), 죽음(2-3)에 관한 것이다. 세 가지 카테고리 속엔 다채로운 인생과 사업과 죽음의 경험, 그리고 그 속에서 깨닫게 된 여러 가지 통찰의 결과들이 담담하게 이야기와 논리로 서술돼 있다. 중간 부분은 표면적으로는 이야기 전개방법 같지만 '첫째, 둘째, 셋째' 하는 식의 늘어놓기 전개방법을 사용하고 있다. 카테고리에 따라 내용을 분류한 것이다.

끝으로 마무리 부분은 3번 문단들이다. 마무리에선 잡스가 어린 시절 읽었던 《지구 백과》라는 책을 자연스럽게 소개하며 그 최종판에 실린 "항상 갈망하라. 우직하게 나아가라"라는 글귀를 인용한다. 그리고 이 글귀를 통해 새로운 시작을 앞둔 스탠퍼드대학 졸업생들이 그렇게 세상에 나아가길 바란다는 메시지를 전한다. 강렬한 메시지로 마무리를 하고 있는 것이다. 아마도 이 글을 읽은 사람들이라면 다른 것은 잊어버려도 "항상 갈망하라. 우직하게 나아가라"라는 글귀는 기억할 것이다.

이 글은 시작, 중간, 마무리로 이어지는 피래미 구성법에 맞춰 찍어낸 것 같다. 하지만 이 글이 주는 감동과 울림은 어떤 날렵하고 독특한 형식을 가진 글도 따라올 수 없을 만큼 크고 깊다. 기본에 충실하기 때문이다. 기본만 알면 된다. 더 복잡한 구성 능력은 글을 자꾸 쓰다보면 저절로 터득하게 된다.

포인트2
짧은 글에서 한 권의 책까지, 프랙털 구조로 피래미 구성법을 적용하라

잡스의 축사를 자세히 보면 놀라운 점이 하나 더 있다. 중간 부분의 세 가지 카테고리, 다시 말해 인생의 전환점(2-1), 사랑과 상실(2-2), 죽음(2-3) 부분 역시 각각 그 안에 시작, 중간, 마무리라는 피래미 구성을 갖고 있다는 사실이다.

첫째 카테고리(2-1)부터 살펴보자. 이 카테고리의 시작은 "인생의 연결점에 관한 이야기입니다"(2-1-1)라는 대목이다. 전체 글의 시작방법과 마찬가지로 이 부분도 개요다. 인생의 연결점에 관한 이야기를 하겠다고 시작 부분에서 밝히고 중간 부분에서 이를 상술한다.

중간 부분(2-1-2)에서 인생의 연결점을 시간 순서에 따른 이야기 방법으로 풀어낸다. 잡스는 미혼모의 아들로 태어나 가난한 노동자 집안에 입양된다. 리드칼리지에 들어가지만 학업에 흥미를 느끼지 못해 중퇴한 뒤 우연히 서체 수업을 듣게 된다. 이 경험이 훗날 아름다운 서체를 가진 최초의 컴퓨터 매킨토시로 이어진다. 이렇게 입양-자퇴-서체 수업-매킨토시로 이어지는 인생의 연결점은 그 당시엔 몰랐지만 지나고 나서 뒤돌아보니 너무나 선명했다. 마무리 부분(2-1-3)은 사고의 전환을 요청하는 방법으로 메시지를 전한다. 현재의 순간들이 미래에 어떤 식으로든 연결된다는 믿음을 가져야만 스스로 실망하지 않고 삶을 바꿀 수 있다는 메시지를 던진다.

둘째 카테고리(2-2)도 마찬가지다. "사랑과 상실에 관한 이야기입니다"(2-2-1)가 시작 부분이다. 개요다. 중간 부분(2-2-2)에서 시간 순서에 따른 이야기 방법으로 사랑과 상실에 대한 말하고 있다. 스무 살 때 워즈니악과 함께 차고에서 애플을 시작해 10년 뒤 200억 달러 규모의 큰 기업으로 성장시켰다. 하지만 영입한 경영자와의 의견 충돌로 해고되고 이후 엄청난 충격으로 방황한다. 일에 대한 사랑으로 다시 시작해 넥스트와 픽사를 창립하고 넥스트가 애플에 인수됨으로써 애플로 복귀해 중흥을 이뤄내고 결혼도 하게 된다. 애플에서의 해고야말로 인생 최고의 사건이자 몸에 이로운 약이었다. 마무리(2-2-3)는 훌륭한 일을 성취할 수 있는 단 한 가지 방법은 자신이 하는 일에 애착을 갖고 사랑하는 것이며 그런 일을 찾지 못했다면 멈추지 말고 계속 찾아보라고 행동의 변화를 촉구하는 방법으로 메시지를 전한다.

셋째 카테고리(2-3)는 "죽음에 관한 이야기입니다"(2-3-1)가 시작 부분이다. 마찬가지로 개요다. 중간 부분(2-3-2)에서 2개의 에피소드를 소개한다. 열일곱 살 때 "하루하루를 마지막 날인 것처럼 살아간다면 언젠가는 꼭 성공할 것이다"라는 문장을 읽은 뒤 33년간 매일 아침 거울 앞에서 자신을 돌아봤다. 죽는다는 사실을 기억한다는 것이 인생에서 중요한 선택을 할 때 가장 필요한 도구였다. 1년 전 암 진단으로 죽음의 문턱까지 갔으나 다행히 수술로 기적적으로 살아났는데, 이 경험을 통해 죽음이 유용하다는 사실을 알게 됐다. 마무리 부분(2-3-3)은 삶의 시간은 한정돼 있으니 다른 사람의 삶을 사느라 시간을 허비하지 마라, 가장 중요한 것은 자신의 마음과 직관을 따르는 용기를 갖는 것이라고 사고의 전환을 요청하는 방법으로 메시지를 전한다.

전체의 마무리 부분 역시 시작, 중간, 마무리의 구성으로 설명할 수 있다. "제가 어렸을 때 《지구 백과》라는 멋진 책이 있었는데, 저희 세대 때는 성경만큼 유명했던 책이지요"(3-1)가 시작 부분이다. 이야기 방법으로 글을 시작한다. 중간 부분(3-2)에서 《지구 백과》의 내용과 내력을 이야기 방법으로 그려낸 뒤 "항상 갈망하라. 우직하게 나아가라"라는 글귀를 소개한다.

마무리 부분(3-3)에서 지금 새로운 출발을 앞두고 있는 여러분들도 그러기를 바란다며 인용으로 메시지를 던진다.

잡스의 축사는 부분적으로 피래미 구성을 하고 있고 이 부분들이 모여 전체적으로도 피래미 구성을 이루는 중층적 구조다. 이를 프랙털^{Fractal}이라고 부른다. 어떤 한 부분의 무늬나 형태가 전체와 닮은 것이다. 고사리 잎, 눈송이, 나뭇가지, 산맥, 물줄기, 해안선, 산호, 번개 등에서 프랙털 현상을 볼 수 있다. 피래미 역시 마찬가지다.

이를 통해 짧은 글이든, 긴 글이든, 심지어 단행본 한 권이나 몇 권 분량의 책까지 피래미 구성법을 적용해 쓸 수 있음을 확인할 수 있다. 피래미 구성법만 익힌다면 짧은 글쓰기에서 한 권의 책 쓰기까지 두려울 것이 없다.

포인트3
몸이 기억하는 글쓰기 연습, 필사와 요약

흔히 책을 많이 읽으면 글을 잘 쓸 수 있다고 말한다. 글쓰기를 위해선 삼다^{三多}, 즉 다작, 다상량과 함께 다독이 필요하다고 우리는 알고 있다. 과연 그럴까? 그렇다면 우리 사회에서 가장 책을 많이 읽는 집단이라 할 수 있는 학계 사람들이 글을 가장 잘 써야 하는데 현실은 그렇지 않다. 책을 많이 읽으면 글을 잘 쓸 수 있다는 통념은 부분적으로는 맞고 부분적으로는 틀리다.

그냥 읽는 것, 다시 말해 다독만으로는 글쓰기 능력을 신장하는 데 직접적인 도움이 되지 않는다. 물론 책을 통해 얻은 지식과 교양이 쌓이고 쌓여 자연스럽게 글로 흘러넘치는 것은 맞다. 그렇다 해도 글쓰기 능력이 높아지는 것은 아니다. 그것은 별개의 문제다. 독서를 통해 우리의 기억에 남는 것은 무엇인가? 그 글의 맥락과 몇 토막의 인상적인 대목뿐이다. 대부분 사람들은 한 권의 책을 통해 그 정도를 얻은 것으로 만족하고 다른 책으로 옮겨간다. 수박 맛은 모른 채 이 수박 저 수박 껍질만 핥는 격이다. 그러니 아무리 많은 책을 읽어도 한 편의 글에 숨겨진 비밀을 알지 못한다. 글이 어떻게 구성되고 구성의 각 부분은 어떤 방법으로 전개되는지, 효과적으로 메시지를 전달하기 위해 어떤 표현 방법을 사용하는지 전혀 알지 못한다.

글쓰기 강의에서 한 편의 글을 피래미 구성법에 따라 분석하고 설명하면 글의 구성원리와 전개방법을 처음 알았다는 듯 탄성이 터진다. 수박 껍질만 핥다가 붉고 시원한 수박의 속살을 맛보았으니 당연한 일이다. 수박 맛을 알고 수박의 씨앗을 얻어야 수박 농사를 지을 수 있다. 수박 껍질만 핥는 독서로는 책의 내용도 온전하게 내 것으로 만들지 못하고 글을 쓰는 데도 별다른 도움이 되지 못한다. 그렇다면 글쓰기 능력을 높이려면 어떻게 읽어야 하는가?

먼저 피래미 구성법을 잘 익혀야 한다. 피래미 구성법은 수박을 자르는 칼이다. 수박 한가운데를 잘라야 수박 맛을 볼 수 있는 것처럼 피래미 구성법을 알아야 참다운 글맛을 체험할 수 있다. 시작, 중간, 마무리 부분을 쓰는 각각 여섯 가지 방법을 완전히 암기하고 한 편의 글을 읽으면 이전과 다른 독서 경험을 하게 될 것이다. 전체 구성과 각 부분의 전개방법이 눈에 들어오기 시작할 것이다. '아, 이 글은 질문으로 시작을 하네. 중간 부분에서 그 질문에 대한 답을 첫째, 둘째, 셋째 하는 늘어놓기 식 전개방법으로 풀어낸 다음, 요구와 요청으로 마무리하는군.' 글쓴이가 자신의 메시지를 어떤 솜씨로 풀어내는지 수박 맛을 보듯 알 수 있다.

그러나 이렇게 피래미 구성법에 따라 읽는 것만으로는 부족하다. 한 편의 글이 갖고 있는 구성과 전개방법을 몸이 기억하고 생각하도록 해야 한다. 그래야 글을 쓸 때 자연스러운 응용이 가능하고 긴 시간이 지나도 까먹지 않는다. 자동차 운전과 마찬가지 이치다. 몸이 기억하고 생각하도록 하는 가장 좋은 방법은 필사와 요약이다.

필사는 말 그대로 글을 베껴 쓰는 것이다. 베껴 쓸 때엔 컴퓨터 자판을 두드려선 별 효과가 없고 반드시 연필이나 볼펜을 들고 한 자 한 자 써 내려가야 한다. 우리 몸은 그 수고스러운 노동을 더 잘 기억한다. 요즘 불교나 기독교를 믿는 사람들이 신앙 행위의 일종으로 불경이나 성경의 구절을 베껴 쓴다. 종교의 가르침을 체화하는 데 이처럼 좋은 방법이 달리 없을 듯하다.

아무 글이나 베껴 써선 안 된다. 처음엔 분량이 많지 않은 것이 좋다. 그래야 글의 구성과 전개방법을 용이하게 손으로 만지며 느낄 수 있다. 신문의 칼럼 정도 분량이 적당하다. 앞서 피래미 구성법을 설명하기 위해 인용한 글의 전문을 찾아 베껴 써보길 바란다.

반드시 자신의 맘에 드는 글을 베껴 써야 한다. 어떤 글이 맘에 드는 것은 다 이유가 있다. 글의 내용에 공감이 가는 것도 있겠지만, 글의 전달 방식이 받아들이기에 편하기 때문이다. 나도 잘 알지 못하는 나의 전달 방식과 글의 그것 사이에 궁합이 맞아떨어졌기 때문이다.

사람마다 고유한 전달 방식이 있다. 백인백색이다. 어떤 사람은 "밥 좀 주세요. 너무 배고파요"라고 말하고 또 어떤 사람은 "너무 배고파요. 밥 좀 주세요"라고 말한다. 또 다른 사람은 "먹을 게 없나요? 어제 아침 이후로 먹은 게 없어서"라고 말하고 "제 얼굴과 뱃가죽이 야윈 게 보이시나요? 저 좀 살려주세요"라고 말하는 사람도 있다. 모두 똑같은 말처럼 보이지만 그 전개방법과 표현을 들여다보면 사람마다 의사를 전달하는 방식이 확연히 다르다는 사실을 알 수 있다. 살아온 환경과 대응 방식의 차이 때문이다. 의사전달 방식은 각자의 얼굴처럼 좋거나 나쁜 것이 아니라 그냥 다른 것이다.

얼굴에 나타난 인상을 잘 만들어가야 하는 것처럼 의사전달 방식도 잘 발전시켜야 한다. 맘에 드는 글을 베껴 씀으로써 나의 전달 방식을 발견하고 그것을 발전시킬 수 있다. 나와 맞지 않은 다른 사람의 전달 방식을 무리하게 따라갈 필요는 없다. 《나의 문화유산 답사기》의 저자 유홍준은 이렇게 말했다. "좋은 글을 베껴 써보세요. 저는 알퐁스 도데의 《별》과 이효석의 《메밀꽃 필 무렵》을 200번씩 베껴 썼습니다."

요약은 베껴 쓰기보다 더 적극적으로 글을 몸으로 기억하는 작업이다. 한 편의 글을 한 장으로, 한 권의 책을 서너 장 분량으로 요약해보자. 그냥 읽었을 때는 발견할 수 없었던 글의 구성과 핵심 문장이 드러난다. 글은 구성과 핵심 문장을 뼈와 힘줄로 삼아 뻗어나간다. 요약은 이 뼈와 힘줄을 내 몸의 기억 창고에 쌓아두는 일이다. 글을 쓸 때 이것을 찾아 쓰면 된다.

사실 글쓰기의 출발은 요약이다. 글쓰기는 내 눈 앞에 펼쳐지는 수많은 상황과 내 머릿속에 달음박질하는 수많은 생각들을 모두 담아내는 것이 아니다. 보르헤스의 소설에 나오는 '기억의 천재 푸네스'일 필요가 없다. 그 가운데 가장 특징적이고 의미 있는 상황과 생각만 골라내 문자화해야 한다. 글쓰기는 결국 현실을 요약하는 기술이다.

요약은 공부의 출발점이기도 하다. 교육 선진국들이 책을 읽고 그 내용을 요약 정리하는 것을 공부의 으뜸으로 여기는 것은 그 때문이다. 좋은 글을 요약하다보면 저절로 글쓴이가 설계한 생각의 지도를 이해하고 체득하게 된다.

이보다 더 좋은 공부는 따로 없다. 문제는 우리나라 교육이 거의 요약을 가르치지 않는다는 점이다. 초등학교든 대학교든 독후감 수준의 과제를 내줄 뿐 요약을 하라고 하는 경우는 아주 드물다. 어떻게 하는 것이 요약인지 알고 있는 사람도 드물다.

요약을 하라고 하면 자의적으로 어느 한 부분을 뚝 떼어내 소개한 다음 자신의 느낌을 덧붙인다. 아니면 다양하고 구체적인 이야기들은 다 빼버리고 추상적인 개념만 늘어놓는다. 이것은 요약이 아니라 자기 입맛대로 글을 자르거나 줄여놓은 것에 불과하다.

요약은 글 전체를 정량적^{定量的} 혹은 정성적^{定性的}으로 압축하는 것이다. 집을 비유로 든다면 정량적 요약은 미니어처 형태의 작은 집으로 만드는 것이고, 정성적 요약은 큰 집에서 가장 중요한 특징만 잡아내는 것이다. 정량적 요약 방법으로 연습을 한 후 정성적 요약으로 옮겨가는 것이 순서다. 요약을 처음 시작할 때엔 신문 칼럼 분량의 글이 적당하고 점차 분량이 많은 에세이나 책으로 옮겨가는 것이 좋다.

칼럼이든, 에세이든, 단행본이든 시작, 중간, 마무리의 구성법에 따라 크게 나누고 각 부분의 핵심을 짚어내 요약한다. 처음엔 정량적으로 1/5, 1/10 분량 수준으로 요약한다. 점점 강도를 높여 대여섯 문장 혹은 한두 문장으로 정성적 요약을 한다. 이런 작업을 거치면 글의 구성과 내용이 손에 잡힌다.

'독서백편의자현'讀書百遍義自見이란 고사성어가 있다. 책이나 글을 백 번 읽으면 그 뜻이 저절로 이해된다는 말이다. 읽는 행위를 반복하다보면 그 글의 궁극적 이치를 깨닫는다는 말이겠지만, 엄청난 시간을 들여야 도달할 수 있는 경지다. 밥 먹고 책만 읽는 것이 가능했던 시대의 일이다. 지금은 그것이 가능하지도 않거니와 누가 그렇게 하려고 하지도 않는다. 그렇더라도 '독서백편의자현'이 지향하는 가치는 오늘날에도 여전히 유효하고 소중하다.

책과 글을 통해 글쓴이의 생각과 지식을 만날 뿐만 아니라 글쓴이가 자신의 생각과 지식을 어떤 방법으로 많은 사람들에게 전달하고 공감하게 만들었는가를 알 수 있기 때문이다. 글쓰기만이 아니라 세상을 살아가는 데에도 매우 긴요한 지혜다. 필사와 요약은 많은 시간을 들이지 않고 '독서백편의자현'할 수 있는 방법이다.

 **스티브 잡스의 축사 요약하기**

글쓰기 강의 때마다 수강자들에게 잡스의 축사를 요약하는 과제를 현장에서 내준다. 요약 작업이 끝나면 요약문에 대한 첨삭 수업을 진행한다. 요약을 하다 보면 머리로만 이해했던 피래미 구성법을 몸으로 이해하고 기억할 수 있다. 요약문을 첨삭하면서 구성, 문장, 표현 등 글쓰기의 기본기에 대한 구체적인 설명이 덧붙여진다. 자신이 쓴 글을 통해 글쓰기의 기본기를 이해하게 되니 수업의 집중도와 효과가 매우 높다.

여기에선 잡스의 축사를 정량적으로 요약하고 첨삭하는 과정과 내용을 재연해보겠다. 이 재연을 유의 깊게 읽고 실제로 다른 글을 요약하는 데 활용하기 바란다. A4 용지 5장 분량의 글을 1장으로 요약하려면 시작, 중간, 마무리 각 부분의 분량에 대한 적절한 안배가 필요하다. 글쓰기 강의에선 시작 부분 2개 문장, 중간 부분 15개 문장, 마무리 부분 3개 문장, 총 20개 문장으로 요약하도록 과제를 내준다. 중간 부분의 첫째, 둘째, 셋째 부분에 각각 5개 문장씩 할당한다.

개인 혹은 팀별로 요약 과제를 내준다. 30~40분 정도 시간을 제한하는 것이 좋다. 그래야 자기검열에 사로잡히지 않고 요약에 집중할 수 있다. 개인 혹은 팀에 따라 아주 다양한 요약문이 나온다. 글쓰기 교실 수강생이 작성한 요약문 하나를 예로 들어보자.

시작

1. 세상에서 가장 훌륭한 대학 중 하나인 이곳에서 대학도 졸업하지 못한 제가 졸업식에 함께하게 돼 영광입니다.

2. 대단한 건 아니지만, 오늘 저는 제 삶에 대해 딱 세 가지만 이야기하겠습니다.

중간

A1. 첫 번째는 인생의 연결점에 관한 이야기입니다.

A2. 저는 미혼모의 아들로 태어나 가난한 노동자 집안에 입양됐습니다.

A3. 17년 후 리드칼리지에 입학했으나 양부모의 평생 모은 재산을 허비할 만큼 큰 가치를 느끼지 못해 6개월 만에 자퇴했습니다.

A4. 그 후 저는 자유로운 청강생 신분으로 우연히 서체 강의를 들었고, 이는 10년 후 아름다운 서체를 지원하는 최초의 컴퓨터인 매킨토시 개발에 적용되었습니다.

A5. 입양-대학 자퇴-서체 수업-매킨토시 등 인생의 점들을 미리 내다보고 연결할 순 없겠지만, 이런 점들이 어떤 방식으로든 미래로 꼭 이어진다는 것을 믿는다면 여러분의 삶은 바뀔 것입니다.

B1. 두 번째는 사랑과 상실에 관한 이야기입니다.

B2. 워즈니악과 스무 살에 애플을 시작해 10년 뒤 200억 달러 규모의 기업으로 성장시켰지만, 채용한 경영자와 비전이 어긋나 공개적으로 회사에서 쫓겨나게 됐습니다.

B3. 그 후 인생의 방향을 잃고 큰 충격을 받았지만 이로 인해 얼마나 이 일에 대한 열정을 가지고 있었는지 알게 됐고 초심으로 돌아가 자유롭고 창의적인 능력을 발휘할 수 있게 됐습니다.

B4. 그 후 5년 동안 넥스트와 픽사를 창업했고 애플이 넥스트를 인수하면서 복귀해 현재의 부흥을 이루고 있습니다.

B5. 훌륭한 일을 성취할 수 있는 단 한 가지 방법은 자신이 하는 일에 애착을 갖고 사랑하는 것입니다.

C1. 세 번째는 죽음에 관한 이야기입니다.

C2. 저는 열일곱 살 때 "하루하루를 마지막 날인 것처럼 살아간다면 언젠가는 꼭 성공할 것이다"라는 글에 감동을 받았고, 33년 동안 거울 앞에서 "만일 오늘이 내 인생의 마지막 날이라면 오늘 내가 해야 하는 일을 할 것인가?" 스스로 물었습니다.

C3. 죽는다는 사실을 기억하는 것은 인생에서 중요한 선택을 할 때 가장 필요한 도구로, 무언가 잃을지도 모른다는 함정에서 벗어나는 가장 좋은 방법입니다.

C4. 1년 전 저는 시한부 판정을 받았지만 세포 분석 결과 치료가 가능한 보기 드문 종류의 췌장암으로 판명 나 살아날 수 있었습니다.

C5. 이처럼 죽음에 가깝게 다가갔던 경험을 통해 가장 중요한 것은 자신의 마음과 직관을 따르는 용기라는 사실을 알게 됐습니다.

마무리

1. 어렸을 때 타자기나 가위, 폴라로이드 카메라로 만든 지금의 구글 같은 《지구 백과》라는 멋진 책이 있었습니다.

2. 이 책은 여러 차례 개정판을 냈고, 최종판 뒤표지에 "항상 갈망하라. 우직하게 나아가라"라는 작별 인사를 적어놓았습니다.

3. 저는 제 자신이 늘 이러기를 바랐으며, 지금 새로운 출발을 앞두고 있는 그대들에게도 같은 소망을 빕니다.(조정래)

시작은 총 5개 문장이다. 이 가운데 2개 문장을 선택해야 한다. 삶에 대한 3가지 이야기를 하겠다는 부분은 시작의 핵심 주제문이라 빠질 수 없다. 그렇다면 (1) 세상에서 가장 훌륭한 대학의 졸업식에 참석하게 돼 영광이다, (2) 대학을 졸업하지 못했다, (3) 대학 졸업식을 가까이서 보는 것도 처음이다, (4) 대단한 것은 아니다, 이들 4개 문장 가운데 하나를 선택해야 한다.

대략 절반씩 (1)이나 (2)를 선택하고 아주 극소수가 (3)이나 (4)를 선택한다. (1)을 선택하면 이 글의 배경을 강조하는 것이고 (2)를 선택하면 뉴스 가치에 더 주목하는 것이다. (1)은 제목을 통해서도, (2)는 중간 첫째 부분을 통해서도 알 수 있는 사실이란 조건은 똑같다. 그러나 연설 도입부라는 점을 감안할 때 (1)과 (2) 가운데 굳이 하나만 골라야 한다면 (2)를 고르는 것이 더 타당해 보인다. 글에선 배경보다는 뉴스가 더 중요하기 때문이다.

"세상에서 가장 훌륭한 대학 중 하나인 이곳에서 대학도 졸업하지 못한 제가 여러분의 졸업식에 함께하게 돼 영광입니다." 절충적으로 (1)과 (2)를 한 문장으로 만드는 지혜를 발휘하는 수강자도 있다. 일견 사소해 보이는 문제를 강조하는 것은 여기에 글쓰기의 중요한 비결이 숨어 있기 때문이다.

(1)이냐 (2)이냐, 아니면 (1)+(2)이냐를 통해 어떤 것을 꼭 써야 하고 어떤 것을 쓰지 않아도 되는지를 배울 수 있다. 앞서 이야기한 것처럼 눈앞에 펼쳐지는 수많은 상황과 내 머릿속에 달음박질하는 수많은 생각들 가운데 가장 특징적이고 의미 있는 것들만 골라내 적는 것이 글쓰기이기 때문이다.

중간 부분을 요약하라고 하면 구체적인 이야기는 모두 빼버리고 추상적인 논리만 나열하는 경우를 종종 만난다. 요약을 당연히 그렇게 알고 있는 사람이 의외로 많다. 국어 시험 문제에서 주제나 핵심 문장을 가려내듯이 말이다. 요약은 원심 분리가 아니라 압축이다.

주제와 핵심 문장을 생생하고 구체적인 형상에 담아 압축시켜야 한다. 요약이라고 해도 구체적인 이야기의 가닥이 살아 있어야 한다. 요약이 잘 이뤄지면 전문을 읽지 않고도 요약문만으로 글의 뜻을 십분 이해할 수 있다.

이 요약문의 경우 구체적인 이야기와 추상적 논리가 3:2 혹은 2:3의 비율로 균

형감 있게 배치돼 있다. 구체적인 이야기에 가까운 부분은 A2, A3, A4, B2, B4, C2, C4 등이고 나머지는 추상적 논리에 가깝다. 에세이를 비롯한 실용 글쓰기는 구체적 이야기를 몇 마디 늘어놓은 뒤엔 추상적 논리로 정리하고, 추상적 논리를 제시한 뒤엔 구체적 이야기로 설명해야 좋은 글이 된다. 어느 한쪽에만 치우치면 공허하거나 중심이 없어진다.

마무리의 요약은 《지구 백과》 → "항상 갈망하라. 우직하게 나아가라" → "새로운 출발을 앞두고 있는 그대들에게도 같은 소망을 빈다"로 이어져야 한다. 그래야 잡스가 축사의 마무리를 얼마나 절묘하게 처리하고 있는지를 알아낼 수 있다. 잡스는 시작, 중간을 말한 다음 전하고 싶은 메시지인 "항상 갈망하라. 우직하게 나아가라"라고 곧바로 들어갈 수도 있었다. 하지만 그렇게 하지 않았다. 딴전을 피우듯 엉뚱하게 《지구 백과》에 읽힌 추억담을 꺼낸다. 시나브로 《지구 백과》 최종판에 쓰인 글을 인용한다. 자신이 전하고 싶은 메시지가 바로 이것이라며 축사를 끝마친다.

"항상 갈망하라. 우직하게 나아가라"라는 메시지를 곧바로 던졌다면 잡스는 그 순간 '꼰대'가 됐을 것이다. 결과적으로 '내가 이렇게 살았으니 너희도 이렇게 살아라'라는 메시지가 되고 만다. 그랬다면 스탠퍼드대학 졸업생들은 중간 부분의 감동적인 이야기마저 잡스의 자기 자랑으로 평가절하했을지 모른다.

《지구 백과》 이야기는 그런 위험을 벗어나게 해준다. 누구나 친근하게 받아들이고 공감하는 추억담으로 가볍게 접근한다. 청중이 아무런 저항감도 갖지 않는 상태에서 자연스럽게 "항상 갈망하라. 우직하게 나아가라"라는 메시지를 이끌어낸다.

한 번 더 반복한 뒤 그것이 곧 자신의 소망이자 새로운 출발을 앞둔 여러분에게 비는 소망이라고 힘주어 말한다. 마지막으로 한 번 더 반복한다. 잡스는 바닷가에 배를 정박하기 전에 밀물을 먼저 보낸 것이다.

이 요약문을 절반씩 계속 줄여나가는 연습을 하면 요약의 효과는 더욱 크다. 요약하는 양을 줄일수록 정량적 요약에서 정성적 요약으로 자연스럽게 넘어간다. 요약을 넘어 창작을 경험하게 되는 것이다.

포인트4
카테고리 글쓰기

스티브 잡스의 축사 요약 작업을 마친 뒤 빠뜨리지 않고 하는 설문조사가 있다. 칠판에 소, 마당, 닭, 풀밭이라고 네 단어를 쓴다. 그리고 이 단어를 둘 씩 짝지어보라고 한다. 대부분 소-풀밭, 닭-마당이라는 대답이 먼저 나온다. 다른 방법은 없냐고 물으면 소-닭, 풀밭-마당이라는 다른 대답이 나온다. 둘 중 어느 짝이 더 자연스러운가를 물으면 약 70% 정도가 첫 번째에 손을 든다. 같은 질문을 이공계 대학생들에게 하면 그 반대의 결과가 나온다.

이 설문조사는 리처드 니스벳$^{Richard\ Nisbett}$이 쓴 《생각의 지도》에 나오는 내용을 응용한 것이다. 첫 번째는 관계 중심적 사고방식, 두 번째는 분류적 사고방식이다. 동양인들은 첫 번째에, 서양인들은 두 번째에 익숙하다. 그래서 동양인들은 세상을 종합적으로 보는 경향이 강하고 서양인들은 분석적으로 보는 경향이 강하다.

여기서 이 두 가지를 설명하는 것은 동서양의 차이를 논하기 위한 것이 아니다. 글을 쓰는 새로운 관점을 설명하기 위해서다. 잡스의 축사를 무심코 보면 시간적 흐름에 따른 하나의 이야기 같다. 그러나 자세히 들여다보면 그의 글은 정교한 카테고리로 분류돼 있다.

자신의 삶을 인생의 연결점, 사랑과 상실, 죽음이라는 세 가지 상위 카테고리로 나누었다. 그 아래 에피소드와 생각들을 하위 카테고리로 분류하고 있다. 표로 정리하면 이렇다.

잡스의 인생		
인생의 연결점	사랑과 상실	죽음
탄생, 입양, 자퇴, 서체 교육 매킨토시	애플 창업, 성장, 해고, 넥스트와 픽사 창업, 애플 복귀	좌우명, 자문, 췌장암, 완치

 잡스의 축사는 분류적 사고방식에 충실하게 글을 쓴 것이다. 이를 다른 말로 하면 카테고리 글쓰기를 한 것이다. 카테고리 글쓰기는 쓰기도 쉽고 이해하기도 쉬운 장점을 갖고 있다. 대형마트를 떠올리면 이해하기 쉽다. 카테고리로 분류돼 있어 물건을 진열하기도 편하고 물건을 사기도 편하다.

 특히 실용 글쓰기에선 카테고리 글쓰기의 장점이 십분 드러나는 경우가 많다. 보고서, 보도자료, 자기소개서가 그런 경우다. 자신이 쓸 내용을 카테고리로 나눌 수 있다면 글쓰기의 구성과 내용은 이미 다 갖춰진 것이나 다름없다. 이렇게 카테고리에 따라 정리하면 보고를 받거나 글을 읽은 사람들은 그 내용을 한눈에 입체적으로 파악할 수 있다.

 설문조사에서 나타난 것처럼 우리나라 사람들은 지나치게 관계 중심적 사고방식에 익숙하다. 글쓰기 역시 거기에 치우치는 경향이 있다. 그러다 보니 재래시장처럼 글감을 체계적으로 펼치기도 어렵고 글 내용을 일목요연하게 파악하기도 어렵다.

 관계 중심적 사고방식은 논리성이나 서사성이 강한 글에 더 어울린다. 이제 보고서, 보도자료, 자기소개서 같은 글을 쓸 때엔 카테고리 글쓰기를 시도해보자.

 **알짬4 꿈속에서도 야마를**

　20여 년 전 신문기자로 직장 생활을 시작할 때의 일이다. 입사 후 한 달 정도 지나자 나에게 첫 취재 지시가 떨어졌다. 서울시청 뒤 세종로 프레스센터 19층 대회의실에서 열리는 토론회였다. 취재 데스크는 내 머릿속에 자신의 말을 명문으로 새겨넣을 것처럼 분명하고 강한 어조로 지시 사항을 하달했다. '발제자와 토론자의 말을 한마디도 빠뜨리지 말고 메모하라.'

　나는 그날 손이 떨어져나가는 줄 알았다. 아침 9시부터 저녁 6시까지 점심시간 1시간 30분을 제외하고 줄곧 토론자들의 입에서 쉴 새 없이 터져나오는 온갖 말들을 받아 적어야 했다. 토론회가 끝난 뒤 다행히 떨어지지 않고 붙어 있던 내 손엔 메모로 빽빽한 2권의 취재수첩이 들려 있었다. 나는 신문사로 향하며 족히 2개 지면은 털어야 토론회 기사를 소화할 수 있겠거니 생각하며 이 많은 기사를 언제 다 쓰지, 걱정했다.

　내 보고를 들은 데스크의 반응은 생뚱맞다 못해 기가 막혔다. 토론회 기사를 원고지 7매로 정리하라는 것이다. 게다가 중요한 내용을 빠뜨리면 절대 안 된다는 말까지 명토 박아 덧붙였다.

　수습의 신분이었지만 마음속에서 대들고 싶은 소리가 목구멍까지 치밀어 올랐다. 토론 주제, 발제문 제목, 발제자와 토론자의 이름과 직함만 써도 5매는 족히 넘을 것이 빤한데, 어떻게 7매에 중요한 내용까지 다 넣어 정리하란 말이냐. 하지만 별 수 없었다.

　마른침을 몇 번 삼켜 항변은 마음속에 묵새겼다. 잠자코 컴퓨터 앞에 앉아 기사를 쓰기 시작했다. 메모 가운데 핵심적으로 보이는 내용만 골라 적었다. 될 수 있는 대로 준말, 축약적 표현을 사용했다.

　자정 무렵 1차 원고를 마무리하고 원고 매수를 계산해보니 30매였다. 데스크의 엄명이 있었지만 내 나름대로 최선을 다한 결과였다. 살짝 불안한 마음이 들었지만 그래도 당당하게 원고를 데스크에게 내밀었다. 데스크는 기사 본문은 거들떠보지도 않고 종이를 몇 장 넘겨 기사 말미에 적은 원고 매수 숫자만 뚫어지게 쳐다봤다. 원고를 휙 집어던졌다. "다시 써 와. 일곱 매라는 소리는 귓등으로 들었냐?"

나는 바닥에 떨어진 원고를 주섬주섬 주워 다시 책상으로 돌아왔다. 컴퓨터 자판을 두드리는데 손이 부들부들 떨렸다. 책상을 뒤엎어버리고 신문사를 때려치워야겠다는 생각이 폭죽처럼 치밀어 올랐다.

신문사 수습으로서 으레 있을 법한 일에 내가 조금 과도하다 싶게 흥분한 데는 이유가 있었다. 문학청년으로 고등학교와 대학교 때 여러 문학상을 받은 것은 물론이고, 문예지에 제법 긴 논문을 실을 만큼 글깨나 쓴다고 늘 자처하고 있던 터였다.

비록 수습의 몸이긴 하지만, 데스크한테 이런 굴욕을 당해야 하다니. 구겨진 자존심을 감당하기 어려웠다. 분노가 어느 정도 가라앉자 오기가 났다. 그래, 네 말대로 한번 해보자. 까짓것 못할 것도 없지. 30매 원고를 줄이고 또 줄였다. 아무리 줄여도 양적 압축으로는 한계가 있었다. 15매 아래로는 도저히 줄어들지 않았다.

할 수 없었다. 내용 가운데 살려야 할 것과 덜어내야 할 것을 판단했다. 절박하고 엄정한 눈으로 내용의 덩어리를 하나씩 살펴보자 다 중요해 보이던 것 가운데 편차가 나타났다. 꽤 중요한 것과 덜 중요한 것으로. 아까운 생각이 들었지만, 덜 중요한 것을 덜어내기 시작했다.

그렇게 해서 밤을 꼬박 새고 아침이 다 될 무렵에야 10매 아래로 줄어든 원고를 만들 수 있었다. 한편으로는 떨리고 한편으로는 뿌듯한 마음으로 데스크의 책상에 원고를 올려놓았다.

잠시 뒤 데스크가 불러 가보니 종이 위에 온통 빨간 글씨투성이였다. 종이를 던지지 않은 것에 안도하면서 책상 옆에 서서 착한 아이처럼 설명을 들었다. 데스크의 얘기는 한마디로 기사가 횡설수설하고 읽은 뒤 남는 게 없다는 말이었다. 다시 컴퓨터 앞에서 고민이 깊어졌다. 양적 압축의 단계를 거쳐 질적 압축을 시도했는데 이도저도 아닌 괴물을 만든 것이다.

무엇을 중심으로 글을 전개할 것인가. 그 판단이 서 있지 않다보니, 압축하는 기준이 자의적이고 통일성이 없었다. 빨간 글씨는 그 허점을 낱낱이 파헤치고 있었다. 그렇게 가까스로 중심을 잡고 거기에 맞춰 토론회에서 나온 논리와 사실의 덩어리를 재구성했다. 1박 2일의 지난한 과정을 거쳐 빨간 글씨는 사라지고 내 첫 기사는 오케이를 받아 지면에 실릴 수 있었다.

난 이 1박 2일을 통해 글에 대해 전혀 새로운 경험을 했으며 새로운 생각을 갖게 됐다. 중학교 무렵부터 시와 소설을 써온 15년간의 습작 경험에 비해 결코 가볍지 않은 체험이었다. 문학적 글쓰기와는 달랐다. 어떻게 빠른 시간 안에 효과적으로 메시지를 전달할 것인가. 언어의 경제학에 충실한 실용 글쓰기의 세계를 만난 순간이었다. 이 경험을 통해 난 밥값을 하는 기자가 될 수 있었다. 청와대에 행정관으로 들어가 대통령 보고서와 정책 기사를 쓰거나 손질할 수 있었던 것도 그 덕분이었다.

자기소개서, 보도자료, 칼럼, 블로그나
소셜네트워크서비스의 멘션도 기본적으로 에세이라 할 수 있다.
각 장르의 특징은 조금씩 다르다.
그러나 에세이라는 기본 형식은 마찬가지다. 에세이의 기본 형식을 익히고
각 장르별 특징을 이해한다면 결코 어려운 일이 아니다.

3

이제 쓰기 시작하라

피래미 구성법으로 글쓰기

실제1
에세이 쓰기

에세이^{essay}는 미셀러니^{miscellany}와 상대되는 개념이다. 에세이는 중수필로서 시사나 철학적 문제를 논리적·지적으로 접근한다. 미셀러니는 경수필로서 일상의 생활 경험을 감정적·정서적으로 접근한다. 요즘엔 에세이를 미국 대학 진학을 위한 작문으로 이해하는 사람도 많다. 지원 동기, 학습계획, 자기소개 따위의 내용을 담는다. 이것은 학교 입학지원서 가운데 가장 중요한 것으로, 당락을 좌우한다고 한다.

앞서 말한 에세이는 범위를 좁혀 말한 것이다. 에세이를 넓게 말하면 실용 글쓰기 영역 대부분을 포괄한다. 《문학비평용어사전》(국학자료원)은 에세이를 이렇게 정의한다.

"개인의 상념을 자유롭게 표현하거나 한두 가지 주제를 공식적 혹은 비공식적으로 논하는 비허구적 산문 양식. 에세이는 통상 일기·편지·감상문·기행문·소평론 등 광범위한 산문 양식을 포괄하며, 모든 문학 형식 가운데 가장 유연하고 융통성 있는 것 가운데 하나이다."

수필의 뜻도 에세이와 대동소이하다. 《두산백과사전》은 이렇게 설명한다. "수필은 일반적으로 사전에 어떤 계획이 없이 어떠한 형식에 구애받지 않고 자기의 느낌·기분·정서 등을 표현하는 산문 양식의 한 장르이다. 그것은 무형식無形式의 형식을 가진 비교적 짧고 개인적이며 서정적인 특성을 가진 산문이라고 할 수 있다. (중략) 보통 일기·서간·감상문·수상문·기행문 등도 모두 수필에 속하며 소평론小評論도 여기에 포함시킬 수 있다."

보고서, 제안서를 제외한 대부분 글을 에세이(수필)라는 묶음에 넣어도 무방하다. 여기서 언급하지 않은 자기소개서, 보도자료, 칼럼, 블로그나 소셜네트워크서비스SNS의 멘션도 기본적으로 에세이라 할 수 있다. 각 장르의 특징은 조금씩 다르다. 그러나 에세이라는 기본 형식은 마찬가지다. 에세이의 기본 형식을 익히고 각 장르별 특징을 이해한다면 결코 어려운 일이 아니다.

그동안 글쓰기 교육은 각 장르를 별개의 형식으로 생각하고 따로따로 그 방법을 익혔다. 숲을 모르고 나무만 본 꼴이다. 새로운 나무를 볼 때마다 이 나무가 어느 숲의 나무인지부터 따져야 한다. 이제 숲을 먼저 바라보고 각 나무를 살펴보자.

그렇다면 에세이의 기본 형식은 무엇인가? 에세이는 어떤 형식을 특정하지 않는다. 내용과 전달 목적에 맞게 다양한 형식을 구사할 수 있다. 에세이는 피래미 구성법의 모든 방법을 적용할 수 있다. 피래미 구성법으로 어떻게 에세이를 쓸 수 있는지 살펴본 뒤 각 장르의 특징을 알아보는 것이 실제 글쓰기에 도움이 된다.

앞서 스티브 잡스의 스탠퍼드대학 졸업식 축사를 아래와 같이 요약해보았다. 피래미 구성법의 시작, 중간, 마무리 각각 여섯 가지 방법을 거기에 적용해서 다시 써보자.

각 방법에 따라 한 편의 글이 어떻게 달라지는지 주목하라. 그 변화를 이해한다면 에세이 쓰기는 고민할 이유가 없다. 일단 요약문을 일독한 뒤 시작, 중간, 마무리 부분별로 적용해보겠다.

세상에서 가장 훌륭한 대학 중 하나인 이곳에서 대학도 졸업하지 못한 제가 졸업식에 함께하게 돼 영광입니다. 대단한 건 아니지만, 오늘 저는 제 삶에 대해 딱 세 가지만 이야기하겠습니다.

첫 번째는 인생의 연결점에 관한 이야기입니다. 저는 미혼모의 아들로 태어나 가난한 노동자 집안에 입양됐습니다. 17년 후 리드칼리지에 입학했으나 양부모의 평생 모은 재산을 허비할 만큼 큰 가치를 느끼지 못해 6개월 만에 자퇴했습니다. 그 후 저는 자유로운 청강생 신분으로 우연히 서체 강의를 들었고, 이는 10년 후 아름다운 서체를 지원하는 최초의 컴퓨터인 매킨토시 개발에 적용됐습니다. 입양-대학 자퇴-서체 수업-매킨토시 등 인생의 점들을 미리 내다보고 연결할 순 없겠지만, 이런 점들이 어떤 방식으로든 미래로 꼭 이어진다는 것을 믿는다면 여러분의 삶은 바뀔 것입니다.

두 번째는 사랑과 상실에 관한 이야기입니다. 워즈니악과 스무 살에 애플을 시작해 10년 뒤 200억 달러 규모의 기업으로 성장시켰지만, 채용한 경영자와 비전이 어긋나 공개적으로 회사에서 쫓겨나게 되었습니다. 그 후 인생의 방향을 잃고 큰 충격을 받았지만 이로 인해 얼마나 이 일에 대한 열정을 가지고 있었는지 알게 됐고, 초심으로 돌아가 자유롭고 창의적인 능력을 발휘할 수 있게 됐습니다. 그 후 5년 동안 넥스트와 픽사를 창업했고, 애플이 넥스트를 인수하면서 복귀해 현재의 부흥을 이루고 있습니다. 훌륭한 일을 성취할 수 있는 단 한 가지 방법은 자신이 하는 일에 애착을 갖고 사랑하는 것입니다.

세 번째는 죽음에 관한 이야기입니다. 저는 열일곱 살 때 "하루하루를 마지막 날인 것처럼 살아간다면 언젠가는 꼭 성공할 것이다"라는 글에 감동을 받았고 33년 동안 거울 앞에서 "만일 오늘이 내 인생의 마지막 날이라면 오늘 내가 해야 하는 일을 할 것인가?" 스스로 물었습니다. 죽는다는 사실을 기억하는 것은 인생에서 중요한 선택을 할 때 가장 필요한 도구로, 무언가 잃을지도 모른다는 함정에서 벗어나는 가장 좋은 방법입니다. 1년 전 저는 시한부 판정을 받았지만 세포 분석 결과 치료가 가능한 보기 드문 종류의 췌장암으로 판명 나 살아날 수 있었습니다. 이처럼 죽음에 가깝게 다가갔던 경험을 통해 가장 중요한 것은 자신의 마음과 직관을 따르는 용기라는 사실을 알게 됐습니다.

어렸을 때 타자기나 가위, 폴라로이드 카메라로 만든 지금의 구글 같은 《지구 백과》라는 멋진 책이 있었습니다. 그 책은 여러 차례 개정판을 냈고 최종판 뒤표지에 "항상 갈망하라. 우직하게 나아가라"라는 작별 인사가 적혀 있었습니다. 저는 제 자신이 늘 이러기를 바랐으며, 지금 새로운 출발을 앞두고 있는 그대들에게도 같은 소망을 빕니다.

(1) 여섯 가지 방법으로 시작 부분 써보기

① 개요

(앞의 요약문과 동일)

② 정의

세상에서 가장 훌륭한 대학 중 하나인 이곳에서 대학도 졸업하지 못한 제가 졸업식에 함께하게 돼 영광입니다. 제 삶을 관통하는 키워드는 인생의 연결점, 사랑과 상실, 죽음입니다. 여러분에게 오늘 그 얘길 하려고 합니다.

③ 인용

"항상 갈망하라. 우직하게 나아가라." 어렸을 때 《지구 백과》라는 멋진 책에서 본 구절입니다. 여러분에게 오늘 그 얘길 하려고 합니다.

④ 이야기

저는 미혼모의 아들로 태어나 가난한 노동자 집안에 입양됐습니다. 17년 후 리드칼리지에 입학했으나 6개월 만에 자퇴했습니다. 이렇게 대학도 졸업하지 못한 제가 세상에서 가장 훌륭한 대학 중 하나인 이곳에서 여러분 앞에 축사를 하고 있습니다.

⑤ 질문

세상에서 가장 훌륭한 대학 중 하나인 이곳에서 대학도 졸업하지 못한 제가 졸업식에 함께하게 돼 영광입니다. 새로운 시작을 앞둔 여러분들은 앞으로 어떤 삶의 자세로 세상에 나아갈 것인가요?

⑥ 환기

저는 대학도 졸업하지 못했지만 세상에서 가장 훌륭한 대학 중 하나인 이곳에서 축사를 하고 있습니다. 여러분의 삶에서 중요한 것은 결코 대학에서 배울 수 없습니다.

(2) 여섯 가지 방법으로 중간 부분 써보기

① 늘어놓기

(앞의 요약문과 동일)

② 견주기

제 인생은 언제나 빛과 그림자가 교차했습니다. 불행과 행운, 상실과 사랑, 죽음과 삶이 그것들입니다.

불행과 행운이 엇갈렸습니다. 제 불행은 태어나자마자 시작됐습니다. 저는 미혼모의 아들로 태어나 가난한 노동자 집안에 입양됐습니다. (이하 앞의 요약문과 동일)

상실과 사랑이 엇갈렸습니다. 서른 살도 되기 전 큰 상실을 겪어야 했습니다. 워즈니악과 스무 살에 애플을 시작해 10년 뒤 200억 달러 규모의 기업으로 성장시켰지만, 채용한 경영자와 비전이 어긋나 공개적으로 회사에

서 쫓겨나게 됐습니다.(이하 앞의 요약문과 동일)

죽음과 삶이 엇갈렸습니다. 저는 일찍부터 죽음을 생각했습니다. 열일곱 살 때 "하루하루를 마지막 날인 것처럼 살아간다면 언젠가는 꼭 성공할 것이다"라는 글에 감동을 받았고 33년 동안 거울 앞에서 "만일 오늘이 내 인생의 마지막 날이라면 오늘 내가 해야 하는 일을 할 것인가?" 스스로 물었습니다.(이하 앞의 요약문과 동일)

③ 중요도 순서

제 인생에서 가장 중요한 사건은 입양과 자퇴였습니다. 저는 미혼모의 아들로 태어나 가난한 노동자 집안에 입양됐습니다.(이하 앞의 요약문과 동일)

그다음 중요한 사건은 애플의 창업과 해고, 복귀였습니다. 워즈니악과 스무 살에 애플을 시작해 10년 뒤 200억 달러 규모의 기업으로 성장시켰지만, 채용한 경영자와 비전이 어긋나 공개적으로 회사에서 쫓겨나게 되었습니다.(이하 앞의 요약문과 동일)

죽을지도 모른다는 경험이 제 인생을 변화시킨 또 다른 중요한 사건이었습니다. 저는 열일곱 살 때 "하루하루를 마지막 날인 것처럼 살아간다면 언젠가는 꼭 성공할 것이다"라는 글에 감동을 받았고 33년 동안 거울 앞에서 "만일 오늘이 내 인생의 마지막 날이라면 오늘 내가 해야 하는 일을 할 것인가?" 스스로 물었습니다.(이하 앞의 요약문과 동일)

④ 이야기

저는 미혼모의 아들로 태어나 가난한 노동자 집안에 입양됐습니다.(이하

앞의 요약문과 동일)

　워즈니악과 스무 살에 애플을 시작해 10년 뒤 200억 달러 규모의 기업으로 성장시켰지만, 채용한 경영자와 비전이 어긋나 공개적으로 회사에서 쫓겨나게 되었습니다.(이하 앞의 요약문과 동일)

　저는 열일곱 살 때 "하루하루를 마지막 날인 것처럼 살아간다면 언젠가는 꼭 성공할 것이다"라는 글에 감동을 받았고 33년 동안 거울 앞에서 "만일 오늘이 내 인생의 마지막 날이라면 오늘 내가 해야 하는 일을 할 것인가?" 스스로 물었습니다.(이하 앞의 요약문과 동일)

⑤ 문제와 해결

　인생의 순간들은 모래알처럼 흩어지는 것일까요? 불행과 실패는 오로지 불행과 실패로만 이어지는 것일까요? 만일 그렇다면 우리는 오늘의 불행과 실패에 영원히 좌절할 수밖에 없습니다. 과연 그럴까요?

　저는 미혼모의 아들로 태어나 가난한 노동자 집안에 입양됐습니다.(이하 앞의 요약문과 동일) 입양-대학 자퇴-서체 수업-매킨토시 등 인생의 점들을 미리 내다보고 연결할 순 없겠지만, 이런 점들이 어떤 방식으로든 미래로 꼭 이어진다는 것을 믿는다면 여러분의 삶은 바뀔 것입니다. 불행과 실패가 제 인생 최고의 순간을 만들어냈습니다.(이하 앞의 요약문과 동일)

⑥ 논리와 설명

　인생의 순간들은 모래알처럼 흩어지는 것 같지만 지나고 보면 신기하게 연결돼 있습니다. 불행과 실패가 종종 전화위복이 되기도 합니다. 제 삶을 예로 들어보겠습니다. 저는 미혼모의 아들로 태어나 가난한 노동자 집안에 입양됐습니다.(이하 앞의 요약문 동일)

상실의 경험은 자신이 진정 어떤 것을 사랑했는가를 알게 해줍니다. 그것이 제 인생 최고의 사건임을 나중에야 깨닫게 되었습니다. 워즈니악과 스무 살에 애플을 시작해 10년 뒤 200억 달러 규모의 기업으로 성장시켰지만, 채용한 경영자와 비전이 어긋나 공개적으로 회사에서 쫓겨나게 되었습니다.(이하 앞의 요약문 동일)

죽는다는 사실을 기억하는 것은 인생에서 중요한 선택을 할 때 가장 필요한 도구로 무언가 잃을지도 모른다는 함정에서 벗어나는 가장 좋은 방법입니다. 저는 열일곱 살 때 "하루하루를 마지막 날인 것처럼 살아간다면 언젠가는 꼭 성공할 것이다"라는 글에 감동을 받았고 33년 동안 거울 앞에서 "만일 오늘이 내 인생의 마지막 날이라면 오늘 내가 해야 하는 일을 할 것인가?" 스스로 물었습니다. 1년 전 저는 시한부 판정을 받았지만 세포 분석 결과 치료가 가능한 보기 드문 종류의 췌장암으로 판명 나 살아날 수 있었습니다. 이처럼 죽음에 가깝게 다가갔던 경험을 통해 가장 중요한 것은 자신의 마음과 직관을 따르는 용기라는 사실을 알게 됐습니다.

(3) 여섯 가지 방법으로 마무리 부분 써보기

① 해법과 대안

어렸을 때 타자기나 가위, 폴라로이드 카메라로 만든 지금의 구글 같은 《지구 백과》라는 멋진 책이 있었습니다. 그 책은 여러 차례 개정판을 냈고 최종판 뒤표지에 "항상 갈망하라. 우직하게 나아가라"라는 작별 인사가 적혀 있었습니다. 이 말처럼 여러분이 의미 있는 삶을 사는 길은 안주하지 않고 실패를 두려워하지 않는 것입니다.

② 의견과 의지

(앞의 요약문과 동일) 저는 제 자신이 늘 이러기를 바랐으며, 지금 새로운 출발을 앞두고 있는 그대들에게도 이런 정신이 필요하지 않을까 생각합니다.

③ 요구와 요청

(앞의 요약문과 동일)

④ 인용과 비유

(앞의 요약문과 동일)

⑤ 질문과 반전

(앞의 요약문과 동일) 저는 제 자신이 늘 이러기를 바랐습니다. 지금 새로운 출발을 앞두고 있는 그대들은 어떤 길을 가려 합니까?

⑥ 여운과 생략

어렸을 때 타자기나 가위, 폴라로이드 카메라로 만든 지금의 구글 같은 《지구 백과》라는 멋진 책이 있었습니다. 1970년대 중반 제가 여러분의 나이였을 때 최종판이 나왔는데 그 뒤표지에 "항상 갈망하라. 우직하게 나아가라"라는 작별 인사가 적혀 있었습니다. 모험심이 가득한 사람이라면 히치하이킹을 하고 싶을 만한 아침 시골길과 함께.

피래미 구성법으로 잡스의 축사 요약문을 다양하게 다시 써보았다. 한 편의 글을 이렇게 다양하게 전개할 수가 있다. 그럼 이제 이것을 실제 에세이 쓰기에 적용해보자. 자전거를 소재로 짧은 에세이를 쓴다고 한다면 이렇게 하면 된다. 시작 부분부터 살펴보자.

① 개요: 자전거에 얽힌 이야기다.
② 정의: 자전거를 타면 새로운 세상이 보인다.
③ 인용: 카피라이터 박웅현은 '그녀의 자전거가 내 가슴속으로 들어왔다'라는 광고 카피를 만들어냈다. 내게도 자전거가 가슴속에 들어온 일이 생겼다.
④ 이야기: 자전거를 한 대 장만했다.
⑤ 질문: 자전거는 내 생활을 어떻게 바꿔놨을까?
⑥ 환기: 자전거는 두 바퀴로 달리는 운송수단에 불과할까?

이렇게 여섯 가지 방법으로 시작할 수 있다. 그다음 중간과 마무리 부분을 이렇게 이어본다.

까까머리 중학생 때 시오 리 통학 길을 오가기 위해 자전거를 탔다. 그 후 30년 만에 자전거를 갖게 된 것이다.

이번 주 월요일 온라인 쇼핑몰에 들어가 주문했는데 수요일 도착했다. 목요일 아침 반조립 상태로 온 자전거를 이리저리 맞췄다. 아파트 단지를 한 바퀴 돌았다.

오늘 일산 대화역에서 점심 약속이 잡혀 자전거를 타고 거기까지 달려갔다. 페달을 밟는 속도에 따라 한꺼번에 밀려드는 봄 햇살, 봄 내음. 김수영의 시에서 그랬던가. '온몸으로 밀고 나아간다.' 정확히 기억나진 않지만 자전거를 타면서 그 구절이 자연스럽게 떠올랐다.

자동차를 타고 다니며 그동안 땅의 높낮이를 잊었다. 자동차에 맞춰진 높이만 보았다. 자전거 안장의 높이에서 바라보는 찻길 주변의 풍경이 처음 보는 것처럼 새롭다. 자전거의 속도에서만 오감五感을 허락하는 풍경, 냄새, 소리, 바람을 만났다.

대화역까지 왕복 1시간의 짧은 거리를 오가면서 그동안 보지 못했던 세상을 본 것만 같다. 다리로부터 전해져오는 뻑뻑한 근육통과 함께 자전거 페달을 밟아 앞으로 나아가듯 온몸으로 내 삶을 밀고 나아갈 수 있다는 설렘을 갖게 됐다. 앞으로 자전거를 타면 새로운 세상이 가슴속으로 들어올 것만 같다. 자전거를 타며 새로운 세상 속을 달린다.

어떤 방법으로 시작하든 중간과 마무리에 모두 어울린다. 중간과 마무리 역시 다양하게 바꿔 쓸 수 있다. 직접 해보면 좋을 것이다. 에세이의 특성상 중간과 마무리는 어떤 것이 와도 좋다. 다만 전체 글의 흐름이나 의도에 맞아야 한다.

에세이의 소재는 사람, 사물, 상황, 개념의 네 가지로 집중된다. 앞서 든

예문들의 소재를 분류해보면 다음과 같다.

① 사람: 스탠퍼드대학 졸업식 축사, 자기소개서 전체, 〈청년들아 나를 딛고 오르거라-얼음골 스승과 허준〉, 〈여섯 살 먹은 내 아들은 일자리를 구해야 한다〉, 〈피가지변〉, 〈당신이 모르는 당신을 그립니다, 내 이름은 알리스 닐〉
② 사물: 〈복리의 힘〉, 〈혓바닥 있어요? 돼지발톱은요?〉, 〈우리를 슬프게 하는 것들〉, 〈두 개의 종소리〉
③ 상황: 〈나의 사랑하는 생활〉, 〈나의 취미는〉, 〈좀비 거짓말〉, 〈태블릿이 고객의 주문을 받을 수 있을까〉, 〈아르바이트가 '스펙'이다〉, 〈긍정의 종교〉, 〈여름징역살이〉, 〈우김질〉, 〈종로구 창신동 쪽 방촌 일대 회색벽 '벽화'로 재탄생〉, 〈진부령/민통선의 봄은 오지 않고〉, 〈사바스에서 길러지는 창의력〉, 〈나는 왜 불행? 부자동네에 자살이 많은 이유〉
④ 개념: 〈수필〉, 〈순례〉, 〈무소유〉, 〈아름다운 여자〉, 〈길을 보는 것은 나를 보는 것〉, 〈글짓기 집짓기〉, 〈지체와 기다림〉, 〈오해〉

이제 에세이에 속하는 각 장르의 특징을 살펴보고 글쓰기에 도움이 되는 팁^{tip}들을 살펴보기로 하자.

(1) 일기

일기는 사적인 일기와 기록으로서의 일기로 나눌 수 있다. 사적인 일기는 독자를 염두에 두고 쓰지 않는다. 오직 나만을 위한 기록이다. 기록으로서의 일기는 일정한 테두리의 조직을 위해 독자를 의식하며 쓴다. 사적인 일기의 경우 반복되는 일상 속에서 새로운 글감, 참신한 시각을 갖기가 쉽지 않다. 일기 쓰기에 지치거나 포기하는 이유가 여기에 있다.

이 반복의 악순환을 벗어나려면 의식적으로 소재를 바꾸는 것이 좋다. 월요일은 경험한 사건을, 화요일은 만난 사람을, 수요일은 날씨와 계절을, 목요일은 책이나 영화나 드라마를, 금요일은 관찰한 것을, 주말은 놀러간 곳을 중심으로. 이런 식으로 일기를 쓰면 삶의 다양한 내용을 담을 수 있다. 일기에선 설명보다는 묘사하는 방식이 더 어울린다.

자신이 경험한 에피소드가 반드시 들어가는 것이 좋다. 그 에피소드에 대한 주관적 느낌과 정서를 잘 표현해야 한다. 기록으로서의 일기는 써야 할 항목과 범주를 잘 설정하고 거기에 빠짐없이 내용을 적으면 된다. 다음은 내가 페이스북에 일기 형식으로 쓴 글이다.

오늘 가족 월례 모임을 마쳤다. 올해부터 매월 마지막째 주 토요일 저녁에 모임을 갖고 있다. 모임이 있는 날을 기억했다 알리는 역할은 막둥이가 맡았다. 큰딸은 사회, 나와 아내는 마실 것을 담당하기로 했다.

돌아가면서 한 달 동안 각자 어떻게 살았는지 이야기한다. 그리고 서로에게 하고 싶은 말을 나눈다.

큰딸은 오글거린다면서도 자신의 고민 한 자락을 슬며시 내놓는다. 모두 그 고민을 따뜻하게 품어 안는다. 막둥이는 똑소리가 나게 자기 생각을 또박또박 밝힌다. 아내는 새로 시작한 공부방 일이 뜻대로 풀려가지 않지만 그 과정을 통해 배운 것이 적지 않다고 힘을 낸다. 난 술자리가 너무 잦아 가족과 함께하지 못했다고 반성을 한다. 큰딸이 지난달에도 아빠가 그 얘 길 했다고 일러준다. '난 왜 이렇게 안 변하니?'

얘기를 두런두런 나누고 보드게임 할리갈리를 한다. 두 판 모두 막둥이 승. 이기든 지든 모두 배꼽이 빠진다. 토요일 밤이 이렇게 깊어간다.

* 앞의 일기에서 시작, 중간, 마무리가 각각 어떤 방법으로 쓰였는지 살펴보고 그 방법에 따라 아래에 짤막한 일기를 써보세요.

시작

중간

마무리

(2) 편지

편지는 구체적 대상이 있는 글이다. 편지를 받는 사람에 대한 예의, 친근감, 진정성이 잘 나타나야 한다. 그렇다고 거기에만 파묻혀선 안 된다. 용건을 잘 드러내야 한다. 편지를 쓴 목적을 분명히 할 필요가 있다. 딱딱한 문어체를 사용하는 것은 좋지 않다. 상대방이 지금 내 앞에 있다고 생각하고 말하듯 써야 한다.

여기서 조심해야 한다. 말하듯 써야 한다고 해서 아무 얘기나 하면 안 된다. 만나서 이야기를 나눌 때엔 서로의 표정을 살필 수 있다. 다소 거친 말도 표정을 통해 거부감을 누그러뜨릴 수 있다. 상대방의 오해를 살 만한 말을 했을 때엔 표정을 보고 곧바로 해명할 수 있다. 편지는 그렇게 할 수가 없다. 보내면 끝이다. 거친 말, 오해를 살 만한 말이 없는지 퇴고 과정에서 걸러내야 한다.

다음은 귀농한 여성이 도시의 생협 소비자들에게 보내는 편지다.

한살림 소비자 여러분, 안녕하세요. 문경에서 농사를 짓는 안보리입니다. 오늘은 우리 집 감자농사 이야기를 들려드릴게요.

지난주 밭에서 감자 줄기를 뽑아내고 파보니 주먹만 한 감자 대여섯 개가 몸집을 드러냅니다. 참 신기합니다. 흙 외에는 아무것도 보이지 않는데 무엇이 감자를 그렇게 키워냈을까요? 씨감자를 몇 박스밖에 심지 않았는데 다 캐고 보니 백 박스 넘게 나온 것 같네요.

땅에게 감사의 인사를 드렸습니다. 심어놓고 풀도 잘 안 매었고, 가끔 들여다보고 꽃 피면 꽃 따준 일밖에 한 일이 없는데 어쩜 그리 탐스러운 열매를 많이도 주셨는지. 신기하고 감사하기만 하네요. 어머니가 그러시대요. "땅은 거짓말을 안 해, 사람이 거짓말을 하지."

올 봄부터 저희 집에는 큰 변화가 찾아왔습니다. 6년 동안 주업이던 비닐하우스 농사를 접고, 이제 밖으로 나와 논밭농사를 벌였습니다. 첫해 치고는 농사 규모가 상당히 커졌습니다. 부칠 논밭이 자꾸 생기더라고요. 그래서 논 여덟 마지기에, 늙은호박 이천오백 평, 단호박 천 평, 콩 천오백 평, 감자 이백 평, 고추, 감자, 고구마, 들깨 따위를 심어 먹을 밭이 서너 군데나 더 생겼습니다. 이른 봄부터 지금까지 쉼 없이 밭을 일궈서 심고 있습니다.

감자 수확을 시작으로 이제 수확만 남은 건가요? 왠지 가슴이 떨리네요. 아직 장마와 태풍이 남아 있어서 대풍을 장담할 순 없지만 가슴은 뿌듯합니다. 5월 26일 밭에 심은 단호박이 벌써 꽃을 피우고 열매를 주렁주렁 맺었습니다. 8월 초쯤이면 이제 어른 호박이 되어 여러 사람들의 식탁으로 올라가겠지요.

살다가 느닷없이 찾아오는 '변화'를 내 삶으로 기꺼이 받아들이기까지 7년여의 오랜 세월이 걸린 듯합니다. 1998년에 도시생활을 접고 시골로 올 때는 아주 단순한 생각이었습니다. '죽은 콘크리트 안에서가 아닌 살아 있는 자연 속에서 내 아이와 가족이 살 수 있다면 기꺼이 따라가리라.' 아이를 낳고 키우고 남편을 도와 농사로 생계를 꾸리며 시골생활의 7년이 '휘익' 지나가고 말았네요.

그 세월 동안 제 직업은 농사꾼이 아닌 주부였습니다. 바깥보다는 집 안에서 지내는 시간이 더 많았지요. 텃밭 가꾸는 일도 어머님의 몫으로 돌렸구요. 몸은 시골에 있었지만 마음은 도시에 있었다고나 할까요? 분명 의미 있는 시간이었지만 제 속에는 뭔가 채워지지 않는 목마름이 있었습니다.

다시 서울로 올라갈까 하는 고민의 시간도 있었지요. 하지만 지금은 제 삶에 즐거운 변화가 밀려오고 있습니다. 집 안에 있는 것보다 밭에 있는 게 마음이 편하네요. 집에서 불편했던 심기도 밭에 있으면 많이 누그러지곤 합니다. 자연이 절 순화시키고 있나 봅니다. 흙을 만지다 지렁이가 여러 마리 나오면 징그러운 생각보다 흙이 살아 있는 증거라는 생각에 흐뭇한 마음까지 들더라구요.

여러분도 한번 즐거운 '변화'에 빠져보시겠습니까?

* 앞의 편지에서 시작, 중간, 마무리가 각각 어떤 방법으로 쓰였는지 살펴보고 그 방법에 따라 아래에 짤막한 편지를 써보세요.

시작

중간

마무리

(3) 감상문

감상문은 생활 속에서 얻은 감상과 생각을 표현하는 글이다. 요즘 블로그나 SNS에 등장하는 글 대부분이 감상문에 해당한다. 좋은 감상문을 쓰려면 '3찰'이 필요하다. 관찰, 통찰, 성찰. 사람과 상황에 대해 깊이 관찰한다. 이를 통해 다른 사람들이 미처 도달하지 못한 부분을 발견한다. 사람과 상황의 관찰을 통해 발견한 것들을 나에게 돌려 성찰의 깊이를 더한다.

감상문은 선경후정先景後情 기법을 쓰는 것이 좋다. 이는 원래 한시에서 즐겨 쓰던 작시법이다. 먼저 경치를 묘사한 뒤 나중에 지은이의 감정을 드러낸다는 뜻이다. 선경후정은 지금도 효과적인 글쓰기 방법이다. 자신의 감정과 생각을 직접 드러내기보다 사람과 상황을 생생하게 묘사함으로써 효과를 거둘 수 있다. 작게 시작해서 크게 끝나야 좋다.

다음은 농부 김용달이 〈느티나무통신〉에 발표한 글 '기적 아침에 눈을 뜨는 것'의 전문이다.

이제 막 말귀를 알아듣기 시작한 어린 아이들 중에 하루를 재미있게 보내고 있는 아이들은 쉽게 잠자리에 들려고 하지 않는 것을 자주 볼 수 있습니다. 어른들이 아무리 열심히 설득을 해도 그 아이들은 막무가내로 떼를 쓰며 자지 않겠다고 하는 경우가 허다합니다. 어렵게 설득을 해서 잠자리에 누이자마자 곧장 잠에 빠지지만 말입니다.

어른들의 경우는 어떨까요? 일정한 시간이 되면 자동으로 졸음이 오거나, 아니면 잠이 오지 않는데도 마음에 정해둔 시간이 되었으니 자러 가야되겠다고 하면서 잠자리에 눕게 되지는 않나요?

그렇다면 잠을 마다하는 아이들과 스스로 알아서 잠자리를 찾아가는 어른들은 어떤 차이가 있는 걸까요? 저는 어른들은 오늘이 지나면 또 다른 오늘인 내일이 올 거라는 것을 경험을 통해 미루어 짐작하기 때문이고, 하루를 즐겁게 보내고 있는 아이들의 경우는 지금 누리고 있는 이 즐거움이 또 다른 오늘인 내일까지 이어지지 않을지도 모른다는 생각을 하는 거라고 봅니다.

내일이라고 부르지만 한 번도 내일을 만난 적은 없고 그저 늘 오늘만 있는데도 어른들은 내일이 있다고 가정해두고 오늘의 행복을 미루어 버릇합니다. 하지만 아이들은 오늘의 행복을 미루는 일을 참으로 힘들어합니다. 부모나 다른 어른들과 오랜 실랑이를 한 끝에 마지못해 잠자리에 드는 아이들이 어른들은 참으로 야속하기만 합니다.

'아이들과 같지 않고는 하늘나라에 갈 수 없다'고 말씀하신 예수의 가르침이 바로 이것을 말하는 게 아닐까요? 아이들은 어른들이 내일이라고 부르는 또 다른 오늘이 없다는 것을 알고 있습니다. 그래서 오늘의 행복을 유보하면서까지 일찍 잠자리에 드는 어리석음을 저지르려 하지 않는 거라고 저는 생각합니다. 하지만 어른들은 늘 하루하루가 당연히 반복될 것이라는 생각에 오늘의 행복을 미루어두는 짓을 아무렇지도 않게 합니다. 심지어 내일을 위해 오늘 누릴 수 있는 행복을 포기하라고 남에게 강요하기까지 합니다.

우리가 아무렇지도 않게 생각하는, 오늘이 가면 당연히 내일이 오는 일은 어찌 보면 우리에게 일어나는 엄청난 기적일지도 모른다는 생각은 안 해보셨나요? 잠자리에 든 채로 영원히 깨어나지 않을 수도 있다는 생각을 못한다면 당연히 아침에 눈을 뜰 수 있는 일이 기적이라는 생각은 안 합니다. 하지만 우리가 자주 인용하는 말 중에 '오늘은 어제 죽은 사람이 그렇게 살고 싶어 하던 그의 내일입니다' 하는 말에서도 알 수 있듯이 잠자리에서 눈을 떠 새로운 오늘을 맞는 일은 우리에게 주어지는 엄청난 기적입니다.

* 앞의 감상문에서 시작, 중간, 마무리가 각각 어떤 방법으로 쓰였는지 살펴보고 그 방법에 따라 아래에 짤막한 감상문을 써보세요.

시작

중간

마무리

(4) 칼럼이나 논설문

칼럼이나 논설문은 시의성이 생명이다. 여론과 시류에서 벗어나선 곤란하다. 사람들의 관심이 집중된 곳을 겨냥해야 한다. 물론 새로운 패러다임을 펼치기 위해 여론과 시류를 뛰어넘을 수도 있다. 칼럼이나 논설문은 한 가지 주장을 내세워도 보편타당해야 한다. 의도적으로 치우친 주장을 한다면 공감을 얻을 수 없다. 논지에 합당한 분명한 근거를 제시해야 한다. 무엇보다 읽는 사람의 마음을 움직여야 한다. 다음은 〈한겨레〉에 실린 일지암 암주 법인스님의 칼럼 '삼천배 엄마, 기러기 아빠'(2013년 11월 15일자)다.

"정말로 숨 막히는 세상이다."

수능이 끝난 다음 날, 엄마와 함께 고등학생 아들 둘을 미국에 4년째 유학 보낸 50대 초반의 아빠가 유서를 남기고 자살했다. 일거리가 끊겨 학비를 보내지 못하는 경제적 고통과 함께 홀로 남아 있는 외로움을 견디지 못하고 '미안하다. 너희들은 아버지처럼 살지 말라'는 말을 남기고 세상의 인연을 접었다. 기사를 보며 생각했다. 미안하다니, 아비가 왜 미안해야 하지? 아비는 오로지 자녀를 위하여 외로움과 힘든 노동을 감내하며 '사랑' 하나로 헌신했는데 말이다. 아버지처럼 살지 말라니, 이 또한 자녀에 대한 헌신과 사랑으로 자신이 선택한 삶의 방식인데 말이다. 이 기묘한 모순. 이 단순하면서 난해하기만 한 우리 시대의 화두.

내가 수능시험 당일 삼천배 하는 엄마의 모습과 세상을 떠난 기러기 아빠를 동시에 떠올린 것은 사랑에 대한 공감과 모순 때문이다. 자녀의 성공과 행복을 위하여 무한량의 사랑으로 헌신하는 부모, 자식의 성공이 곧 자신의 성공이라고 믿는 부모는 우리 시대의 보편적 모습이다.

그런데 말이다. 사랑하면 행복해야 하지 않는가. 그것도 사랑을 주고 사랑을 받는 모두가 행복해야 진정한 행복이고 사랑이지 않는가. 어느 한쪽만이 행복하기만 하다면 이건 진정한 행복도 진정한 사랑도 아니다. 부모는 '지금 여기'에서 행복한 꿈을 꾸지 못하고 미래의 성공을 위해 입시에 숨막히는 자녀를 바라보아야 하고, 자녀는 자녀의 성공을 위해 자신의 '꿈'을 접는 아빠 엄마를 바라보아야 하는, 서로의 힘겨운 시선과 배치. 결론은 역시 모두가 행복하지 않은 것이다.

이른바 우리 사회의 기러기 가족은 모두 오로지 '사랑'하기 때문에 자녀의 성공과 행복을 위하여 희생한다고 한다. 행복하게 살려면 성공해야 하고 성공하려면 '돈'이 반드시 뒷받침되어야 한다. 그러므로 결론은 부모가 돈을 생산해내지 못하면 자녀는 성공할 수 없고, 성공하지 못하면 자녀는 행복하지 못하고, 자녀가 성공하지 못하면 결국 부모의 인생은 실패한 일생이 되고 만다. 내가 논리적 비약이 지나친가? 아니다. 자본이 엮어내는 우리 시대의 고통과 불행의 윤회는 일생을 두고 이렇게 매일 진행된다. 이제 우리는 현실에서 이 불온한 윤회를 끊어내고 진정한 사랑과 행복을 회복하는 해탈을 이루어야 한다.

그렇다면 윤회를 벗어나 해탈하는 방법은 무엇인가. 그것은 사랑과 행복이라는 말에 정확한 수식어를 부여하는 일이다. 사랑하는 법은 이런 것이고 행복은 이런 것이라는 것을 구체적으로 서술하는 일이다. 그럼 시인의 입을 빌려 사랑과 행복을 서술해보자.

"내가 부모로서 해줄 것은 단 세 가지였다./ 첫째는 내 아이가 자연의 대지를 딛고/ 동무들과 맘껏 뛰놀고 맘껏 잠자고 맘껏 해보며/ 그 속에서 고유한 자기 개성을 찾아갈 수 있도록/ 자유로운 공기 속에 놓아두는 일이다/ 둘째로 '안 되는 일은 안 된다'를 새겨주는 일이다/ 살생을 해서는 안 되고/ 약자를 괴롭혀서는 안 되고/ 물자를 낭비해서는 안 되고/ 거짓에 침묵동조해서는 안 된다/ 안 되는 것은 안 된다!는 것을/ 뼛속 깊이 새겨주는 일이다/ 셋째는 평생 가는 좋은 습관을 물려주는 일이다/ 자기 앞가림은 자기 스스로 해나가는 습관과/ 채식 위주로 뭐든 잘 먹고 많이 걷는 몸생활과/ 늘 정돈된 몸가짐으로 예의를 지키는 습관과/ 아름다움을 가려보고 감동할 줄 아는 능력과/ 책을 읽고 일기를 쓰고 홀로 고요히 머무는 습관과/ 우애와 환대로 많이 웃는 습관을 물려주는 일이다."(박노해, 〈부모로서 해줄 단 세 가지〉 중에서)

* 앞의 칼럼에서 시작, 중간, 마무리가 각각 어떤 방법으로 쓰였는지 살펴보고 그 방법에 따라 아래에 짤막한 칼럼을 써보세요.

시작

중간

마무리

(5) 기행문

기행문은 가볍고 부드럽게 쓰는 글이다. 너무 정색을 하고 쓰면 독자는 읽다가 그만두고 만다. 여행을 떠나는 느낌이 물씬 묻어나는 게 좋다. 기행문은 시작도 중간도 이야기 방법으로 이어가는 것이 일반적이다. 그 속에 여행 코스가 여정별로 생생하게 나타나도록 한다. 특별한 문학적 장치를 하지 않는다면 실제로 다닌 순서대로 글을 정리하는 것이 쓰기 편하고 읽기 쉽다. 여정별로 아예 소제목을 달아 구분하는 것도 한 방법이다. 풍경과 사람을 묘사할 때도 여행의 설렘과 즐거움이 느껴져야 한다. 설렘과 즐거움의 눈으로 본다면 다른 표현이 나올 수밖에 없다.

발랄한 느낌만 전달하면 자칫 유치해진다. 여행을 떠난 나그네가 느끼는 낯섦, 쓸쓸함, 그리움, 즉 객창감客窓感이 배어나야 글맛이 깊어진다. 그 지방의 풍물, 문화, 전설 따위를 양념처럼 잘 버무려 넣으면 교양적 즐거움까지 선사할 수 있다. 그러나 금도가 필요하다. 학술논문처럼 접근하면 안 된다. 전문지식을 자랑하듯 늘어놓아선 오히려 반감을 사기 쉽다.

다음은 내가 도법 스님과 뉴욕 컨퍼런스에 참여한 뒤 잡지 〈세계일화〉에 발표한 글 '뉴욕에서 세계 참여종교인과 소통하다'이다.

지난해 늦가을 한 통의 메일이 뉴욕에서 날아왔다. 뉴욕 유니온신학대학원에서 박사과정을 밟고 있는 정경일 씨였다. 정 박사(최근 박사학위를 받았다)는 유니온신학대학원이 주최하는 2013년 봄 '국제 불교 기독교 컨퍼런스-깨달음과 해방: 참여불교인과 해방신학자의 대화'를 열 예정이라며 도법 스님을 공식 초청한다는 소식을 전해왔다.

한 차례 영국을 다녀온 것 외에 해외 경험이 거의 없는 도법 스님은 처음엔 많이 주저하셨다. 그러나 이번 기회에 한국의 참여불교를 국제적으로 알릴 수 있는 좋은 기회라고 설득드리자 어렵게 승낙하셨다. 이렇게 해서 도법 스님과 나의 뉴욕 방문이 시작됐다.

4월 16일 뉴욕 JFK 공항에 도착해 택시를 잡아타고 곧바로 브로드웨이에 있는 유니온신학대학원으로 향했다. 차창을 통해 본 뉴욕 풍경은 예상했던 것과 달랐다. 마천루가 하늘을 찌를 듯이 키 재기 싸움을 하는 도시로 생각했는데, 뉴욕은 아주 오래되고 낮은 건물들이 적절한 공간을 차지하며 안정감 있게 자리 잡은 낡은 도시였다.

유니온 역시 지은 지 백 년은 족히 넘어 보이는 육중한 석조 건물이었다. 6층 높이의 건물이 'ㅁ'자 형으로 이어졌고 그 안에 작지만 짜임새 있게 꾸민 캠퍼스가 자리 잡았다. 그 옆엔 아름다운 고딕 양식의 리버사이드 교회가 서 있고 리버사이드 공원 옆으로 허드슨 강이 흘렀다.

도법 스님과 나는 유니온 내부에 있는 게스트하우스에 묵으며 아침 9시부터 저녁 9시까지 하루 열두 시간 넘게 강행군을 이어갔다. 컨퍼런스에 발표자로, 토론 패널로, 참석자로 참여했다. 컨퍼런스의 키워드는 '고통'이었다. 경제적 격차, 전쟁과 폭력, 성, 인종주의로 인해 발생하는 사회적 고통에 대해 종교는 무엇을 해야 하고 무엇을 할 수 있을 것인가가 세계적 종교인들의 경험과 지혜 속에서 연찬됐다. 도법 스님은 19일 참여불교 동서양의 대화 토론 패널로 참여하기도 했고 '나의 불교수행, 화엄세계관과 생명평화운동'이란 타이틀로 대중연설을 했다.

폴 니터(유니온신학대학원 석좌교수), 울리히 두호로프(하이델베르크대학 석좌교

수), 법륜 스님(정토회 지도법사), 혜민 스님(뉴햄프셔대 교수) 등과의 언론 대담도 잇달아 진행됐다. 컨퍼런스 일정을 마친 뒤 링컨센터에서 뉴욕 필하모닉 연주를, 브로드웨이에서 〈오페라의 유령〉을 감상했다. 메트로폴리탄뮤지엄에서 세계의 대표적 유물과 고흐, 고갱, 세잔 등 인상파 특별전을 관람했다. 말할 수 없이 큰 감동을 받았다.

원불교의 미주 포교를 위한 명상 및 숙박 시설인 원달마센터, 천주교를 바탕으로 한 도농공동체인 제네시스팜을 방문했고, 유대교와 힌두교의 시설을 방문해 관계자와 만남을 가졌다. 9.11 테러 현장인 그라운드제로를 방문해 억울한 영혼을 달래는 기도도 올렸다.

이번 행사를 통해 세계 종교 지도자들은 한국 불교에 선불교 외에 참여불교란 또 하나의 기둥이 우뚝 서 있다는 사실을 분명히 인식했다. 이런 국제적 공감대가 앞으로 더욱 확산되고 심화되길 돌아오는 비행기 속에서 서원해보았다.

* 앞의 기행문에서 시작, 중간, 마무리가 각각 어떤 방법으로 쓰였는지 살펴보고 그 방법에 따라 아래에 짤막한 기행문을 써보세요.

시작

중간

마무리

(6) 리뷰

리뷰는 서평, 영화평, 드라마평, 공연평을 모두 가리킨다. 리뷰는 본격적인 평론이 아니다. 이 점을 분명하게 명심할 필요가 있다. 명심해도 쓰다보면 욕심이 생겨 본격적인 평론으로 자꾸 빠지려 한다. 그렇게 되면 리뷰가 갖고 있는 재연의 즐거움과 교양적 재미는 사라진다. 감당할 수 없는 분석과 논리에서 헤매다 이도저도 아닌 글을 만들기 십상이다.

리뷰는 각도를 잘 잡는 것이 관건이다. 인물, 사건, 콘셉트, 트렌드, 비교 가운데 하나를 골라 그것을 중심으로 주요 내용을 짠다. 나머지는 욕심 내지 말고 부록처럼 간단하게 붙인다. 자신만의 독특한 문체와 남다른 통찰력이 더해진다면 리뷰어로서도 인정받을 수 있다.

다음은 내가 〈충청리뷰〉에 발표한 영화평 '절망에 대한 두 개의 변주곡-밀양, 그리고 세븐데이즈'다.

최근 두 편의 영화를 봤습니다. 〈밀양〉(이창동 감독)과 〈세븐데이즈〉(원신연 감독). 공교롭게도 두 영화는 모두 유괴 사건을 플롯 전개의 주재료로 삼고 있습니다. 주인공이 아이 하나를 키우는 홀어미라는 사실, 그녀들이 처한 상황을 헌신적으로 도와주는 건달기가 다분한 남자가 있다는 설정도 같습니다. 그러나 유괴를 당한 절망적 상황에 대처하는 신애, 지연 두 여주인공의 대응 방식은 그들의 직업만큼 정반대라고 말할 수 있을 정도로 다릅니다.

먼저 〈밀양〉입니다. 남편을 잃은 신애(전도연 분)는 외아들 준을 데리고 남편의 고향 밀양으로 내려옵니다. 피아노 학원을 차리고, 아주 잠시 동안 아스라한 행복이 이 쓸쓸한 모자에게도 깃드는가 싶습니다. 그러나 어느 날

신애의 밤늦은 귀가 후 준이 사라지면서 이들의 행복은 산산조각이 나버리고 맙니다. 우악스런 손아귀 속에서 부서지는 잠자리 날개처럼 말입니다.

준이 누군가에 의해 유괴를 당한 것입니다. 신애는 오직 아들을 구해야 한다는 절박감과 절망에 사로잡힙니다. 악령의 주술에 걸려들어 실성한 여자가 이와 같을까요. 육체는 자신의 것이되 영혼과 사고는 이미 전화기 너머 들려오는 목소리 주인의 것이 됩니다.

신애는 유괴범의 요구에 따라 경찰에 알리지도 않고 갖고 있던 돈을 모두 인출해 유괴범이 지정한 장소에 갖다놓습니다. 유괴범은 돈을 받고도 끝내 준을 돌려주지 않습니다. 결국 신애가 그렇게 애타게 찾던 아들은 싸늘한 시체가 돼서야 엄마의 품에 안깁니다.

슬픔이 감당할 엄두조차 낼 수 없을 만큼 크면 울음도 토해낼 수 없는가 봅니다. 화장터에서 아들의 육체가 잿더미로 타버리는 순간에 신애는 심중에 갇힌 통곡을 쏟아내지 못합니다. 그 후로 삼킬 수도, 토할 수도 없는 울음을 꺽꺽거리며 신애는 하루하루 시간에 질질 끌려 다닙니다. 사망 신고를 접수하고서야 신애의 울음은 조금씩 그 꺽꺽거림과 함께 빼져나옵니다.

신애가 교회를 찾아간 것은 어쩌면 유일한 출구였는지 모릅니다. 이미 살아온 상처가 너무 깊어 보이는 신애에게 아들의 죽음은 사람의 힘으로 감당하거나 극복할 수 있는 절망이 아니었습니다.

그러나 신애는 유괴범을 용서하기 위해 유괴범을 면회하러 간 자리에서 자신이 매달리고 있는 신앙의 밑바닥을 만나고 맙니다. 유괴범은 하느님께 자신의 죄를 회개하자 하느님이 용서했다고 천연덕스럽게 말합니다. 용서라니? 아들을 살해당한 엄마가 아직 용서하지 않았는데 어떻게 하느님이 먼저 용서를 할 수 있다는 말인가?

신애는 인간에게 구원을 주는 교회는 지상 어디에도 없다는 진실을 고통스럽게 만납니다. 자신을 전도한 교회 집사 남편을 유혹하고 자신을 위해 철야기도를 올리는 집 유리 창문에 돌을 던져 분풀이를 해보지만 부질없는 일이었습니다. 신애의 고통은 장시간 수술용 몰핀 주사를 맞고 잊혀졌다 깨어난 것처럼 끝내 혼자서 감내하지 않으면 안 되는 것이었습니다. 다만 신애의 곁에, 우리나라의 여느 지방과 다를 바 없는 밀양이라는 쓸쓸한 소읍처럼 종찬(송강호 분)이라는 카센터 주인 남자가 늘 지켜 서 있다는 사실이 작은 위안이 될 뿐입니다.

〈세븐데이즈〉의 지연(김윤진 분)은 신애의 대척점에 서 있습니다. '사상 최악의 협상극'이라는 영화 카피처럼 절망 속에서도 자신의 모든 능력을 동원해 딸 은영의 유괴 문제를 풀어냅니다. 모처럼 찾아간 딸의 학교 운동회 날. 지연은 딸의 바람처럼 어머니 달리기 경주에서 1등을 하지만 은영은 자취도 없이 사라지고 맙니다.

그리고 한참 뒤 걸려온 유괴범의 전화. 일주일 안으로 사형 판결이 거의 확정적인 살인범 정철진의 무죄를 입증하면 딸을 풀어주겠다는 협상 조건을 제시합니다. 〈밀양〉의 신애는 그녀의 남루한 처지를 감추기 위한 거짓말이 유괴의 빌미가 된 반면, 지연은 변호사로서 승소율 90%라는 놀라운 능력과 명성이 유괴를 부르는 이유가 됐습니다. 흥미로운 대조가 아닐 수 없습니다. 무능도 재앙을 부르지만 유능 역시 재앙을 부를 수 있다는 사실을 새삼 마주하게 됩니다.

지연은 껄렁껄렁한 비리 형사 김성열(박희순 분)의 도움을 받아가며 짧은 시간 내에 정철진의 무죄를 입증하기 위해 온갖 노력을 펼칩니다. 가만히 서 있기조차 힘든 절망의 시간들일 텐데 지연은 그 절망을 극복하기 위해 밤낮을 가리지 않고 뛰고 찾아내고 캐묻고 유추합니다. 절망에 대처하는 신애와 지연의 모습은 이렇게 극명한 대조를 이룹니다. 오직 법률 지식과 추리, 이성과 오감을 동원해 주어진 문제를 풀어나갈 뿐입니다.

〈밀양〉에선 신앙의 밑바닥을 만나듯 〈세븐데이즈〉에선 법의 밑바닥을 만나게 됩니다. 유죄가 분명한데도 딸을 구하기 위해 살인범의 무죄를 강변할 수밖에 없는 변호사, 아들의 범죄 연루 사실을 은폐하기 위해 범행 현장을 조작하고 조직 폭력배를 동원해 증거를 인멸하는 법원 간부, 법적 심판으로는 죽은 딸의 복수를 할 수 없다는 집착에 사로잡혀 유괴를 사주하고 결국 살인범을 석방시켜 청부살인을 저지르는 심리학과 교수. 우리를 규정하고 심판하는 법의 맨얼굴들입니다.

지연은 결과적으로 딸 은영을 되찾지만 한바탕의 회오리가 남기는 것은 조금도 해피한 엔딩이 아닙니다. 지연은 표면적으로는 절망적 상황을 극복해낸 것 같지만 그 상황을 뒷받침하고 있는 배경은 어찌해볼 수 없는 더 큰 절망입니다. 화면은 빠르고 긴장감 있게 상황의 변화를 따라가지만 어찌보면 야만과 증오와 탐욕과 집착과 술수의 정물화를 보여주는 것 같습니다.

오히려 절망에 허리와 무릎이 꺾여 온몸이 땅속까지 꺼질 것만 같은 신애에게서 실오라기 같은 희망이 느껴지는 것은 왜일까요. 그러나 그 희망은 너무도 고통스럽고 소중한 것들을 다 잃어버린 후에야 찾아오는 것이기에 결코 소망스럽지 않습니다. 〈밀양〉과 〈세븐데이즈〉. 절망에 대한 두 개의 변주곡 가운데 당신은 어떤 것을 선택하시겠습니까.

* 앞의 리뷰에서 시작, 중간, 마무리가 각각 어떤 방법으로 쓰였는지 살펴보고 그 방법에 따라 아래에 짤막한 리뷰를 써보세요.

시작

중간

마무리

 **자전적 에세이 쓰기, 내 인생을 한 편의 글로**

사람은 누구나 나름대로 진지한 이야기를 가지고 있다. 허세를 버리고 진솔하며 즐겁게 고백한다면, 또 우리와 비슷하면서도 다르기도 한 숱한 삶들을 더불어 함께한다면 우리 삶의 내용과 부피도 그처럼 다채롭고 풍요해질 것이다. 국립예술자료원이 펴고 있는 '예술사 구술자료총서'는 예술가들의 생애를 정리하며, '뿌리깊은나무'와 '눈빛'이 출판한 《민중자서전》은 이름없는 서민들의 곡진한 삶을 기록했고 요즘의 신문 잡지들도 명사들의 회고록을 연재하고 있다. (중략)

오늘의 우리 사회는 웹진이나 개인 사이트로 자기 글을 자유롭게 발표할 수도 있고 활자시대의 문턱 높은 출판사를 거치지 않는 1인 출판도 가능해졌다. 독자들도 필자가 유명인이라 해서 현혹되지 않고 감수성만 잘 건드려주면 무명인의 고백에도 크게 공감할 준비가 되어 있다. 시대는 왜곡을 강요하는 억압으로부터 벗어나 있고 타인의 삶이 정직하고 즐거운 것이면 함께 누릴 여유도 갖추었다.

그러니, 트위터로 그때그때 짧은 기지를 전하는 재미도 좋지만, 한 인간의 긴 생애를 고백함으로써 자신의 삶을 사랑하는 작업이야말로 더욱 바람직한 일이 아닐까.

〈한겨레〉에 실린 문학평론가 김병익의 칼럼 '자서전들 쓰십시다를 재청함'(2013년 8월 8일자)의 일부다.

글쓰기 강좌를 하면서 경험한 일이다. 강좌의 당초 목표는 수강자들이 글쓰기 구성법을 익히고 가벼운 생활글이나 에세이를 쓰게 만들자는 것이었다. 그런데 첫 시간에 이 목표는 수정될 수밖에 없었다. 수강자들에게 돌아가면서 이 강좌에 거는 기대를 말해보라고 했다. 8할 가까이 글을 통해 자신의 인생을 돌아보고 싶다고 했다. 그래서 즉시 이들의 바람을 수용했다. 이 강좌를 통해 자신의 인생을 한 편의 글로 만들어보자. 다들 좋다고 했다.

먼저 스티브 잡스의 스탠퍼드대학 졸업식 축사를 요약하라고 했다. 잡스가 자신의 인생을 세 토막으로 나눠 길지 않은 한 편의 글에 잘 집약했기 때문이다. 간단한 설명을 한 뒤 그 자리에서 요약 글쓰기가 진행됐다. 힘든 과제였지만 빠짐없이 해냈다. 수강자들은 이 과정을 통해 피래미 구성법을 익혔다. 자신의 인생을 길지 않은 글 속에 담아내는 방법을 배울 수 있었다.

그다음 시간부터 돌아가면서 자신의 얘기를 하도록 했다. 다들 어디서부터 시작할지 몰라 힘들어했다. 인생을 세 시기로 나눴을 때 스무 살 이전의 기억부터 꺼내보자고 했다. 그러자 어색하고 조심스럽게 떠듬떠듬 자신의 어린 시절 추억을 말하기 시작했다. 나는 수강자의 말을 들은 다음 그들의 삶에서 '응축된 순간'을 발견할 수 있도록 코멘트를 해주었다.

"그 얘긴 언니를 중심으로 기억을 더 떠올려보라. 화장실도 없던 자취방의 풍경을 더 생생하게 묘사해라. 뺨을 맞았던 사건을 중심으로 재구성해보라. 연세대를 걸었을 때 느꼈던 부러움, 좌절감 따위 느낌을 더 생생하게 재현하라. 이야기를 시작하는 방법은 여러 가지가 있지만 여러분들은 세 가지만 기억하라. 인물을 먼저 등장시킬 것인가? 이야기의 무대가 될 배경부터 묘사할 것인가? 곧바로 사건을 진행시킬 것인가? 인물, 배경, 사건, 이 세 가지를 삼색 실 엮듯 여러분의 이야기를 풀어가라. 지금 말한 설명을 그림처럼 그려 보여라."

이야기를 마친 뒤 자신의 얘기를 곧바로 글로 쓰라고 했다. 40~50분 정도 시간을 줬다. 그런데 놀라운 일이 벌어졌다. 그렇게 자신 없어하던 수강자들이 그 짧은 시간에 A4 용지 1.5장까지 글을 써내는 것이 아닌가? 그다음 시간에 수강자들의 글에 대해 피드백을 해주고 이어서 쓸 내용에 대해 말하도록 했다. 같은 방법으로 '응축된 순간'을 발견해주고 글을 쓰게 했다. 다들 만족해했고 나 역시 삶과 글을 새롭게 알아가는 즐거움을 느꼈다.

그런데 뜻하지 않은 난관에 부딪혔다. 한 여성 수강자가 자신의 얘기를 하면서 화를 냈다. 난 그냥 글을 쓰러 온 거다. 이렇게 여러 사람 앞에서 감춰두었던 이야기까지 하는 게 힘들다. 왜 이래야 하나. 무슨 대답을 해야 하는데 한동안 아무 말도 못하고 어색한 웃음만 짓고 있었다. 글쓰기 강사를 하면서 이런 경험은 처음이었다. 이 난감한 상황은 뜻하지 않은 곳에서 풀리기 시작했다. 다른 수강자들이 자신의 경험을 그 여성 수강자에게 털어놓았다.

"나도 내 비밀 이야기를 말하는 게 너무 힘들었어요. 떠올리기조차 싫은 기억들도 있어요. 그래도 내 인생을 말하다보니 그런 얘기를 안 할 수 없어 말을 하고 글을 썼어요. 그런데 다른 사람 앞에 꺼내놓으니 이상하게 마음이 가벼워졌어요."

"내 속에 있을 때엔 천금처럼 나를 짓누르던 일들이에요. 그냥 내가 끌어안고 살아야 할 짐 같았죠. 한데 말을 하고 글로 써내니 별일이 아니었어요. 이렇게 내 이야기를 글로 쓰기만 해도 맺혔던 마음이 풀리다니, 참 신기해요."

그 여성 수강자는 잠자코 여러 사람의 얘기를 들었다. 잔뜩 화가 났던 표정이 풀리기 시작하더니 더 이상 불평을 하지 않고 충실하게 프로그램을 따랐다. 그 사건이 있은 후 그의 글이 비약적으로 좋아졌다. 가족에게도 털어놓을 수 없었던 숨겨둔 아픔을 하나둘씩 꺼내기 시작했으니 당연한 일이었다.

자신의 삶을 이야기하고 그 내용을 글로 쓰는 워크숍을 세 차례에 걸쳐 진행하자 세 편의 글이 만들어졌다. 이 세 편을 한 편의 통일된 글로 만드는 작업을 시작했다. 세 편의 글을 꿰뚫는 키워드나 의미를 찾아 글의 시작 부분에 제시한 다음 세 편의 글을 거기에 맞게 재구성하게 했다.

"시작은 개요나 정의가 좋겠다. 자신의 인생을 3개의 키워드로 정리하는 것이 좋다. 곧바로 이야기로 시작했는데 그럴 때엔 전체의 실마리가 돼야 한다. 적절한 인용이 가능하다면 글의 가치를 높일 것이다. 로버트 프로스트의 시 〈가지 않은 길〉을 맨 앞에 인용해보자. 시작과 중간의 흐름을 이어받아 마무리에 메시지를 만들자. 마무리에서 헤밍웨이의 《노인과 바다》 한 대목을 인용하면 좋겠다. 여운을 만드는 것도 이런 글에 어울린다. 내가 살아낸 인생이란 무엇일까 하는 질문을 던지는 방법도 있다."

다행히 한두 사람을 빼고 모두 이 힘든 과정을 성공적으로 수행했다. 그리고 내 인생을 담은 한 편의 글이 완성됐다. 모두에게 기쁘고 만족스러운 마무리였다. 교학상장敎學相長이란 말이 실감나는 경험이었다.

이 과정을 통해 실용 글쓰기의 전혀 새로운 영역을 만났다. '내 인생을 한 편의 글로'라는 타이틀을 단 자전적 에세이 쓰기가 바로 그것이다.

> 이 과정은 글쓰기 능력을 신장시킬 수 있을 뿐만 아니라 자신의 삶을 정직하게, 두려움 없이 마주하도록 만든다. 글쓰기를 통한 마음 치유라고 할 수 있겠다. 사람의 삶이야말로 가장 풍부하고 깊은 글의 소재다. 더구나 나의 삶이란 글을 쓰는 사람들이 닿고 싶은 목적지 아닌가?
> 한 사람 한 사람의 삶이 결국 역사다. 이 글쓰기 과정을 통해 한 사람의 삶 속에 담긴 역사적 경험이 글로 남는다. 이 얼마나 소중한 것인가. 세상 모든 사람들이 '내 인생을 한 편의 글로', 나아가 한 권의 책으로 썼으면 좋겠다. 내 삶이 달라지고 세상이 달라진다

실제2
보도자료 쓰기

보도자료, 자기소개서, 보고서 쓰기는 특정한 독자를 대상으로 작성하는 글이다. 독자들은 이 글을 보고 판단한다. 보도를 할 것인가 말 것인가. 채용할 것인가 말 것인가. 결재할 것인가 말 것인가. 결국 이 세 가지는 을의 글쓰기다. 갑인 언론사 담당기자, 인사 담당자, 의사 결정권자의 마음을 사로잡아야 한다. 그것도 아주 빠르게 말이다.

보도자료는 언론에 어필할 수 있는 내용을 맨 앞부분에 배치해야 한다. 제목과 리드가 그것이다. 제목과 리드가 차지하는 비중이 보도자료의 90%라 해도 지나친 말이 아니다. 제목과 리드를 읽어가는 30초 안에 기자들의 마음을 움직이지 못한다면 그다음 내용은 눈길을 받을 가능성이 거의 없다.

흔히 보도자료를 보면 눈에 가장 잘 뜨이는 맨 위 가운데에 '보도자료'라

고 큰 제목을 다는 경우를 많이 본다. 이는 명백한 지면낭비다. '보도자료'라는 글씨는 왼쪽 귀퉁이로 몰아넣고 그 자리에 눈길을 끄는 제목을 넣어야 한다. 제목은 두세 개를 달아 역할 분담을 한다. 주제목은 카피 형식으로 흥미를 끌고, 부제목은 글 전체 내용을 압축해 보여줄 필요가 있다.

리드에선 보도하고자 하는 내용 가운데 가장 중요한 것이나 흥미로운 것을 내세워야 한다. 그것이 야마다. 야마란 무엇일까. 야마는 어떻게 잡아야 할까. 기자들이 수습 교육을 통해 귀에 딱지가 앉을 만큼 듣는 얘기가 바로 야마다. 기자들은 야마를 잡는 혹독한 훈련을 받는다. 노심초사 야마 걱정으로 날을 지새운다. 심지어 꿈속에서도 야마에 대한 강박증은 계속된다.

언론계를 잘 모르는 사람들은 도대체 야마가 뭐길래 그걸 잡아야 기사가 될까, 적잖이 의아해 할 것이다. 일본말인 야마는 우리말로 '산山, 머리, 꼭대기'란 뜻이지만 언론계에선 기사의 내용을 단적으로 보여주는 핵심이나 주제, 관점을 나타내는 말로 쓰인다. 그런데 그 핵심과 주제엔 구체적인 사실이나 사례가 붙어 있어야 한다. 야마가 없는 기사는 죽은 기사다. 독자의 마음과 뜻을 움직일 수 없다.

야마와 관련해 흥미로운 일화가 있다. 2009년 5월 당시 방송통신위원장이었던 최시중씨가 미국 연방통신위원회^{FCC}와 정책협의차 워싱턴을 방문하면서 특파원과 간담회를 가진 적이 있다. 그는 기자들에게 대략 일곱 가지를 말했다.(《미디어스》, 2009년 5월 6일자 참조)

1. 자신과 이명박 대통령, 이상득 의원 모두 지독한 가난 속에서 자랐다.
2. 이 대통령이 완벽하게 합법적으로 선거운동을 했다고 말할 수 없지만

역대 어느 대선보다 돈 적게 드는 선거운동을 했다.

3. 6월 미디어 관계법이 국회를 통과하면 내년에는 KBS 수신료 인상을 추진하겠다.

4. 소유는 공영, 운영은 민영인 MBC는 정체성 확립을 위해 공영과 민영 중 하나를 스스로 택해야 한다.

5. 미국 수준으로 파이를 키운다면 한국의 미디어 광고 시장은 앞으로 5조 원 정도 더 커질 수 있다.

6. 이 대통령과 박근혜 전 한나라당 대표와의 관계에 대해 나는 화해주의자 입장이다.

7. 백성을 굶겨 죽이는 북한 정권은 정권이 아니다.

어떤 것을 야마로 선택하는 게 좋을까? 1, 2번은 이명박 정권의 진정성, 도덕성에 관한 문제다. 3, 4, 5번은 당시 초미의 관심사였던 미디어법에 관한 것이다. 6과 7번은 앞선 내용에 비해 상대적으로 덜 중요해 보인다. 1번을 야마로 잡은 기사를 독자가 읽었다면 이명박 정권에 대해 긍정적 생각이나 느낌이 들었을 것이다.

더구나 이 부분을 이야기할 때 최 위원장은 눈물까지 흘렸다. 2번을 야마로 잡은 기사를 읽은 독자라면 과연 최 위원장의 주장이 믿을 만한 내용인가 시비가 일었을 것이다. 3, 4, 5번을 야마로 잡은 기사를 읽었다면 미디어법을 둘러싼 이명박 정권의 복잡한 속내(공영방송에서 광고를 없애야 종편의 광고시장 파이가 늘어난다)를 헤아렸을 것이다.

* 1번의 경우

이명박 대통령의 '멘토'격인 최시중 방송통신위원장이 4일 공개석상에서 이례적으로 눈물을 보였다. 미국 연방통신위원회와의 정책 협의차 워싱턴디시를 방문했다가 워싱턴특파원들과 저녁 식사를 겸한 간담회를 가진 자리에서다.

그는 지난 2003년 가난에 찌든 캄보디아를 방문한 뒤 경제를 살려야 된다는 일념으로 '이명박 대통령 만들기'에 나서게 된 일화를 소개했다. 그는 "완벽하지는 않더라도 가장 능력이 있고 가까이 있는 이 대통령이 떠올랐다"면서 "대통령과 나는 처절하게 배가 고파봤던 사람으로, 그걸 경험 못한 사람과는 차이가 있다"고 말했다.(《《연합뉴스》》)

* 2번의 경우

최시중 방송통신위원장은 미국 워싱턴에서 4일(현지시간) 지난 대선과 관련, "이명박 대통령이 완벽하게 합법적으로 선거운동을 했다고 나는 말하지 않는다"고 밝혔다. 최 위원장은 이날 워싱턴특파원들과의 간담회에서 이같이 말하고 "하지만 역대 어느 대선보다 돈 적게 드는 선거운동을 했다고는 할 수 있다. 선거운동 당시 우리는 100대 그룹으로부터 진짜 단돈 1만 원도 받은 적이 없다"고 덧붙였다. 또 "전에는 당선사례금 같은 것도 있었지만 이번엔 하나도 받지 않았다"고 말했다.(《경향신문》)

* 3, 4, 5번의 경우

방송통신위원회가 KBS 수신료 인상을 내년에 추진한다. 미국을 방문 중인 최시중 방송통신위원장은 4일 한국 언론의 워싱턴특파원들과의 간담회에서 "6월 미디어 관계법을 비롯해 공영방송법(KBS, EBS 등을 공영방송으로 묶는 법)이 연내 국회를 통과하면 내년에는 KBS 수신료 인상을 추진하겠다"고 밝혔다. 최 위원장은 수신료 인상이 불가피하다고 말해왔으나 구체적인 시기를 밝힌 것은 처음이다.(《동아일보》)

어떤 것을 야마로 잡아야 옳은가에 대해 정답은 없다. 사실과 진실로부터 야마를 잡아야 한다는 것은 대원칙이다. 그 사건이나 현상이 가진 맥락을 무시하고 인위적으로 야마를 잡는 것은 사실을 왜곡하는 행위다. 하지만 글을 쓰는 사람의 가치관이나 경험, 소속 기관의 논조와 방침, 여론, 시대 경향 등이 야마 선택에 종합적으로 영향을 미치는 것도 사실이다. 이 둘 사이에 건강한 긴장과 균형을 이루는 것이 좋다. 결국 야마는 기사를 통해 독자에게 어떤 내용을 전달할 것인가를 좌우하는 전략이다.

보도자료도 마찬가지다. 야마를 잘 잡아야 알리고 싶은 내용을 제대로 알릴 수 있다. 그래야 내용의 선택과 배열이 가능하다. 야마에 따라 더 중요한 내용과 덜 중요한 것을 가려 뽑고 중요한 순서에 따라 내용을 배열할 수 있다. 야마가 잘 잡히면 글을 쓰는 데 겪는 대부분의 어려움은 해결된다. 야마는 단지 보도자료나 기사에만 국한되지 않는다. 각종 보고서, 설명문, 심지어 자기소개서까지 실용 글쓰기 대부분의 영역에서 야마가 필요하다. 특히 가치 판단이 필요한 글은 야마를 어떻게 잡느냐에 따라 글 전체 내용과 방향이 달라진다.

다음은 정부기관인 사회통합위원회가 2010년 발표한 보도자료다. 이 기사의 제목, 리드와 본문 배열을 유의하며 읽어보자.

"보따리 장사 시간강사 제도 폐지, 모든 강사에 교원 법적 지위 부여"
대학 시간강사 제도개선 방안 마련

① 7만여 명에 달하는 대학 시간강사가 고용 불안과 열악한 처우에 시달리고 있어 근본적인 대책이 필요한 상황이다. 국회에서의 장기간 논의 및 관련 법률안 입법예고 등에도 불구하고 이해당사자의 반발이 더욱 조직화·강경화되는 등 상황이 악화되고 있다. 특히 교양과목의 51%, 전공과목의 36%를 전임 교원이 아닌 비정규 시간강사가 각각 담당하고 있는 현실에서 대학교육의 책임성이 실종됐다는 비난을 받아왔다.

② 사회통합위원회(위원장 고건)는 23일 이 같은 문제 해결을 위해 시간강사에 대한 법적 지위 부여·고용 안정성 확보·열악한 처우 개선 등을 내용으로 하는 대학 시간강사 제도개선 방안을 교육과학기술부와 협의 후 마련, 이명박 대통령에게 건의했다. 이 개선 방안은 앞으로 교과부가 추진토록 할 예정이다.

③ 사회통합위원회의 개선 방안은 지난 6월 8일 제2차 정기회의 직후 구성된 '대학 시간강사 대책 특별위원회'에서 각계의 의견을 수렴한 후 공개토론회를 거쳐 마련된 것이다.

④ ◇법적 지위 부여 = 현재 고등교육법상 시간강사 제도는 폐지된다. 그동안 시간강사들의 숙원이었던 법적 지위 확보를 위해 법 개정을 통해 강사를 고등교육법상의 교원으로 인정하되, 채용 조건·신분 보장·복무 등 교

원으로서의 지위와 신분의 본질적 부분에 대해서는 법률로 규정하는 방안을 교과부에서 검토한다. 기타 사항들은 대학에서 자율적으로 강사의 교원 지위와 신분을 존중하여 투명한 임용과 적절한 대우가 이루어지도록 정관 또는 학칙으로 규정토록 한다.

이와 함께 대외적으로 강사를 연구 책임자로 인정, 연구비를 지원할 수 있도록 추진하고 한국연구재단 등 국가연구비 지원 사업 참여시 차별받지 않도록 할 예정이다.

◇고용 안정성 확보 = 시간강사의 고용 안정성 확보를 위해 현행 학기 단위 계약을 고등교육법상 최소 1년 이상의 기간을 정해 임용토록 했다. 시간강사들은 학기 단위로 계약하는 비율이 약 90%에 달해 다음 학기에 대한 기약이 없고, 방학 기간 내 조교의 전화를 기다리며 고용 불안에 시달리고 있다.

◇처우 개선 = 도시근로자 최저생계비보다도 낮고 전임강사 보수의 4분의 1 수준인 열악한 처우 개선을 위해 국공립대의 경우 오는 2013년까지 시간당 강의료를 현재의 4만3천 원에서 8만 원까지 인상토록 추진한다. 이 경우 주당 9시간 강의하는 강사는 연봉 2천2백만 원 정도로 전임강사의 절반 수준의 보수를 받게 된다. 사립대의 경우는 강사 연구보조비를 예산에 반영하여 처우 개선 인센티브로 지원하는 방안을 추진한다. 연구보조비는 시간당 5천 원에서 점차 증액시켜 시간당 2만 원까지 인상하게 된다.

또 대부분 4대 보험의 사각지대에 놓여 있는 시간강사를 위해 단계적으로 4대 보험 사용자 부담분을 지원하고 관련법 개정을 통해 사각지대의 실질적 해소를 추진한다. 이를 위해서 국민연금법시행령이 이미 지난 8월 개정됐고, 국민건강보험법 시행령은 현재 개정을 추진 중에 있다.

⑤ 사회통합위원회는 이 같은 대학 시간강사 제도개선을 위해 국회에 이미 제출된 2011년 예산은 교육과학기술부를 통해 국회와 협의토록 하고, 2012년 이후에는 교육과학기술부가 기획재정부와 협의토록 할 예정이다. 또 법 개정 부분은 교육과학기술부에서 고등교육법 등 관련 법률을 정부 입법으로 개정토록 추진할 예정이다.

⑥ 사회통합위원회는 대학 시간강사 제도개선 방안이 지난 6월 8일 제2차 정기회의에서 정책 과제로 채택된 직후 '대학 시간강사 대책 특별위원회'(공동위원장 송석구·김태완)를 구성해 대안 마련에 착수했다. 대학 시간강사 특위는 그동안 국회·교과부·한국비정규교수노조·전국교수노조·전국대학교교무처장 협의회 등이 참가하는 연쇄 회의를 개최해 교과부 입법예고안과 한국비정규교수노조안에 대해 심층적으로 검토해왔다. 특위 위원으로는 송석구 가천의대 총장과 김태완 한국교육개발원 원장이 공동위원장으로, 그리고 진미석 직업능력개발원 선임연구위원, 이영호 서울기독대 교수, 이석열 남서울대 교수, 장덕호 상명대 교수, 김성식 서울교대 교수, 김희삼 한국개발연구원 부연구위원, 유현숙 한국교육개발원 고등·인재정책연구본부장, 노대명 한국보건사회연구원 모니터링센터 소장 등이 위원으로 활동했다.

⑦ 지난 8월 30일에는 교과부 입법예고안과 비정규교수노조안을 놓고 공개토론회를 열어 각계의 의견을 마지막으로 수렴한 후 이번에 최종안을 내놓게 된 것이다. 이날 토론회에서 교과부 입법예고안의 문제점으로 국립대 약 1만3천 명의 강사 중 5년간 총 2천 명만이 기간제 강의전담 교수로

채용돼 전체 시간강사에 대한 대책으로서는 부적합하고, 대학들의 비정년 트랙 채용 확대를 정부가 앞장서서 자극한다는 비판을 받을 수 있다는 점이 지적됐다.

⑧ 한편 비정규교수노조안은 일시에 모든 강사를 교원으로 인정하고, 기존 전임교원과 동등한 대우를 할 경우 대학의 재정, 인사·노무, 학사 운영상 단기간 내 큰 충격을 줄 수 있다는 지적이 있었다. 또 2년 이상 기간을 정해 계약을 하게 되면 대학은 단기간 내 필요한 강사 활용 제한 등 융통성 있는 학사 운영에 어려움을 겪을 수밖에 없다는 점도 문제로 제기됐다.

이 보도자료는 주제목 '보따리 장사 시간강사 제도 폐지, 모든 강사에 교원 법적 지위 부여'와 부제목 '대학 시간강사 제도개선 방안 마련' 사이에 역할 분담이 그럭저럭 이뤄진 경우다. 주제목에서 카피의 느낌은 부족했지만 핵심을 잘 담고 있다. 부제목은 전체 내용을 압축하고 있다.

문제는 리드 부분인 ①이다. ①에서 열악한 대학 시간강사 제도를 둘러싼 반발과 비난 여론을 먼저 전하고 있다. 이것이 야마로서 적당한 것일까? 대학 시간강사 제도에 대해선 많은 사람들이 구체적인 사실을 모를 뿐이지 이미 알 만한 것은 다 아는 게 현실이다. 굳이 이 내용을 중요한 리드 부분에서 되풀이할 이유가 없다.

오히려 ②가 리드로 오는 것이 맞다. ②에 이 보도자료의 핵심 내용인 '시간강사에 대한 법적 지위 부여, 고용 안정성 확보, 열악한 처우 개선 등을 내용으로 하는 대학 시간강사 제도개선 방안을 교육과학기술부와 협의 후 마련, 이명박 대통령에게 건의했다'가 들어 있기 때문이다.

그다음에 ③이 오는 것도 적절하지 않다. ③은 이 방안을 마련하기까지 경과를 설명하는 내용인데, 이 부분은 사회통합위원회에겐 중요할지 모르지만 독자들에겐 별로 알고 싶은 것이 아니다. ②를 리드로 삼고 곧바로 ④로 자세한 설명을 해주는 것이 좋다. 그다음 ⑤를 통해 이 방안이 어떻게 입법화될 것인지 궁금증을 풀어준다. 이렇게 철저하게 중요도 순서로 중간을 이어나간다.

이렇게 한 뒤엔 ①③⑥⑦⑧의 순서는 그다지 중요하지 않다. 카테고리에 따라 내용을 잘 분류하면 된다. ③⑥⑦은 모두 경과에 관한 내용이다. 하나로 묶어 정리하는 것이 좋다. 서술식보다는 일정표 방식으로 정리하는 것이 더 깔끔하겠다. ⑥의 특위 위원 명단은 별첨으로 빼는 것이 적당하다. ⑧은 비정규교수노조안의 문제점을 지적하는 것으로 제일 끝에 놓거나 아예 빼도 상관없다. ①도 마찬가지다.

2010년 한 사찰에서 발표한 보도자료를 살펴보자.

부처와 예수가 비로소 만나다!

영화 〈할〉 시사회를 갖는다!

B사는 신도님, 지역 주민 그리고 일반 시민들을 위해 문화행사의 자리를 마련하고자 10월 14일 극장 개봉을 앞두고 있는 영화 〈할〉 시사회를 9월 30일(목)에 열 예정입니다.

〈할〉은 대한불교 조계종이 후원한 불교 영화로, 지난 9일 불교계 언론과 총무원 관계자 분들을 모시고 시사회를 한 차례 가졌으며, CF 감독으로 유명한 윤용진 감독의 장편 데뷔작으로 보육원에서 형제처럼 자란 두 소년(우천과 미카엘)이 성장하면서 서로 간에 겪게 되는 종교적 갈등과 소통을 그려내고 있습니다.

이번 영화 상영회는 "나와 나 그리고 나와 너 우리가 만나야 한다"는 광고 문안처럼 영화 〈할〉을 통해 바쁘게 살아가는 현대인들의 삶에 대한 성찰을 하며, 나아가 종교 간 이해의 시간을 가짐으로써 상생과 화합으로 나아가는 길을 모색해보자는 취지에서 마련한 자리입니다.

종교라는 다루기 힘든 소재를 화두와 영상으로 자연스럽게 펼친 영화 〈할〉 시사회는 감독 및 출연진들의 무대인사와 함께 진행되며 영화와 종교, 삶과 철학에 관심 있는 분이라면 누구나 참석 가능합니다. 영화 시사회를 사찰에서 갖는 것은 처음입니다.

나와 나 그리고 나와 너 우리가 만나야 한다, 할喝

불교 선종禪宗에서, 그릇된 생각이나 미망迷妄 등을 꾸짖어 깨우침을 주는 격려의 소리를 뜻하는 '할.'

영화 〈할〉은 삶에 회의를 품고 출가한 청년 우천과 큰스님 청송이 일명 '부처 수업'이라는 1박 2일 화두 여행을 통해 스승과 제자가 서로 문답하며 깨달음을 찾아가는 일종의 멘탈 로드 무비다. 불경과 성경의 구절을 교차시켜 보여주면서 인생의 참된 의미에 대한 성찰의 시간을 제공한다.

10월 14일 개봉 확정과 함께 공개한 티저 포스터 또한 불교의 엄숙함과 간결하면서도 강렬한 아름다움이 돋보인다. 짙은 어둠 속에 삭발승의 뒷모습과 그 머리 위에 놓인 꽃 한 아름. 마치 스님의 머리에서 피어난 것 같은 꽃의 이미지는 큰스님과의 여정을 통해 깨달음에 이른 주인공 우천을 상징하는 듯하다.

대한민국 방방곡곡의 산천을 야무지게 헌팅한 덕에 더 없는 오색찬란한 가을의 정취를 만끽하게 해주며 더불어 최근 영화인들 사이에서 화제가 되고 있는 차세대 DSLR 카메라인 5D Mark II의 영상 바이블이라고 불러도 손색이 없을 미장센과 섬세하게 담은 자연의 소리는 빼놓을 수 없는 영화다.

이 사찰에선 영화 〈할〉과 더불어 지역 주민과 함께하는 영화 시사회를 언론에 알리고 싶어 했다. 그러나 안타깝게도 스포츠신문 한 곳에서만 이 보도자료의 내용을 기사화했다. 기대했던 중앙 일간지나 방송사의 보도는 없었다.

왜 이런 현상이 빚어졌을까? 이 보도자료는 제목과 리드에서 야마를 잘못 잡았기 때문이다. 이 보도자료는 지역 주민 시사회를 갖는다는 사실과 이 영화가 종교 간 갈등과 소통의 문제를 다루고 있다는 점을 부각시켰다. 이 행사의 핵심이 이 두 가지인 것은 맞다. 그러나 그런 정도로는 언론의 주목을 끌 수 없다. 종교 간 갈등 문제가 심각하게 불거진 상황이라면 모르겠지만, 평소엔 별로 사람들의 관심을 끌 만한 소재가 되지 못한다.

이 보도자료의 내용에서 굳이 다른 야마를 찾자면 '영화 시사회를 사찰에서 갖는 것은 처음입니다'라는 대목이다. 언론은 '최초, 최고, 최대' 이렇게 '최씨 삼형제'를 좋아한다. 아마도 이 점을 부각시켜 보도자료를 냈다면 더 많은 언론에서 주목했을 것이다. 행사 전 예고 기사가 나가지 않았다 하더라도 시사회 이후 사진 기사로 나갔을 가능성이 높다. 때로는 가장 중요한 것을 제치고 가장 흥미로운 것을 보도자료의 리드로 내세워야 한다.

실제3
자기소개서 쓰기

주호민의 만화 《무한동력》 37화에 보면 주인공 장선재가 자기소개서를 쓰는 장면이 나온다. 깊은 밤 장선재는 "1982년 서울의 화목한 가정에서 태어난 저는 항상 새로운 것에 도전하라는 부모님의 가르침에 따라 무슨 일이든 기본을 튼실히 다진 후 새로운 일에 도전하기를 즐겼습니다"라고 쓴 뒤 스스로 진부하다고 생각했는지 인상을 찌푸린다. 그리고 내린 결론은 "도무지 쓸 게 없다"였다.

답답한 마음에 인터넷에 올라와 있는 다른 이들의 자기소개서를 들여다본다. 자신과 다른 삶이라 참고하기도 힘들고 글발로 커버할 수도 없다. 그리고 하숙집 주인아저씨를 찾아가 커피를 마시며 "아저씨라면 어떻게 쓰실지 너무 궁금해요"라고 묻는다. 아저씨는 답을 하지 않고 되묻는다. "자넨 꿈이 뭔가?" 장선재는 당황해 하며 "꿈이요? 솔직히 말씀드리면 금융권 대기업 직원인데요……"라며 말끝을 흐린다. 아저씨는 커피를 한 모금 들이켜고 난 뒤 말한다. "아니, 그런 거 말고 꿈 말이야……. 회사에 들어가면 자네의 꿈은 이루어지는 건가?"

고등학교나 대학 졸업생들이 겪는 큰 어려움 가운데 하나가 바로 자기소개서 쓰기다. 나를 누군가에게 소개하는 가장 기초적 커뮤니케이션 행위조차 뜻대로 되지 않는 것이다. 나는 대학 졸업반 학생들을 대상으로 자기소개서 쓰기를 강의하고 있다. 그들이 과제물로 제출한 자기소개서를 품평하자면 한마디로 걱정스러운 수준이다. 인터넷에 떠돌아다니거나 선배로부터 내려오는 기본 포맷을 족보 삼아 글자를 얼기설기 채워 넣었다고 해야 할까. 그 내용을 보면 알맹이는 똑같고 겉무늬만 약간씩 다를 뿐이다. 전국의 모든 대학이 그만그만할 것이다.

어느 학생이 내게 수업 과제물로 제출한 '전형적인' 자기소개서를 예로 들어보겠다. 참고로 이 학생의 자기소개서는 평균 수준에 해당한다.

자기소개서

① 성장환경-습관은 근면 성실, 가훈은 가화만사성

매일 아침 6시에 출근하시는 아버지께 성실을 배웠고, 사랑으로 대하시는 어머니 밑에서 정직과 사랑을 배웠습니다. 유난히 막내 동생을 잘 챙기는 둘째 동생에게 형제간 우애를 배웠습니다.

저희 집안은 가화만사성이 가훈이었습니다. 가정의 화목은 가정을 다스리는 가장 핵심적인 요소이자 사회생활의 근본이라고 배웠습니다.

장남으로서 또한, 사회에 꼭 필요한 인재가 되기 위해 대학에서뿐만 아니라 사회생활에서도 자신의 계발과 발전을 위해 꾸준히 노력하고 여러 가지 면에서 많은 시간을 할애했습니다.

특히, 공수부대의 군 경험은 무엇보다도 다시 한 번 저 자신을 냉철히 판단하는 큰 계기가 되었고, 군에서 터득한 인내심과 자신감은 저의 성공적인 사회생활을 위한 큰 밑거름이 되었습니다. 물론 그러한 과정을 통해 많은 시행착오를 겪었지만 항상 거기에 안주하거나 머무르지 않고, 그것을 통해서 진보하며 새로운 경험과 개선점을 찾으려는 노력 또한 게을리하지 않았습니다.

② 사회생활-신문사 알바로 대학 등록금 마련

20세 대학 1학년 여름방학 때 아는 형의 소개로 아르바이트한 ○○일보 고객센터 첫 업무는 아웃바운드로 전화로 고객을 유치하는 텔레마케터였습니다. 처음엔 실적 면에서 꼴찌를 하였지만 꾸준히 공부를 해서 끊임없이 스크립트를 작성하고 읽으며 수차례 시행착오를 겪은 결과 4일째부터 상승곡선을 타고, 2달째 되었을 땐 성적이 2등이 되었고, 그해 2006년 12월 겨울방학부터 2010년 6월 여름방학 아르바이트까지 30명에 이르는 알바생 중 실적 1위를 차지하였고, 알바 반장이 되었습니다. 방학 동안 진행한 신문사에서의 아르바이트로 등록금을 마련하였습니다.

　학비도 학비이지만 신문사에서의 경험과 활발한 성격 탓에 저는 낯선 사람의 마음을 여는 사람이 될 수 있었고, 가장 보람차게 느낀 부분은 잘 알지도 못하고 얼굴도 본 적 없는 사람들이 제 말을 듣고 선뜻 신문 구독을 흔쾌히 허락하셨다는 사실입니다. 알지도 못하는 저를 신뢰해준 고객님들께 감사드리며 즐겁게 업무를 할 수 있었고 생에 가장 보람찬 일로 아직도 기억에 남습니다.

　③ 성격의 장단점-성실 자신감이 장점, 솔직함이 단점
　2남 1녀 중 장남으로 자라 주위의 사랑을 많이 받은 탓인지 성격이 매우 원만하고 항상 밝으며 또한 긍정적인 사고방식으로 살기 때문에 만나는 사람들을 유쾌하게 만듭니다. 그런 이유인즉 모든 일에 자신감과 책임감도 강합니다. 저의 성격 중 가장 내세울 점은 어떤 새로운 환경에도 빨리 적응하고 어려운 일에 직면하면 두려움보다는 긍정적인 자신감으로 일을 신중하면서도 냉철하게 대처해나가는 것입니다. 그렇다고 모든 일에 능숙하다는 것이 아니라 그 분위기나 상황을 빨리 파악해서 스스로 노력한다는 것입니다.

하지만 때론 솔직하고 확실한 성격 탓에 가끔씩은 상대방에게 오해를 살 때가 있곤 합니다. 이런 점에 대해선 보다 노력하고 주의해서 항상 어느 누구에게서나 인정받고 존경받는 사람이 되도록 노력할 것입니다.

④ 대학 생활-외향적인 성격과 리더십

저의 활발하고 외향적인 성격 탓에 학교 생활과 교우 관계는 상당히 원만했으며 또한 탁월한 리더십 때문에 교우들 사이에서 항상 인기를 독차지하곤 했습니다. 물론 대학 시절에는 그러한 성격 때문에 1, 2학년 때에 과 대표를 맡아 과를 리드했으며, 작품연구회라는 전공 동아리 활동을 하면서 로봇의 작동 원리를 배우며, 선후배와 우정도 쌓았습니다. 특히 RF 분야에 관심이 많아 안테나와 RF 소자 해석 및 설계기술 특강 등 RF와 관련된 특강을 찾아다니고 했습니다.

⑤ 지원 동기 및 입사 포부

우리가 살고 있는 21세기는 무엇 하나도 예측 불가능할 정도로 빨리 변하고 움직이고 있습니다. 그러나 저는 이런 추세 속에서도 기간산업인 통신사업, 특히 RF 분야는 발전 가능성이 무궁한 사업이라 감히 말씀드릴 수 있습니다. 전자통신과 무선정보통신이라는 학과도 제가 좋아하고 원해서 들어간 학과로서 자신에 대한 신념이 있고 또한 자기 꿈을 실현하고자 하는 사람이라면 보다 미래지향적이며 자신이 좋아하는 일을 찾으며 성장이 무한한 회사에서 일하고 싶어 합니다. 비록 실무 경력은 전무하지만 부단히 일을 배우고 습득해서 회사에서도 인정받고 제가 가진 능력을 최대한 펼쳐보고자 이렇게 지원하게 되었습니다.

이제부터 번호에 따라 하나하나 문제점을 짚어보자.

①에 해당하는 글은 '전형적인' 자기소개서의 시작 패턴을 반복하고 있다. 저를 낳아준 부모님은 어떤 분이고 어떤 가정환경 속에서 자랐는지 구구하게 설명한다. 이보다 더 심한 경우엔 어느 지역에서 부 아무개와 모 아무개 사이에 몇 남 몇 녀의 몇째로 태어나 어떤 환경에서 자랐으며 초중고는 어떻게 보내고 대학은 어떻게 보냈는지까지 긴 사설을 늘어놓기도 한다.

이런 시작은 자기소개서를 왜 쓰는지 이유를 망각한 경우다. 나를 알리는 방법엔 대략 세 가지가 있다. 경력과 이력, 성장 배경을 연표 형식으로 정리하는 방법이 첫 번째다. 자신의 능력과 보유 기술, 즉 스펙을 드러내는 방법이 두 번째다. 첫 번째와 두 번째를 담는 그릇이 바로 이력서다. 세 번째가 자기소개서인데, 여기엔 이력서가 담아내지 못하는 내용을 채워야 한다. 연표와 스펙을 넘어 '나'란 사람이 어떤 삶을 살았고 지금 어떤 모습으로 살고 있으며 앞으로 어떤 삶을 살 것인지, 진솔하고 명확하게 전달해야 한다. 스토리를 통해 형상화한다면 금상첨화다.

시작은 강렬하게 눈길을 끌어야 한다. 회사(혹은 대학)가 찾는 인재상과 관심사 그리고 나의 능력, 경험, 근성 사이에 교집합을 이루는 부분을 찾아내 그것을 중심으로 배치하는 게 좋다. 시작이 좋으면 뒤따라오는 내용도 다 좋게 본다. 자신의 삶에서 길어 올린 에피소드, 삶에서 터득한 나만의 통찰, 감명 깊은 인용문 같은 것을 활용해 흥미를 끄는 것이 중요하다.

이 자기소개서의 가족 이야기는 고루하고 군대 이야기는 진부하다. 사람들에게 어필할 수 있는 나만의 스토리를 찾아야 한다. 나에겐 그런 스토리가 없다고? 그럴 리가 없다. 찾아내지 못했을 뿐 나만의 스토리는 내 삶 어딘가에 반드시 존재한다.

여기서 빠뜨릴 수 없는 한 가지. 자기소개서의 제목을 자기소개서로 다는 것은 사람의 이름을 사람으로 부르는 것과 같은 일이다. 제목은 글의 절반이다. 제목에서부터 읽는 사람을 빨아들이려면 카피를 고민해야 한다.

②의 글은 이 자기소개서에서 가장 평가받을 만한 대목이다. 자신의 장점과 능력을 신문사 아르바이트 경험이라는 스토리 속에서 잘 드러내고 있다. 촌스럽지도, 작위적이지도 않다. 촌스럽지 않게 자기 자랑을 하는 것은 매우 어렵다. 이렇게 딱 떨어지는 경험담이 있다면 별 걱정을 하지 않겠지만, 마른 행주에서 물을 짜내듯 억지로 하려면 역효과를 내기 십상이다. 촌스럽지 않을 자신이 있을 때만 자기 자랑을 하는 것이 영리하다.

두 번째 문장 '처음엔'부터 '되었습니다'까지는 숨이 찢을 만큼 길다. 이렇게 문장을 길게 쓰는 것은 개성도 스타일도 아니다. 모든 글을 끊을 수 있는 한 최대한 끊어 써라.

③의 글처럼 이러이러한 장점을 갖고 있다고 설명하는 것은 거의 설득력을 갖기 어렵다. 더구나 누구나 다 갖고 있다고 주장할 법한 '성실, 긍정적 사고, 자신감, 책임감'이 그 물목이라면 더욱 그렇다. 한 가지라도 좋으니 제발 설명하지 말고 보여주기 바란다. 읽는 사람으로 하여금 스스로 고개를 끄덕이게 만들어야 한다. 단점을 적으라고 하면 꼭 장점 같은 단점을 적어낸다. 이 글에선 '솔직하고, 확실한 성격'이 단점이라고 주장하고 있다. 단점을 찾으려야 찾을 수 없기 때문일까, 아니면 자신의 진짜 단점을 고백하면 어떤 불이익이라도 당할까봐 두려운 걸까. 자신의 단점을 냉철하게 발견하고 그것을 허심탄회하게 드러내는 것처럼 큰 장점은 없다. 이 역설적 진실은 꼭 나이를 먹어야 깨닫는 것이 아니다.

자기소개서에서 십중팔구 빠지지 않는 것이 ④에 해당하는 '리더십' 이야기다. 학교 때 반장이나 과대표를 해도 리더십, 동아리 회장을 해도 리더십, 심지어 군대에서 분대장을 한 것도 리더십이다. 우리나라는 온통 '리더십 강박증'에 걸린 것이 분명하다. 그러니 학생들이 자기소개서에 리더십 이야기를 꾸역꾸역 집어넣는 게 아닌가. 이렇게 리더십 이야기를 하려면 차라리 팔로어십Followership을 쓰라고 권한다. 리더는 1%이고 99%가 팔로어로 산다. 회사든 학교든 조직생활에선 팔로어십이 더 긴요한 미덕이다. 그 미덕을 저버리고 모두 리더십에만 매달린다면 배가 산을 넘어 하늘로 날아갈지도 모른다.

리더십은 팔로어십을 통해 완성된다. 테드ted.com에 들어가 데릭 시버Derek Siver의 '움직임은 어떻게 시작하는가'How to start a movement를 찾아보면 알 수 있다. 3분짜리 짧은 동영상이다. 한 외로운 미치광이를 리더로 만드는 것은 용감한 팔로어다. 팔로어십이 있어야 리더십도 생긴다.

⑤의 글은 강렬한 메시지를 남겨야 함에도 온통 자신 없는 말투뿐이다. '감히 말씀드릴 수 있습니다', '비록 실무경력은 전무하지만……' 등. 마무리는 읽는 사람의 판단이나 행동의 변화를 촉구해야 한다. 강한 인상을 남길 필요가 있다. 다만 진솔한 느낌은 전해진다. 이 분야를 좋아해서 학과를 선택했고 이 분야에서 직업을 찾으려 한다는 대목은 담담하게 서술하고 있으면서도 진정성이 느껴진다. 별다른 근거나 꾸밈이 없지만, 잘 지은 밥처럼 반찬 없이 먹어도 맛있을 때가 있다.

이 자기소개서를 다음과 같이 써보면 어떨까. 새로운 것을 작위적으로 추가하지 않고 자기소개서 원문에 나온 내용만으로 고쳤다. 두 글을 비교해보며 자기소개서를 어떻게 써야 하는지 고민해보기 바란다.

두려움보다 긍정적 자신감으로

저는 미래지향적이며 무한한 성장이 가능한 회사에서 일하고 싶습니다. 통신사업 특히 RF(무선주파수) 분야가 그런 꿈을 펼칠 수 있는 무대라고 생각합니다. 실무 경력은 부족하지만 부단히 일을 배워 회사 발전의 새로운 엔진이 되고 싶어 이렇게 지원하게 되었습니다.

전자통신과 무선정보통신 전공은 제가 좋아하고 원해서 선택했습니다. 1, 2학년 때 과대표를 맡아 학회를 이끌었으며 작품연구회 전공동아리 활동을 통해 로봇의 작동 원리를 배우고 선후배 간 돈독한 우정도 쌓았습니다. 특히 RF 분야에 관심이 많아 안테나와 RF 소자 해석 및 설계기술 특강 등을 일일이 찾아다니며 배우곤 했습니다.

자기소개서 작성시 유의점

〈제목〉
'자기소개서'라 쓰지 말고 핵심 내용을 카피로 만들어라.

〈시작〉
자신의 능력, 경험, 근성과 회사가 바라는 인재상이 만나는 부분을 찾아 부각시켜라. 구체적 사실을 먼저 이야기하고 생각을 말하라.

〈중간〉
시작 부분에서 부각시킨 내용의 구체적 근거를 제시하라.

〈마무리〉
자신의 각오를 그냥 밝히지 말고 적당한 사례나 이야기를 곁들여 이용하라.

    1학년 여름방학 ○○일보 고객센터에서 텔레마케터 아르바이트로 일한 적이 있습니다. 처음엔 실적이 꼴찌였지만 꾸준히 스크립트를 작성하며 일을 배웠습니다. 그 결과 4일째부터 상승곡선을 타고 두 달째 되었을 땐 2등까지 오르게 됐습니다. 이전 3년 반 이곳을 거쳐 간 30명의 아르바이트생 중 실적 1위를 차지했고, 반장도 맡게 됐습니다. 덕분에 등록금도 마련했습니다. 이 경험으로 저는 낯선 사람의 마음을 여는 사람이 될 수 있었습니다. 잘 알지도 못하고 얼굴도 본 적 없는 사람들이 제 말을 듣고 선뜻 신문을 구독해주었습니다.

공수부대의 군 경험도 저 자신을 냉철히 판단하는 계기가 됐습니다. 군에서 터득한 인내심과 자신감은 저의 성공적 사회생활을 위한 밑거름이 되었습니다. 물론 많은 시행착오를 겪었지만 항상 안주하지 않고 그것을 통해 진보하며 새로운 노력을 게을리하지 않았습니다.

저는 어떤 새로운 환경도 빨리 적응하고, 어려운 일에 직면해서도 두려움보다 긍정적 자신감으로 대처해나갑니다. 저에게 일할 기회를 주신다면 제 경험과 능력이 이 회사의 소중한 자산이 될 것입니다. 감사합니다.

다음은 IT 분야 회사에 입사하려는 이공계 대학생이 쓴 자기소개서다.

몰입이 지금의 이영희를 만들었습니다

① 3학년 전공 필수 프로젝트에서 1인 기획, 개발로 자바^{JAVA} 프로그램을 처음 만들었을 때 몇 날 밤을 지새우며 코딩하는 것이 즐거웠습니다. 한 달 만에 프로그램이 세상에 나왔을 때 성취감은 이루 말할 수 없었습니다. 좋아하는 일을 직업으로 삼으신 제 아버지처럼 저도 (주)A사에 입사해 개발자로서 역량을 키우고 새로운 도전을 멈추지 않는 사원이 되고 싶습니다.

② 이것이 몰입을 통한 열정이라고 생각합니다. 일에 대한 몰입은 흥미와 즐거움 그리고 성취감을 가져다주기 때문에 좋아하는 일은 타고나는 것이 아니라 만들어나가는 것이라고 생각합니다.

③ 저는 중학교 때부터 컴퓨터에 몰입하였고 제가 좋아하는 일을 찾았습니다. 중학교 2학년 때 게임 팬 사이트를 만들기 위해 카페에 가입하여

HTML 태그를 배웠습니다. 레이아웃을 만들고 게시판을 넣고 디자인하는 웹 프로그래밍이 게임보다 재미있었습니다. 덕분에 1만 명의 회원을 모으고 해당 게임사의 대표 팬 카페로 선정됐습니다. 웹진에서 게임 기자로 활동하게 됐습니다.

④ 그 경험을 통해 개발자가 되고 싶었습니다. 대학교 2학년 때 교내 창업경진대회에 나가 팀에서 기술담당을 맡았습니다. 스마트폰 어플리케이션을 통해 사회적 문제를 해결하거나 사용자에게 편리함을 제공해 세상을 바꾸려는 중소기업들을 많이 접할 수 있었습니다. 이때 저는 개발자라는 제 꿈을 통해 세상을 좀 더 이롭게 만들 수 있다는 확신이 들었습니다.

⑤ 저는 (주)A사에서 만든 키즈파파와 A샵 어플리케이션을 보며 사용자의 편리성과 기술에 대한 고민과 노력을 알 수 있었습니다. 특히 A샵은 모바일 세상을 통해 사용자에게 새로운 쇼핑 경험을 주고 있었습니다. 저는 여기서 더 나아가 증강현실^{AR} 기술을 써서 직접 옷을 입어보거나 또는 자신의 신체 사이즈를 설정해서 나의 아바타가 옷 입은 모습을 볼 수 있는 기능을 추가하면 좋겠다고 생각했습니다. 5~10년 후 (주)A사의 핵심 프로그래머가 되고 싶습니다.

⑥ 미국 네바다 주 블랙록 사막에서는 매년 버닝맨 축제가 열립니다. 이 축제는 일주일 동안 스스로 의식주를 조달하며 엉뚱하고 기발한 예술작품을 만든 뒤 미련 없이 불태우는 행사입니다. 저는 개발자 정신이 창조와 혁신의 버닝맨 정신과 같다고 생각합니다. 개발자는 버닝맨처럼 분야에 제한 없이 자신을 표현하면서 생존해야 합니다. 개발자로서 생존하기 위해 필요한 것은 창조적 놀이터입니다. (주)A사라는 창조적 놀이터에 입사해 창의

적 사고력과 강한 열정 그리고 남다른 책임감을 발휘하고 싶습니다.

이 자기소개서는 지원 회사의 인재상과 자신의 능력, 경험 사이에 서로 맞닿아 있는 교집합을 찾아내 시작 부분에서 곧바로 던진다. 자기소개서에서 가장 중요한 대목이 바로 이것이다. 어느 인사 담당자가 지원자의 구구한 사연과 넋두리를 듣고 싶겠는가. 오직 알고 싶은 것은 우리 회사가 원하는 인재인가 여부다. 인사 담당자는 그의 능력, 경험, 근성 세 가지 가운데 하나라도 발견하고 싶다. 자기소개서 앞머리에 이 부분을 부각시켜야 한다.

①이 그렇다. 자신의 능력, 경험, 근성을 설명이나 주장으로 표현하지 않는다. 먼저 구체적 상황을 묘사한 뒤 다음 ②에서 이런 자신의 경험과 특징이 바로 '몰입을 통한 열정'이라고 그 의미를 부여하고 있다. 선경후정 방식을 따르고 있다. 설명과 주장으로만 이어진 자기소개서에 대한 반응은 싸늘하다. 그것을 어떻게 믿을 수 있는가.

③과 ④에서 자신의 경험과 능력을 입증할 구체적 사례를 한 번 더 제시함으로써 신뢰도를 높이고 있다. ⑤에서 지원 회사가 운용하는 어플리케이션의 기술에 대한 분석과 대안까지 내놓는다. 회사에 대한 관심과 애정 그리고 실무 능력이 드러나는 대목이다.

마무리 부분인 ⑥에선 미국 버닝맨 축제를 예로 들었다. 이 점이 중요하다. 자신의 주장을 곧바로 밝히지 않고 사례를 들었다. 이 사례로부터 자연스럽게 자신의 주장을 이끌어내고 있다. 스티브 잡스의 축사도 이런 마무리방법을 쓰고 있다. 인사 담당자가 알고 싶은 내용을 중요도 순서에 따라 영리하게 배치한 자기소개서다.

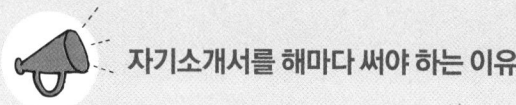
자기소개서를 해마다 써야 하는 이유

평생직장이 사라진 시대에 변화에 대한 적응력과 유연성이야말로 가장 큰 경쟁력이다. 내 앞에 어떤 새로운 환경이 펼쳐질지 모르니 말이다. 그런데 적응력과 유연성은 어떻게 만들어지는 것일까.

매년 자기소개서 쓰기를 권한다. 자기소개서는 그저 입시나 취직할 때만 쓰는 통과의례가 아니다. 자기소개서는 자신의 삶을 냉철하게, 허심탄회하게 평가하는 재무제표이자 자산부채표이다.

자신과 세상의 변화 과정과 현재의 모습을 항상 직시하고 기록하는 사람만이 변화의 파도에 휩쓸려가지 않고 그 위에 올라타 즐길 수 있다.

다음은 한 금융사 인사 담당자와의 인터뷰 내용이다.

어떻게 자기소개서를 평가하는가?

1차로 전 직원이 돌려가며 읽고 거기서 거른다. 선별된 사람에 대해서만 인사팀 차원에서 본다. 읽다보면 식상한 문구나 표현이 많이 등장한다. 서-본-결에서 고정된 패턴이 느껴진다. 몇 년도 어디에서 어떤 부모 밑에서 태어나고 등등. 이런 고정 패턴은 없어지는 추세지만 아직도 많이 발견된다. 기본 인적 사항을 자기소개서에서 되풀이해선 안 된다. 그런 자기소개서는 다른 지원자와 차별이 안 된다. 얼마나 입사 의지가 강한지를 전달하느냐가 중요하다.

자기소개서가 당락에 미치는 영향은?

지대하다. 1차로 스펙(출신학교, 학과, 학점, 영어성적)을 본 뒤 거기서 추려진 사람에 한해 경쟁하기 때문에 스펙보다는 자기소개서로 차별화가 많이 이뤄진다. 스펙과 자기소개서의 비중을 따진다면 4:6 정도로 자기소개서가 높다.

대행업체 티가 나는가?

대행업체를 이용한 티가 나는 자기소개서도 많이 보인다. 처음에는 정교하게 걸러지지 않는다. 그러나 두 번째 관문에선 다른 자기소개서와의 유사점이 발견된다. 최종 면접을 할 때엔 거의 걸러진다고 보면 맞다. 자기소개서의 내용으로 면접 질문을 던지기 때문에 실제 자신의 경험인지, 꾸민 것인지 드러날 수밖에 없다.

워스트는?

입사 시즌이 비슷해 시간도 촉박하다보니 벌어지는 일이다. 어떤 친구들은 자기소개서를 하나 써놓고 계속 파일을 복사해서 보낸다. 제출 회사가 다른데도 그 차이를 반영하지 않고 그냥 제출하는 것이다. 카드사에 자기소개서를 내면서 '입행'이란 표현을 쓰는 것이 대표적 케이스다. 이건 최소한의 성실성 문제다. 스펙이 아무리 좋아도 떨어질 수밖에 없다. 이런 자기소개서가 의외로 많다. 10장에 1장 꼴로 나타난다. 구직 시즌이 몰리다보니 그런 것 같은데 아무리 바빠도 기본적인 튜닝은 꼭 했으면 좋겠다. 자수를 채우기 위해 급급한 모습은 안 좋다. 맞춤법 한두 개 틀린 것은 애교로 봐줄 수 있지만 그 이상이면 그 사람의 자질을 의심하게 된다.

베스트는?

회사가 원하는 것과 자신의 경험 사이에 공통분모가 있어야 한다. 꾸며낸 이야기가 아니라 진실한 이야기를 하는 게 중요하다. 특히 어려웠던 상황을 어떻게 극복하고 오늘에 이르렀는지, 봉사 활동이나 아르바이트 경험을 통해 무엇을 느꼈는지 드라마틱한 스토리가 있어야 한다. 짧은 자기소개서 안에서도 주제를 잘 잡는 글이 있다. 소제목을 광고 카피처럼 넣고 4~5줄로 정리하면 높은 점수를 받을 수 있다.

> **해주고 싶은 말은?**
>
> 자기소개서나 면접이나 짧은 시간에 평가가 이뤄진다. 중요한 것은 자신을 얼마나 잘 포장하느냐 하는 것이다. 상품도 매력과 가치가 있어야 구매를 하듯 입사 지원자에게도 그것이 느껴져야 한다. 내가 왜 이 회사에 입사해야 하는지 세일즈를 잘해야 한다. 지원을 하기 전에 진지한 고민을 했으면 좋겠다. 스펙이 좋으니 어떻게든 되겠지라고 생각하는 경향이 많다. 입사 의지가 느껴지지 않으면 스펙이 좋아도 이 회사에 적응할 수 있을까라는 의구심을 갖게 만든다. 이런 친구들은 선택을 받을 수 없다.

실제4

보고서 쓰기

공무원과 직장인 대상 보고서 특강을 자주한다. 짧게는 하루, 길게는 나흘 동안 진행되는 강좌의 주요 프로그램은 실용 글쓰기의 기초에서부터 보고서 쓰기 전 과정을 포괄한다. 보고서에 대해 기초적 지식을 설명한 다음 기안서, 요약보고서, 상황(결과)보고서, 회의보고서, 기획보고서의 순서로 진행한다. 보고서를 이렇게 나눠 순서를 정한 것은 업무 프로세스가 그렇기 때문이다. 업무를 위한 의사 결정의 흐름을 보면 자료에 대한 정확한 요약(요약보고서)과 상황에 대한 정확한 파악(상황보고서)이 선행된다. 회의를 통해 분석과 진단이 이뤄지고(회의보고서), 마침내 그 사업에 대한 전략, 대안, 추진계획이 마련된다(기획보고서). 가장 빈번하게 쓰이는 기안서는 본격 보고서 이전의 약식 보고서라 할 수 있다.

장르마다 각각의 형식적 특징과 작성 요령을 알려주고 상황 과제를 내준 뒤 수강자들이 팀을 이뤄 현장에서 보고서를 작성한다. 마무리는 작성한 보고서에 대한 첨삭 수업.

직장생활을 하면서 보고서를 제대로 쓰지 못해 이런저런 마음고생과 고충을 많이 겪었던 만큼 강의 내용을 받아들이는 이들의 태도는 남다르다. 강의 내용을 자신의 경험에 비추어 보면서 여러 가지 반응이 나타난다. 특히 이런 하소연을 자주 접한다. "보고서 양식을 몇 가지로 분류하고 일정한 형식과 거기 들어갈 내용을 매뉴얼화했다면, 그동안 글쓰기가 이렇게까지 힘들진 않았을 겁니다. 여태껏 지도 한 장 없이 벌판을 행군한 셈이네요."

그들의 고백을 통해 파악된 상황을 재구성하면 이렇다. 열심히 취업 공부를 해 입사 시험을 치르고 직원이 됐다. 간단한 오리엔테이션을 마치고 일선 업무에 배치된다. 처음엔 주로 심부름 비슷한 일이 맡겨진다. 상사의 말귀를 알아듣고 조직의 물정도 알 만하면 간단한 기안 업무를 맡는다. 특별한 양식은 없다. 부서나 팀에서 선배들이 작성했던 기안서를 참고 삼아 눈치껏 작성한다. 이 기안서는 팀에서 족보처럼 전해져 내려오는 것이다. 다른 팀은 그 팀에서 내려오는 또 다른 족보를 사용한다.

그런데 기안서에 별로 적을 것이 없다. 이미 내용은 구두로 다 논의해서 서로 잘 알고 있다. 행정 절차를 밟아야 하기 때문에 요식행위 차원에서 기록을 남겨야 할 뿐이다. 최소한의 내용만으로 대충 얼개를 잡아 기안서를 작성한다. 팀장도, 부장도 심지어 최고 의사 결정권자까지도 일사천리로 결재가 떨어진다.

재가가 끝난 기안서 시행을 위해 그룹웨어에 띄운다. 곧바로 전화통에 불이 난다. 다른 팀 직원들의 이런저런 문의가 빗발친다. 무얼 하자는 거냐,

보고서 작성시 유의점

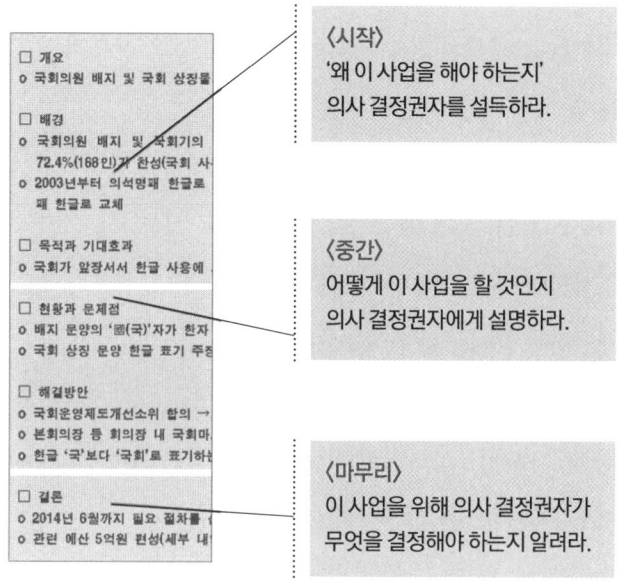

왜 하는 거냐, 어디까지가 대상이냐, 작년에 지원받은 사람도 해당되는 거냐 등. 다양한 물음에 대해 일일이 답변을 하느라 업무가 마비될 지경이다. 2, 3일이 지나야 이 사태는 평정된다. 결재할 때는 아무 지적도 않던 팀장이 그때서야 지청구를 해댄다. 똑바로 써야지, 넌 그게 뭐냐.

이런 일이 일상적으로 되풀이되지만 기안서의 수준은 크게 달라지지 않는다. 문제가 될 때 야단을 맞고 나면 또 그대로 넘어간다. 기안서를 어떻게 써야 하는지 안목과 실력을 갖춘 사람도 없고, 문제를 심각하게 여기는 사람도 없기 때문이다.

하나의 사업을 시작하는 데 개요, 배경, 목적과 취지, 기대효과를 이해하고 공유하는 것은 매우 중요하다. 그것은 그 사업의 영혼에 해당하는 부분이다. 영혼 없는 육체를 상상해보자. 생물학적 작용과 기계적 동작만이 남을 것이다. 안타깝게도 이런 고갱이는 생략되고 일을 실무적으로 추진하는 데 따르는 몇 가지 알림 사항들, 이를테면 대상, 예산, 기간 정도 따위만 나열된다. 일에 대한 직원들의 이해도나 사명감, 애정을 기대할 수 없다. 목적이나 취지도 모르는 채 기계적으로, 시키는 대로 일을 하는 것이다.

상사의 지시에 따라 작성하는 기안서가 이럴진대, 실무자가 자발적으로 업무를 제안하는 품의서는 진작 포기하고 만다. 창의적인 아이디어가 떠올라도 이를 정리해 상사를 설득할 능력도, 자신도 없기 때문에 술자리의 안주나 뒷담화의 소재로 날려버린다. 시간이 갈수록 업무에 대한 사고의 넓이와 깊이도 자신이 쓰는 기안서의 틀에 갇혀버린다.

격식을 갖춘 보고서라도 쓸라치면 몇날 며칠 생앓이를 해야 한다. 도대체 이 내용이 어떤 양식의 보고에 해당하는지 알 길이 없다. 그냥 족보를 뒤적거리다 이거다 싶은 보고서를 모니터에 띄워놓고 형식은 둔 채 내용만 갈아 끼우는 '우라까이'를 감행한다.

그러다 중요한 보고 건이 떨어지면 비상이 걸린다. 이런 보고서를 쓸 수 있는 사람은 조직 내에서도 몇 사람에 국한된다. 그런 사람마저 없으면 보고서를 전문적으로 작성해주는 업체에게 거액의 돈을 들여 용역을 맡긴다.

기안서와 보고서는 그 조직이 일을 한 역사의 기록이다. 행정의 과정과 절차, 결정 사항만으로는 역사를 온전히 기록했다고 볼 수 없다. 그 일을 담당했던 사람의 창의적 생각, 일에 대한 사명감과 애정, 의사 결정의 생생한 과정 등이 담겨 있어야 살아 있는 기록이 된다. 살아 있는 기록을 많이 가진 조직이 경쟁력과 탁월성, 발전 가능성을 갖는 것은 당연한 일이다.

강좌를 마치고 나면 언제나 그 조직에 제안한다. 통용되는 문서를 분석해 몇 가지 양식으로 나누고, 각 양식마다 본보기 보고서와 표준 매뉴얼을 만들어라. 이것을 직원들이 자연스럽게 활용할 수 있도록 교육시켜라. 그러면 보고서를 쓰기도 쉽고 이해하기도 쉽다. 시간이 지나 익숙해지면 직원들이 보고서에 그 사업에 대한 육체뿐만이 아니라 영혼까지도 불어넣게 될 것이다. 내 얘기에 대부분 깊은 공감을 표시한다. 하지만 아직까지 이 제안을 수용한 곳은 애석하게도 나타나지 않고 있다.

바텀업에서 탑다운으로!

기획보고서 특강을 하면 자주 만나는 상황이 있다. 한 편의 보고서에 가계부채, 저출산고령화, 청년실업 등 시사적인 주제와 관련한 자료를 바탕으로 현황과 문제점을 분석하고 해결 방안을 제시하는 작업을 한다. 수강자들은 한결같이 기획보고서 작성의 어려움을 토로했다. 방대한 자료를 요약하고 거기서 핵심을 도출한 다음, 자신의 의견까지 덧붙이려면 며칠이 걸려도 모자란다는 하소연이었다. 그렇게 고생해서 작성했지만 스스로도 마음에 안 들고 직장에서도 좋은 평가를 받지 못한다고 했다.

먼저 이들의 작업 방법을 인터뷰했다.

1. 관련자료, 회의 내용을 처음부터 끝까지 꼼꼼히 읽어가며 중요하다고 생각하는 것에 밑줄을 긋는다.
2. 컴퓨터에 순서대로 옮겨 적는다.

2. 그것들을 바탕으로 보고서의 얼개와 카테고리를 만든다(이 부분이 가장 어렵고 시간이 많이 든다).
3. 보고서의 카테고리 아래 메모한 내용을 모두 채운다.
4. 논리적 흐름에 맞게 메모한 항목을 삭제하거나 이동한다.
5. 상위, 하위 카테고리를 조정한다.
6. 논리적 흐름을 살펴본 뒤 자신의 의견을 넣는다.

인터뷰를 다 하고 난 뒤 이들이 왜 힘들었는지 충분히 이해할 수 있었다. 이런 방법으로 기획보고서를 작성하면 힘은 힘대로 들고, 결과는 나쁠 수밖에 없다. 작업 방법을 완전히 뜯어고치기 위해 사고의 전환이 필요하다.

바텀업$^{Bottom-up}$에서 탑다운$^{Top-down}$으로 전환하라! "당신들이 이제껏 했던 방식은 바로 바텀업 방식이다. 그건 답이 안 나온다. 이제부터 탑다운 방식으로 어떻게 쓰는지 설명하고 직접 실습해보겠다."

이들의 눈빛이 흔들렸다. 처음엔 반신반의하며 내 설명을 들었다. 곧바로 자료를 탑다운 방식으로 살펴본 뒤 1시간 만에 보고서 전체의 얼개와 카테고리를 만들도록 했다. 탑다운 방식으로 3시간 만에 한 편의 기획보고서를 쓰도록 이끌었다.

이틀에 걸쳐 2개의 기획보고서를 작성했다. 과거엔 생각할 수도 없는 일을 경험하는 순간이었다. 이들이 쓴 기획보고서에 대한 피드백이 현장에서 이뤄졌다. 보고서의 개조식 표현, 내용의 정합성, 서식 및 디자인 등 세세한 부분까지 첨삭을 진행했다. 특강을 마친 저녁, 이들은 한정식 집으로 나를 데려갔다. 기분 좋은 술잔이 오갔다. 밖에선 초겨울비가 내렸지만 즐거운 대화가 이어졌다.

이들에게 알려준 탑다운 방식은 다음과 같다.

1. 자료를 대충 훑어보며 그 가운데 핵심 자료를 먼저 찾는다.
2. 핵심 자료를 바탕으로 보고서의 얼개와 카테고리를 짠 뒤 다른 자료를 훑어보며 이를 보완한다.
3. 보고서의 카테고리에 따라 필요한 자료와 필요 없는 자료를 가려낸다.
4. 필요한 자료만 카테고리에 맞게 옮겨 적는다.
5. 논리적 흐름을 살펴본 뒤 자신의 의견을 넣는다.

먼저 기안서, 보고서의 기본 카테고리 형식을 설명하겠다. 기안서, 보고서는 쓰임에 따라 다양한 형식을 갖고 있지만 공통점을 추출해보면 '왜 이 사업을 하는가', '어떻게 이 사업을 할 것인가', '무엇을 결정해야 하는가'로 모아진다. 의사 결정이 필요한 기안서, 기획보고서가 이 경우에 해당한다. 굳이 의사 결정까지 필요하지 않은 요약보고서, 상황(결과)보고서의 경우 '왜 이 보고를 하는가', '어떤 내용을 보고하는가', '무엇을 판단해야 하는가'로 바뀐다.

거기에 따라 카테고리 구성을 하면 된다. 이를 표로 나타내면 다음과 같다.

Why	왜 이 사업을 하는가 (왜 이 보고를 하는가)	개요 배경 목적(취지) 기대효과
How	어떻게 이 사업을 할 것인가 (어떤 내용을 보고하는가)	현황(주요내용) 문제점과 원인(시사점) 해결 방안
What	무엇을 결정해야 하는가 (무엇을 판단해야 하는가)	결론

피래미 구성법에 비유하면 Why가 시작이고 How가 중간이며 What이 마무리다. 기안서, 보고서의 시작은 항상 개요의 방법을 사용한다. 그러나 최근 스토리텔링형 보고서가 등장하면서 이야기 방법을 쓰는 경우도 있다. 중간은 기안서, 기획보고서의 경우 문제와 해결 전개방법을 사용한다. 요약보고서, 상황보고서는 어떤 전개방법도 가능하다. 마무리는 기안서, 기획보고서의 경우 해법과 대안 혹은 요구와 요청이 온다. 요약보고서, 상황보고서

는 의견과 의지 혹은 요구와 요청이 쓰인다. 그렇다면 각 카테고리엔 어떤 내용을 담아야 할까? 국회의 보도자료를 이용해 보고서를 만들어보자.

국회의원 배지 한글화하기로
-19일 국회운영제도개선소위에서 여야 합의-

① 국회는 국회의원 배지와 국회기 문양의 한글화를 추진하기로 했다.
② 국회사무처(사무총장 정진석)는 국회운영제도개선소위원회(소위원장 윤상현)가 금일 국회의원 배지 한글화를 합의함에 따라 향후 도안 작업 및 의견 수렴을 거쳐 한글화 작업을 추진할 계획이다.
③ 국회사무처가 최근 국회의원을 대상으로 국회의원 배지 및 국회기의 한글화에 대한 설문조사를 실시한 결과, 응답의원 232인 중 72.4%(168인)가 한글화에 찬성했으며, 찬성한 의원의 75.0%(126인)가 한글 '국'보다는 '국회'라고 표기하는 안을 선호한 것으로 나타났다.
④ 그동안 현재의 국회의원 배지 문양과 관련하여 '國'국 자가 한자 '或'혹 자로 오인된다는 의견과 함께, 국회의 상징 문양을 우리 고유문자인 한글로 표기해야 한다는 주장이 꾸준히 제기되어왔다.
⑤ 정진석 사무총장은 "우리 국회가 2003년부터 의석 명패를 한글로 표기하기 시작했고, 작년 10월에는 한글날에 즈음하여 본회의장의 '議長' 명패를 한글로 교체하는 등 한글 표기에 앞장서왔다"면서 "이번 결정은 국민의 대표기관인 국회가 앞장서서 한글 사용에 모범을 보이는 좋은 계기가 될 것"이라고 말했다.

⑥ 국회의원 배지 한글화 추진은 향후 국회운영위원회와 본회의의 의결로 최종 확정되며, 이 경우 본회의장을 비롯한 각종 회의장 내 국회 마크와 차량 휘장 등도 함께 변경될 예정이다.

⑦ ※참고: 국회의원 배지는 제헌국회 이래 총 9차례 도안이 변경되었으며, 제5대 국회 참의원(1960~1961) 및 제8대 국회(1971~1972)에는 한글 '국'으로 하였음.

'국회 배지 한글화 추진'을 제목으로 보고서를 작성한다면 다음과 같다. 먼저 시작인 Why 부분부터 설명하자. ①이 개요에 해당한다. ③⑤는 배경에 해당한다. 목적과 기대효과는 어떤 부분일까? ⑤의 "이번 결정은 국민의 대표기관인 국회가 앞장서서 한글 사용에 모범을 보이는 좋은 계기가 될 것" 부분이다. 목적과 기대효과가 나눠지는 경우도 있지만 이렇게 따로 나눌 필요가 없는 경우도 있다.

중간인 How 부분은 이렇다. ④에 현황과 문제점이 모두 들어 있다. "'國'_국자가 한자 '或'_혹자로 오인된다는 의견" 부분이 현황에 가깝고 "국회의 상징 문양을 우리 고유문자인 한글로 표기해야 한다는 주장이 꾸준히 제기되어왔다"는 부분이 문제점에 가깝다. 보고서를 쓰다보면 목적과 기대효과, 배경과 현황이 헷갈릴 때가 많이 있다. 목적은 일을 하기 전의 입장에서, 기대효과는 일을 마친 뒤의 입장에서 결과를 바라보는 차이가 있다. 이 일을 하게 된 직접적인 상황은 현황으로 정리하고 간접적인 상황은 배경으로 정리한다. 현황과 배경을 굳이 나눌 필요가 없다면 한데 묶어도 좋다.

②와 ⑥이 해결 방안이다. 그런데 ③에도 해결 방안이 들어 있다. "찬성한

의원의 75.0%(126인)가 한글 '국'보다는 '국회'라고 표기하는 안을 선호"했다는 설문조사 결과가 그렇다. ㉠은 해결 방안 쪽에 들어가거나 빼면 된다.

마무리인 What 부분은 보도자료에 나타나 있지 않지만 이 사업의 조속한 추진을 위해 의사 결정권자가 예산을 배정하고 관련 절차를 밟아달라는 내용일 것이다. 어떤 사업과 관련한 자료, 상황, 회의결과, 아이디어, 의견 등을 이렇게 카테고리로 나누는 것이 중요하다. 이렇게 카테고리를 나누고 내용을 고른 다음 이를 개조식 문장에 맞게 정리하면 한 편의 보고서가 만들어진다.

개조식 문장을 쓰라고 하면 그냥 서술형 문장에다 번호나 약물(각종 기호, 구두점, 괄호 등)을 붙여가며 문장의 종결 부분을 명사형으로 만드는 것으로 생각할 수 있다. 그렇지 않다. 개조식 문장은 철저한 카테고리 글쓰기가 돼야 한다. 서술형 문장이 논리나 이야기의 흐름에 따라 진행된다면 개조식 문장은 내용을 상위와 하위 카테고리로 나눠 재배열해야 한다.

* 서술형 문장

이번주 유기농 식품 구매 의사를 묻는 전국 주부 대상 설문조사를 실시한 결과 70%가 긍정적으로 답변해 앞으로 엄청난 수요가 예상된다. 유기농물류협회에서 이 예상 수요를 매출 증가세와 연결해 분석한 결과 유기농 시장이 매년 50% 이상 성장할 것으로 예측된다.

현재 유기농 프랜차이즈 점포를 대도시의 주요 거점 지역마다 설립하고 중소도시까지 확대해야 한다. 이를 위해 전국적인 생산기반, 물류센터와 물류망을 시급히 구축해야 한다.

＊ 개조식 문장

　□ 유기농 프랜차이즈 사업 전망 및 대책

　• 시장조사 결과

　-'앞으로 유기농 식품 구매하겠다'는 응답 70%(전국 주부 대상 설문조사)

　- 유기농 시장 매년 50% 이상 성장 예측(유기농물류협회)

　• 사업방향

　- 프랜차이즈 점포를 대도시 주요 거점지역 → 중소도시 확대

　- 전국적 생산기반, 물류센터, 물류망 시급히 구축

이와 같은 개조식 문장으로 '국회 배지 한글화 추진' 보고서를 작성해보자.

　□ 개요

　• 국회의원 배지 및 국회 상징물 한글화 추진

　□ 배경

　• 국회의원 배지 및 국회기의 한글화에 대해 응답 국회의원 232인 중 72.4%(168인)가 찬성(국회사무처)

　• 2003년부터 의석 명패 한글로 표기, 작년 한글날 즈음해 본회의장의 명패 한글로 교체

　□ 목적과 기대효과

　• 국회가 앞장서서 한글 사용에 모범 보이는 좋은 계기

　□ 현황과 문제점

　• 배지 문양의 '國'국 자를 한자 '或'혹 자로 오인

- 국회 상징 문양 한글 표기 주장이 꾸준히 제기

□ 해결 방안

- 국회운영제도개선소위 합의 → 본회의 의결 → 도안 작업 → 의견 수렴
- 본회의장 등 회의장 내 국회 마크, 차량 휘장 등 변경
- 한글 '국'보다 '국회'로 표기하는 안 선호(찬성 의원 75.0%)

□ 결론

- 2014년 6월까지 필요 절차를 신속히 진행
- 관련 예산 5억 원 편성(세부 내역은 첨부자료 참조)

---

* 다음은 노원구에서 낸 보도자료다. 이 보도자료를 바탕으로 기획보고서를 작성해보자.

노원구, 토지 맞교환으로 구 재정에 숨통 트여
- 구유지, 국유지 맞교환으로 노원구 25년 숙원 과제 해결
- 교환을 통해 21,650㎡의 활용 가능 토지 확보로 구 수입 증대 효과

25년간 토지 활용을 못해 애물단지가 된 구유지와 국유지를 서로 맞교환하여 열악한 구 재정에 숨통이 트일 전망이다.
서울 노원구(구청장 김성환)는 지난달 20일 기획재정부와 공릉동 육군사관학교 내 구유지를 중계본동 104마을 재개발 구역의 국유지와 상호 교환계약을 체결하고 소유권 이전을 완료했다고 10일 밝혔다.
지방자치제 시행('95) 이전에는 국가와 지자체 간 재산권에 대한 관계가 미정립되어 국가가 지자체 소유 재산을 점유하고, 도로나 공원 등 공공용시설을 관리하고 있는 지자체는 국유지를 점유하는 사례가 적지 않았다.
지방자치제 시행 이후에도 국가와 지자체간 재산권 정리가 미흡, 재산에 대한

점유자와 소유자의 불일치로 관리가 소홀하고 재산 활용상 제약이 많은 것도 사실이었다.

또 2005년부터 국유재산에 대한 관리업무 일부가 한국자산관리공사(KAMCO)에 위탁되면서 국유재산 무단점유에 대한 변상금 부과와 이에 대한 지자체의 소송 제기 등 논란이 끊이지 않았다.

때마침 지난 2010년 기획재정부와 서울시 간 국·공유재산 상호 점유 해소를 위한 업무협약(MOU)이 체결되어 상호 점유 해소 대상 재산에 대한 실태 조사 등 국가와 지자체 간 재산권 정리에 탄력을 받기 시작, 상호 점유 토지 교환의 토대를 마련하게 됐다.

노원구의 경우 1988년부터 육군사관학교(이하 육사) 내에 구유지 9필지 17,786㎡를 소유하고 있었으나 육사에서 공유재산 및 물품관리법 제24조 제1항에 따라 학교용지로 무상으로 사용 중인 관계로 구의 사업에 활용하지 못하여 안타까워만 했다.

이에 노원구는 맞교환을 위한 토지 분필(分筆) 등 세부적인 사항을 추진하여 중계동 104마을 재개발사업구역 내 국유지 30필지 21,650㎡와 육군사관학교 내 구유지 9필지 17,786㎡를 지난해 5월 최종 교환대상 토지로 확정하고, 지난 1월 20일 상호 점유 재산을 맞교환하는 성과를 거두었다.

이번 맞교환 계약으로 구는 향후, 재개발사업 착공 시점인 2016년 이전 매각 절차를 거쳐 약 150억 원(감정평가액)의 매각 수입을 기대할 수 있어 구의 실질적인 재정 확보에 크게 기여할 것으로 보인다고 말했다.

한편 구는 이번 맞교환 계약을 하면서 해당 토지에 소재하는 배드민턴 클럽 회원들의 민원 해결 사례를 소개하기도 했다.

이번에 교환된 중계동 산104-43번지(4,557㎡)에는 시설 규모 600㎡ 회원수 300여 명의 주민 체육 동호회인 '조일배드민턴클럽'이 위치하여 그동안 전 토지 소유주인 산림청의 토지 사용 승인을 받지 못해 자가발전 시설에 의존해 전기를 사용하게 됨에 따라 운영비용의 과중으로 동호회 운영에 어려움이 많이 발생했고, 그간 동호회 회장 및 회원들이 김성환 노원구청장에게 애로사항을 해결해줄 것을 여러 차례 호소했다.

이에 김성환 노원구청장은 생활 체육 시설 부지를 맞교환 대상 토지에 포함하도록 했고 이번 교환계약 체결로 한전에 전기 사용 신청이 가능하게 되었다. 이 소식을 접한 동호회 회원들은 김성환 구청장의 노고에 깊은 감사를 표시하기도 했다.

김성환 노원구청장은 "이번 국·공유재산 상호 점유 토지 교환을 통해 노원구는 지역 주민들의 불편을 해소함과 동시에 구 재정 측면에서 많은 도움이 있을 것으로 보고 있다"면서 "구민들을 위한 각종 사업의 재정적 기반을 확보하는 데 크게 기여할 수 있을 것으로 생각한다"고 말했다.

제목 :

▫ 개요

▫ 배경

□ 목적

□ 기대효과

□ 현황

□ 문제점

▫ 해결 방안

▫ 결론

실제5
이메일과 그룹웨어 쓰기

요즘 사람들이 가장 빈번하게 마주하는 글이라면 단연 이메일일 것이다. 밥을 먹고 숨을 쉬는 일만큼 우리는 자주 이메일을 쓴다. 생각해보라, 우리가 눈곱을 떼어내자마자 하는 일이 무엇인가를. 우리는 밤새 어떤 메일이 들어왔는가를 체크한다. 스팸이나 광고의 숲을 헤치고 어떤 기대감과 긴장감에 사로잡혀 놓쳐선 안 될 메일이 없는가를 살핀다.

이는 농경시대 사람들이 눈을 뜨자마자 창문을 열어 하늘을 우러르고 바람결을 느끼며 물소리를 듣고 먼 산을 바라보며 하루의 날씨와 운세를 예감하던 일과와 다름없다.

농경시대든 지식정보화시대든 하루 일을 시작하기 전, 인간은 자신이 마주할 대상과 소통의 의식을 가장 먼저 치르는 것이다. 이메일은 개인생활에서부터 사회생활에까지 그 쓰임이 넓게 걸쳐져 있다. 편지와 엽서가 하던 일을 대신하게 된 것은 이미 오래전 일이다. 학교나 직장 등 그 어떤 조직에서든 이메일을 통해 기본적인 의사소통을 한다. 심지어 대화를 해야 할 일까지도 이메일이나 메신저를 활용한다.

학교에서는 각종 과제나 공지사항을 이메일을 통해 알리고 이메일을 통해 과제물을 받는다. 교사와 학생, 교수와 학생 간 다양한 메시지가 이메일을 통해 오고간다. 학업과 진로에 대한 고민 상담에서부터 방학 기간의 안부 편지까지 그 내용도 다채롭다.

직장에선 그룹웨어Gropware나 인트라넷Intranet을 활용한다. 공적·사적 용도의 이메일을 여기서 주고받는다. 회사는 전 직원 혹은 일부 부서나 직급

이메일 작성시 유의점

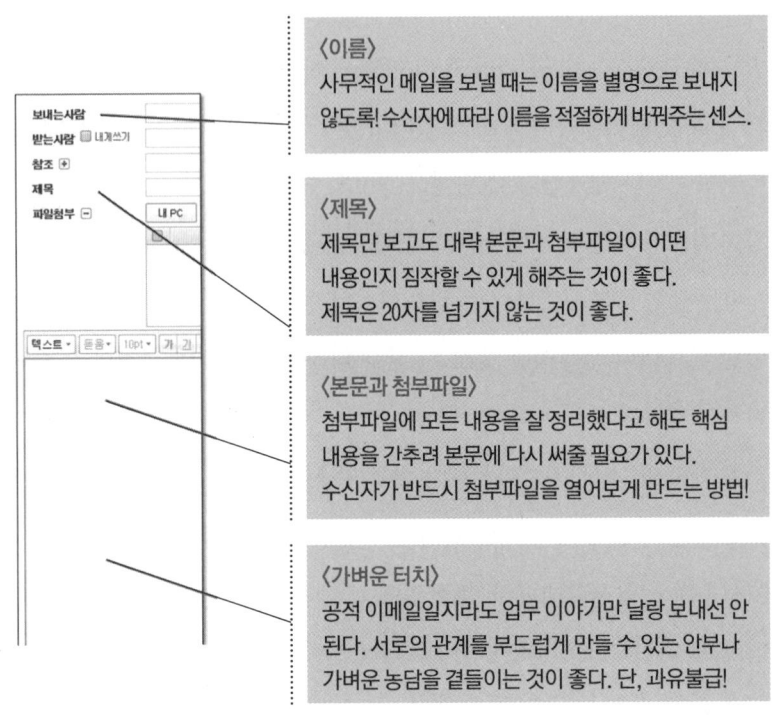

〈이름〉
사무적인 메일을 보낼 때는 이름을 별명으로 보내지 않도록! 수신자에 따라 이름을 적절하게 바꿔주는 센스.

〈제목〉
제목만 보고도 대략 본문과 첨부파일이 어떤 내용인지 짐작할 수 있게 해주는 것이 좋다.
제목은 20자를 넘기지 않는 것이 좋다.

〈본문과 첨부파일〉
첨부파일에 모든 내용을 잘 정리했다고 해도 핵심 내용을 간추려 본문에 다시 써줄 필요가 있다.
수신자가 반드시 첨부파일을 열어보게 만드는 방법!

〈가벼운 터치〉
공적 이메일일지라도 업무 이야기만 달랑 보내선 안된다. 서로의 관계를 부드럽게 만들 수 있는 안부나 가벼운 농담을 곁들이는 것이 좋다. 단, 과유불급!

이 알아야 할 내용을 전자게시판을 통해 공유하고 각종 의사 결정 과정을 전자결재를 통해 진행한다. 뿐만 아니라 업무에 필요한 각종 지식과 데이터를 공유하기도 하고 메신저나 화상회의 기능을 추가해 전자회의를 열기도 한다. 참여정부 당시 청와대 업무프로그램인 e지원이 그 대표적 경우다. e지원을 통해 업무 지시와 보고가 이뤄졌으며 각종 이메일, 지식 공유, 아이디어 메모, 데이터베이스, 메신저까지 모든 일이 e지원으로 통했다.

홍보수석실 행정관으로 일하던 당시, 나는 보고서나 정책기사를 한글 파일로 작성한 후 e지원 문서관리 카드를 통해 상신했다. 결재 라인에 비서관, 수석, 비서실장을 경유로 지정한 뒤 마지막 대통령에게 최종 보고될 수 있도록 설정한다. 중간 경유자는 그냥 결재 버튼만 누르는 것이 아니다. 이 보고서에 대한 코멘트에서부터 보고자의 노고를 격려하는 한마디까지, 대면보고에서나 있을 법한 의사 결정 과정의 생생한 장면이 담기도록 설계된 것이다.

아무래도 문서관리 카드의 백미는 보고자에게 회신된 카드에 적힌 대통령의 한마디다. 대통령은 보고서를 꼼꼼히 읽어낸 사람만이 가질 수 있는 안목으로 보고서의 내용과 품질에 대해 조언을 아끼지 않았다. 대통령은 진지한 조언 속에 인간적 감정이 드러날 만한 한 자락의 여유를 빠뜨리지 않았다. 보고자는 주로 새벽 2~3시로 표기돼 있는 작성 시간을 확인하고 대통령의 건강과 열정을 함께 떠올린다.

이렇듯 다양한 쓰임새에 따라 이메일과 그룹웨어를 어떻게 쓰면 좋은지 짚어보자.

(1) 개인과 개인 간에 주고받는 사신

가벼운 안부에서부터 뜨거운 사랑 고백까지, 사소한 부탁에서 중대한 제안까지 내용과 형식에 제한이 없다. 다만 전해야 할 메시지를 정확하게 드러내는 것이 관건이다. 그보다 더 중요한 것은 진정성이다. 사신私信에 진정성이 없다면 상대방은 그것을 스팸과 다름없이 받아들인다. 이메일에 진정성을 담을 수 없다면 전화를 하거나 직접 만나서 얘기하는 것이 낫다.

(2) 조직 내부에서 연락, 공유, 협의 등 업무적 소통을 위한 이메일

이럴 경우 본문 없이 필요한 자료만 첨부해 보내거나, 첨부자료가 없을 경우 아주 건조한 실무 사항만 본문에 적어 발송하는 경우가 많다. 심지어 본문이나 첨부자료 없이 제목만 달랑 적고 그 옆에 괄호로 묶어 '냉무'라고 붙여 보내기도 한다. 이는 이메일의 장점을 그리 잘 활용하지 못하는 것이다.

동료와 직접 만나 업무 이야기를 나눌 때를 떠올려보자. 나와 상대방이 오로지 업무 이야기만 나눌까? 그렇지 않다. 객쩍은 농담도 하고 사소한 안부도 주고받은 다음에야 업무 이야기로 넘어가는 것이 인지상정이다. 오직 업무 이야기만 나눌 때에도 업무 이야기만 나누는 것이 아니다. 상대방의 옷차림, 얼굴 표정, 분위기, 음색과 성조 역시 언어로 표현되지 않았을 뿐 명백한 대화요, 메시지다. 이런 비언어적 언어가 상대방의 호감을 사는 데 매우 중요한 역할을 한다는 것은 이제 설명이 필요 없는 구문이다. 이렇게 공적 영역과 사적 영역이 조화를 이뤄야 업무적 소통이 원활해진다.

자, 다시 이메일로 돌아와보자. 건조하게 실무 사항만 전달받으면 왠지 불친절하거나 화난 사람을 만나는 느낌이 든다. '냉무'라고 적힌 제목만 받으면 건방지거나 경솔한 사람이란 생각이 든다. 이메일의 큰 장점 가운데 하나는 평소 얼굴을 마주 대하고 말하기 어려웠던 속 깊고 살가운 대화가 가능하다는 사실이다.

안 그래도 직장 내에서 인간적 친분과 신뢰를 쌓기 위해 교류가 필요한 판에 업무라는 알리바이까지 있으니 이런 기회를 십분 활용할 수 있지 않을까. 업무는 순조롭게 풀어내고 사람은 잘 엮어내는 일석이조를 거둘 수 있지 않을까.

(3) 어떤 공고나 공모에 지원하거나 응모하기 위한 이메일

취업, 진학, 현상 공모, 출품, 기고 등이 그 경우다. 취업과 진학을 위해 이력서와 자기소개서를 보낼 때, 공모나 기고를 위해 아이디어나 창작물을 보낼 때 첨부파일이 결정적이지만 메일 본문에 적는 짤막한 몇 마디도 허투루 놓쳐선 안 된다.

첨부된 문서를 열어 보기 전 본문에 적힌 몇 마디를 먼저 읽게 되는데, 그것은 그 사람에 대한 첫인상과 같다. 본문에선 신뢰감과 함께 강한 인상을 심어주되 절제가 필요하다. 두세 줄의 문장으로 이를 담아내야 한다. 첨부파일을 만드는 노력만큼 본문 문장의 내용과 구성을 고민해야 한다.

조직의 사업을 외부와 협의하거나 다중에게 안내할 때에도 이메일을 사용한다. 간단한 업무 협조에서부터 기업설명회$^{IR,\ Investor\ relations}$까지 여기에 포괄된다. 이런 경우에도 첨부파일이 핵심이겠지만 본문에서 주는 첫인상의 중요성을 결코 간과할 수 없다.

(4) 이메일은 광고, 홍보, 뉴스 콘텐츠를 탑재한 미디어

수백만 명의 독자를 거느린 '고도원의 아침 편지'는 이메일이 갖고 있는 가능성이 성공적으로 발현된 사례다. 거기까지는 아니더라도 기업과 조직에서 상품을 광고하거나 뉴스나 칼럼, 자료 등을 홍보하기 위해 수시로 웹메일을 보낸다. 우리는 대개 하루에 수십 통씩 그런 메일을 받아본다.

이들의 운명은 극명하게 엇갈린다. 클릭되거나 아니면 무시당한다. 아예 스팸으로 처리되어 잠시 머물렀다 한꺼번에 삭제된다. 이들 메일의 운명을 가르는 몇 가지 관문이 있다. 첫 관문이 제목이다. 제목에서 사람의 관심을 낚아채야 한다. 낚아챘다고 '낚시성' 제목을 달라는 게 아니다. 알맹이 없는 '낚시성' 제목은 양치기 소년의 운명과 다를 바 없다. 짧지만 울림이 있는 제목이 좋다. '고도원의 아침편지'나 '이철수의 나뭇잎 편지'의 제목을 훑어보라.

막상 제목을 클릭하고 들어가보면 너무 많은 꼭지가 들어 있어 어디를 먼저 클릭해야 할지 모른다. 비슷한 크기의 제목들을 이리저리 살펴보다 그냥 나와버리고 만다. 한마디로 확 당기는 게 없다. 하나를 클릭하게 하면 웹 메일은 성공한 것이다. 그다음 고구마 줄기처럼 다른 콘텐츠로 유도하는 것은 어려운 일이 아니다. 그런 점에서도 '고도원의 아침편지'는 영리하다. 일석이조가 아니라 일발필사가 필요하다.

(5) 여론 수렴 및 고객관리를 위한 이메일

여론 수렴 및 고객관리(CRM, Customer Relationship Management)의 성공 여부는 메일 개봉 비율과 답장 비율로 판가름 난다. 그런데 CRM을 읽거나 거기 나온 조사에 응답을 하다보면 짜증이 나는 경우가 많다. 이것은 일정한 사명감이나 의무감, 흥미가 없으면 호응하기 어렵다. 그런데 상대방의 동의를 구하고 마음을 얻으려는 충분한 설명도 하지 않고 불쑥 어려운 숙제를 내민다. 1~2분이면 조사가 끝나는 줄 알았더니 5~10분을 넘긴다. 강제로 웹 메일 창을 종료해버리지만 불쾌한 마음은 오래도록 남는다.

(6) 이메일이야말로 가장 손쉬운 자료 데이터베이스

나의 경우 안 읽은 메일은 삭제하지만 읽은 메일은 10년 가까이 지우지 않고 있다. 검색을 통해 과거 내가 주고받았던 문서를 다시 볼 수 있어 얼마나 요긴한지 모른다. 이메일을 쓸 때 나중에 꺼내볼 것도 생각해 메일함을 분류하고, 검색이 용이하도록 제목과 본문을 달면 좋다. 언제든 꺼내 쓸 수 있는 기억의 창고다.

이제 일반적으로 이메일을 쓸 때 유의하거나 고려해야 할 점은 어떤 것이 있는지 살펴보자.

(1) 이름

사무적 관계에서 이메일을 받았는데, 발신자의 별명 때문에 황당했던 적이 있다. '토달지마', '바람잡이', '소맥좋아', '미끈새끈', '쓰리고따따블', '병따개', '덕후신공' 등. 이런 별명을 접할 때면 '백약이 무효'라는 말을 떠올리게 된다. 그 사람이 보낸 이메일의 제목, 본문, 첨부파일이 아무리 잘 쓰였으면 뭐하는가? 거기서 호감을 느끼고 좋은 이미지를 받는다 해도 소용없는 일이다. 별명 하나로 산통이 다 깨져버렸다. 장난으로 붙인 별명이겠지만 상대방은 그 사람의 부박한 교양 수준과 황폐한 정신세계를 떠올린다.

이메일을 보낼 때 가장 놓치기 쉬운 것 가운데 하나가 이 점이다. 수신자의 메일 '보내는 사람'란에 이메일 이름이 어떻게 뜨는지 까맣게 모르기 십상이다. 이름이 뜨는지 별명이 뜨는지, 신분이나 직책은 어떻게 뜨는지 지금 당장 확인해보라. 메일의 환경설정, 쓰기설정, 보내는 사람 이름을 체크해보라. 가장 적절한 이름으로 어떤 것을 사용하는 것이 좋을지 판단하고 수정하라. 또 수신자에 따라 이메일 이름을 적절하게 바꿔주는 것도 좋다.

(2) 제목

제목이 중요하다. 제목만 보고도 대략 본문과 첨부파일이 어떤 내용인지 짐작할 수 있게 해주는 것이 좋다. 흥미와 궁금증까지 불러일으킨다면 금상첨화다. 그러자면 구체적이고 각이 살아 있어야 한다. 내가 받은 메일 목록을 훑어보니 '자료', '요청사항', '알림', '지원'이라고 제목을 달아 보내는 경우가 많다. '도와주세요', '보냅니다', '초대합니다', '인사드립니다'라고 쓴 것도 눈에 뜨인다. 그러나 어떤 자료이고 무엇을 요청하는 것인지, 어떻게 도와달라는 것이며 무엇을 보낸다는 것인지 알 수 없는 경우도 있다. 이렇게 써보자.

- 〈자료〉 서울대 교직원 글쓰기 강좌 첨삭 예시문
- 〈요청사항〉 실용 글쓰기 1학기 강의계획서 입력
- 〈지원〉 기획보고서 쓰기 2회차-강정원
- 〈초대합니다〉 고양 한살림 이야기마당 '밥과 우주'

메일 이름에 이미 회사나 기관 이름이 표시된다면 제목에서 이를 반복하지 않아야 한다. 너무 길게 제목을 달면 읽기가 힘들다. 심지어 제목이 너무 길어 제목 칸에 다 들어가지 않는 경우도 있다. 제목은 20자를 넘기지 않는 것이 좋다.

이메일을 읽는 사람에게 어떤 구체적 행동을 요구한다면 '회신', '전달', '실행' 등을 제목 앞에 넣어라. 이메일이 아주 중요하거나 긴급한 것이라면 '중요', '긴급'이라고 표시해주라.

(3) 본문과 첨부파일

인터넷은 뎁스^{Depth}의 싸움이라고 한다. 몇 단계를 거쳐 내가 원하는 콘텐츠에 도달하느냐가 관건이다. 클릭 수를 최대한 줄이는 것이 유리하다. 흔히 첨부파일에 모든 내용을 집어넣고 본문은 그냥 공란이거나 의미 없는 한두 마디를 쓰는 데 그친다.

그러면 이메일 수신자는 고민한다. 첨부파일을 열 것인가, 말 것인가? 그냥 제목과 본문만 훑어보고 첨부파일을 열지 않는 경우도 부지기수다. 첨부파일에 모든 내용을 잘 정리했다고 해도 핵심 내용을 간추려 본문에 다시 써줄 필요가 있다.

본문에 적힌 핵심 내용이 흥미롭다면 수신자는 반드시 첨부파일을 열어볼 것이다. 설사 수신자가 첨부파일을 열지 않는다 해도 본문만으로도 메시지를 전달할 수 있다.

(4) 가벼운 터치

앞서 이야기한 것처럼 공적 이메일일지라도 업무 이야기만 달랑 보내선 안 된다. 서로의 관계를 부드럽고 도탑게 만들 수 있는 안부나 관심, 가벼운 에피소드나 농담 등을 곁들이는 것이 좋다.

그러나 이 역시 과유불급이란 점을 명심해야 한다. 지나쳐버리면 공과 사도 구분 못하는 사람으로 오해받을 수 있다. 글자의 포인트나 서체, 디자인, 스킨까지 신경을 써야 한다. 상대방이 읽기 쉽고 호감을 느낄 수 있도록 꼼꼼하게 배려하자.

기본기를 익히는 것은 지루하고 힘들다.
이것을 뛰어넘어 곧바로 플레이에 나서고 싶은 게 인간의 본능이다.
그러나 기본기를 제대로 익히지 않고는 창의적 플레이는 고사하고
기본적 플레이도 불가능하다. 글쓰기도 마찬가지다.

4

글쓰기의 기본기

글쓰기를 도식화해 표현하자면 이렇다. 단어가 모여 문장을 이루고 문장이 모여 문단을 이룬다. 그 문단을 글쓴이가 의도하는 논리적 그림에 따라 배치하는 것이 구성이다. 단어, 문장, 구성을 어떻게 하느냐에 따라 그 글의 내용과 품질이 결정된다. 결국 한 편의 글을 이루기 위한 단어, 문장, 구성, 내용의 기본 특징 하나하나를 잘 알고, 이것이 실제 글을 쓰는 데 자연스럽게 배어 나오도록 훈련해야 한다.

 운전으로 치자면 핸들, 기어, 클러치, 브레이크, 액셀러레이터 조작법을 잘 알고 이것이 실제 운전에서 자연스럽게 응용되도록 훈련하는 것이다. 야구에 비유해도 좋다. 야구 선수는 경기에 나가기 전 많은 시간 타격 훈련을 한다. 다양한 구질의 공을 배트로 쳐내는 연습은 물론이고 타격 폼을 바로잡고 타격 감각을 살리기 위해 수도 없이 스윙 연습을 한다.

 1990년대 홈런왕 빙그레 이글스(현재 한화) 장종훈 선수를 기억할 것이다. 그는 1986년 연봉 300만 원에 배팅볼 투수와 볼보이 보직의 2군 연습생으로 프로 리그에 입단했다. 한동안 아무런 희망이 보이지 않아 야구를 포기하려고 했다. 그러나 마지막이라 생각하고 매일같이 3,000번의 스윙 연습을 했다. 마침내 2군 연습생에서 1군 주전 유격수 자리를 꿰찼고 이 기회를 놓치지 않고 노력해 마침내 프로야구 역사에 길이 남을 최고의 타자가 됐다.

기본기를 익히는 것은 지루하고 힘들다. 이것을 뛰어넘어 곧바로 플레이에 나서고 싶은 게 인간의 본능이다. 그러나 기본기를 제대로 익히지 않고는 창의적 플레이는 고사하고 기본적 플레이도 불가능하다. 글쓰기도 마찬가지다. 이것을 어물쩍 넘어가려고 하면 안 된다. 한마디로 '닥치고 기본기'를 익혀야 한다.

이 장에선 단어와 문장을 정확하고 명료하게 사용하는 법을 설명한다. 전체적으로 조화와 균형을 이루면서, 새롭고 호소력 있는 내용을 담아내는 방법도 알아본다. 세세하게 다 살펴볼 수는 없고 글을 쓰는 데 빈번하게 나타나는 문제를 중심으로 설명해보자.

기본기1
단어

(1) 친숙한 일상어를 사용하자

글쓰기의 두려움을 설명하는 대목에서 이야기한 대로 우리나라 사람은 글쓰기를 아주 특별한 행위로 생각한다. 그러다보니 글쓰기에 사용하는 단어 역시 일상과는 차원이 달라야 한다는 강박증이 있다. 남들이 좀처럼 쓰지 않는 특별한 단어를 구사해야 좋은 글로 평가받는다고 착각한다. 크게 세 가지 오류가 있다.

첫 번째는 일부러 예스러운 표현이나 억지 한자어를 쓰는 경우다. 높은 지위에 있는 사람에게 마이크를 들리면 특히 이런 현상이 두드러지는데, 이는 전근대 사회에서 통용될 법한 우스꽝스러운 행위다. 지금은 알아들을 수 없는 말로 권위를 얻던 시대가 아니다. 친근한 말로 공감을 얻어야 하는 시대다. 물론 문학 장치로서 예스러운 표현이나 한자어를 쓰는 것까지 타박하는 것은 아니다.

그 청년은 작금에 이르러서야 1년 전 화재 사건에 대해 이실직고했다.

금일과 작일에 일어난 내홍은 미리 막을 수 있는 일이다.

메시아의 도래를 앙망하던 이스라엘 사람들에게 예수님은 하나님의 독생자로 탄생했다.

옥쇄의 각오로, 생산량을 두 배로 제고하여 올해 목표를 조기에 달성할 계획이다.

이 젊은이의 멸사봉공 정신을 우리 사회에 거양하려면 언론이 앞장서야 한다.

폐일언하고 현하 중인환시리에 그런 일이 벌어지는 것을 보면 개구의 여지가 없다.

그 청년은 요즘에 이르러서야 1년 전 화재 사건에 대해 사실대로 말했다.

오늘과 어제 일어난 집안싸움은 미리 막을 수 있는 일이다.

메시아가 오기를 바라던 이스라엘 사람들에게 예수님은 하느님의 외아들로 태어났다.

죽을 각오로, 생산량을 두 배로 높여 올해 목표를 일찍 달성할 계획이다.

사회를 위한 이 젊은이의 희생정신을 우리 사회에 칭찬하여 받들려면 언론이 앞장서야 한다.

한마디로 지금 사람들이 둘러싼 가운데 그런 일이 벌어지는 것을 보면 할 말이 없다.

두 번째는 외국어를 남발하는 경우다. 특히 고학력 출신이나 전문직에 종사하는 사람들일수록 이런 현상이 심하다. 명사나 동사처럼 중요한 단어는 대부분 영어로 쓰고 우리말은 조사나 어미로만 사용한다. 100년 전 우리나라의 지식인층이 그랬다. 주요한 단어는 모두 한자로 쓰고 우리말은 조사나 어미 정도로만 사용했다. 과거 지식인층이 우리말을 한자의 구결로 썼다면, 지금은 영어의 구결로 쓰는 것이다. 개중에는 한국에서만 쓰는 영어 표현도 있다. 씁쓸한 세태다.

지난번 바이어한테 컴플레인을 받았다고 오너로부터 엄청난 프레슈어를 받았다.

이머징 마켓의 포텐셜로 글로벌 증시와의 디커플링 해소가 기대된다.

스펙이 화려한 로펌 출신의 변호사가 예능 프로그램에 나와 셀프 디스를 한다.

지난번 수입업자한테 항의를 받았다고 사주로부터 엄청난 압력을 받았다.

신흥시장의 잠재력으로 세계 증시와의 비동기화 해소가 기대된다.

경력이 화려한 법률회사 출신의 변호사가 예능 프로그램에 나와 스스로 자기 흉을 본다.

세 번째는 전문용어와 약어를 아무 설명 없이 쓰는 사례다. 글을 읽을 사람에 대한 배려는 하지 않고 시대를 자기 혼자 앞서 나가는 듯한 착각을 한다. 이 역시 전문가 집단에서 자주 보이는 현상이다. 전문용어와 약어를 쓸 경우 전문 지식이 없는 사람도 이해할 수 있도록 친절하게 설명을 붙여줘야 좋다.

한마디 더 덧붙이자면 인터넷 용어나 은어, 이모티콘은 친구와 문자를 주고받을 때 말고는 사용하지 않는 것이 좋다.

스마트 그리드Smart Grid는 기존 전력망에 ICT를 접목해 공급자와 소비자가 양방향으로 전력 정보를 교환함으로써 에너지 효율을 높이는 시스템이다. 이 시스템은 ESS를 이용하여 심야에 남는 전력을 저장해 필요한 시간대에 사용할 수 있다.

＊ICT: 정보통신기술, ESS: 에너지 저장 시스템

김명석 교수(국민대학교 언어철학과)가 〈교수신문〉(2013년 5월 7일자)에 쓴 '여기 상태와 들뜬상태 사이에서'라는 칼럼을 소개한다. 우리말을 제대로 쓰려는 한 철학자의 굳센 의지를 읽을 수 있다.

고등학생 시절 물리학 참고서에서 '기저상태'와 '여기상태'를 처음 읽었을 때 나는 이것이 무엇을 뜻하는지 알지 못했다. 다른 참고서에서 이 단어는 '바닥상태'와 '들뜬상태'로 바뀌어 있었다. 이번에는 읽자마자 그 뜻을 곧장 알 수 있었다. 그 시절 두 가지 용어가 교과서와 참고서에 섞여 쓰였고, 결국 후자의 용어들이 한국물리학회의 공식용어로 자리 잡았다.

한국의 물리학자들이 '바닥상태'와 '들뜬상태'라는 말을 만들어내지 못했다면, 우리 학생들은 아직도 교과서에서 '기저상태'와 '여기상태'를 읽고 있을 것이며, 그 뜻을 몰라 어리둥절하고 있을 것이다. 대학원 유럽철학 세미나 시간에 '소격화'라는 낱말을 접했을 때, 나는 이것이 무슨 뜻인지 처음에는 전혀 알지 못했다. 이 말을 처음 옮긴 사람은 왜 '거리두기'나 '떨어져보기' 또는 '낯설게 하기'라 옮기지 않았을까?

《용비어천가》의 제1장은 이렇게 시작한다. "海東六龍이 나시어 일마다 天福이시니 古聖이 同符하시니." 국내 학자들이 논문에서 쓰는 방식대로 이를 옮기면 다음과 같다. "해동의 육룡이 나시어 일마다 천복이시니 고성이 동부하십니다." 이 문장과 다음 문장을 견줘보라. "릴렉스한 위크엔드에는 〈섹스엔더시티〉의 캐리가 된 듯, 홈메이드 베이크된 베이글에 까망베르 치즈 곁들인 샐몬과 후레쉬 푸룻과 함께 딜리셔스한 브렉퍼스트를 즐겨보자."

서양어를 한말로 옮기지 않고 한글로 표기만 하는 글쓰기 방식을 '보그체'라고 한다. 보그체 문장은 한국의 철학 문헌에서 자주 읽을 수 있다. 평론가 김홍기는 다음과 같은 문장을 소개한다. "나의 텔로스는 리좀처럼 뻗어나가는 나의 시니피앙이 그 시니피에와 디페랑스되지 않게 함으로써 그것을 주이상스의 대상이 되지 않게 콘트롤하는 것이다." 나는 한자어 용어를 한말로 옮기지 않은 문장도 이런 범주의 문장으로 여긴다. 왜 한국의 학자들은 "나쁜 돈이 좋은 돈을 몰아낸다" 또는 "가짜 돈이 멀쩡한 돈을 쫓아낸다"라고 쓰지 않고 "악화가 양화를 구축한다"라고 쓸까.

한말 낱말들은 한반도 학자들에게 학술어로 쓰인 적이 거의 없다. 황호덕 성균관대 교수(국어국문학과)는 19세기 말 서양어의 번역어로서 일본 한자어가 채택되는 역사를 추적했다. 'progress'는 '앞으로 감'이나 '나아감'에서 '진보', '전진', '향상'으로 바뀌고, 'individual'은 '하나'나 '놈'에서 '개인', '단독'으로 바뀐다. 영한사전을 편찬하는 선교사들은 영일사전이나 영중사전을 참조했는데, 이때 중국식 한자 번역어와 일본식 한자 번역어가 한반도에 대거 유입된다. 황교수는 "'한 놈' 혹은 '앗기는 자'를 구하는 일이야말로 앞으로 한국 개념어 연구의 한 과제"라고 말한다.

동료 학자들은 한자어를 사용하지 않고서는 학술 담론을 형성할 수 없다고 말한다. 이 말은 거의 틀리지 않다. 하지만 《용비어천가》 제2장에 나오는 이 놀라운 문장을 보라. "뿌리 깊은 나무는 바람에 흔들리지 않기 때문에 꽃이 아름답고 열매도 많습니다. 샘이 깊은 물은 가뭄에도 그치지 않기 때문에 냇물이 돼 마침내 바다에 이릅니다." 이 장의 의도는 한말만으로 글월을 만들어낼 수 있다는 것을 보여주는 것이었다.

몇 해 전, 나는 모든 배움의 바탕이라 할 수 있는 논리학을 한말 낱말을 써서 이야기하기로 마음먹었다. 이렇게 해서 나온 책이 《우리말길》(생각실험실, 2013)이다. 이 책에서 '논리'는 '말길'로, '조건문'은 '이면글월'로, '문장연산자'는 '글월 바꾸개'로, '긍정논법'은 '이면 없애기'로, ' 보편예화'는

'모든 없애기'로 옮겼다. 《우리말길》은 기존 글쓰기 방식과 전문용어 조어 방식을 뿌리부터 바꾸려는 우리의 첫 일이다. 이제 소크라테스 이전 자연 철학자의 단편부터 현대 철학자의 주요 논문까지 수많은 개념어를 한말 낱말로 옮기는 일을 시작하고자 한다.

25년 전 '여기상태'와 '들뜬상태'가 다툴 때 어린 내 지성은 '들뜬상태'에 손을 들어줬다. 앞으로 '이성'과 '헤아림'이, '실체'와 '밑바탕'이, '관념'과 '마음그림'이 우리 마음 앞에서 다투게 될 것이다. 언젠가 《용비어천가》 제2장을 닮은 글월로 가득 채워진 우리말 철학 고전이 나오길 기다린다.

(2) 단어를 늘이지 마라

수습기자 때 배웠던 것 가운데 지금도 기억이 또렷한 것이 하나 있다. '하여, 되어, 하였다, 되었다, 이러한'이라고 쓰지 말라는 지적이었다. 그렇게 쓴 대목마다 빨간 펜이 죽죽 그어졌다. 기자가 되기 전까지 십수 년간 '하여, 되어, 하였다, 되었다, 이러한'이라고 썼던 습관을 고치는 건 생각보다 어려웠다. 선배 기자들로부터 '고문관'(주로 군대에서, 어수룩한 사람을 놀림조로 이르는 말) 소리를 들어가며 기자 생활 1년이 넘어서야 겨우 그 잔소리에서 벗어날 수 있었다.

그렇게 '하여……'로 쓰면 문장이 축 늘어진다는 거였다. 독자들은 기사를 빠르게 읽어 내려간다. 한달음에 정보와 메시지를 전하지 못하면 그 기사는 독자의 눈 밖에 나고 만다. 굼뜨게 머뭇거릴 새가 없다. 단어 하나도 최대한 효율적이고 경제적으로 사용해야 한다. 신문 지면의 제약 때문이기도 하지만 기사의 현장감, 박진감을 살려내기 위해서도 최대한 줄여 써야 한다.

　기자를 그만둔 뒤부터 지금까지도 칼럼, 보고서, 보도자료 등 대부분 실용글에선 '해, 돼, 했다, 됐다, 이런'으로 쓰고 있다. 기자 때의 관성 때문이 아니다. 그것이 옳고 좋기 때문이다. 실제로 '하여, 되어, 하였다, 되었다, 이러한'으로 말하는 경우는 거의 없다. 물론 웅변이나 연설을 할 때는 예외지만, 일상 대화에선 '해, 돼, 했다, 됐다, 이런'으로 말한다. 그런데 희한하게 글만 쓰면 '하여……'로 바뀐다. 초등학교에서부터 대학원까지 학생들의 과제물을 보라. 대부분이 '하여……'다. 편지, 업무용 이메일, 자기소개서도 마찬가지다.

　왜 이런 현상이 빚어졌을까? 그 원인 역시 글쓰기가 일상과 차원이 다른 특별한 행위라는 잘못된 인식에 뿌리를 두고 있다. 입말과 가까운 글말이 좋다. 글을 퇴고하면서 '하여……'를 '해……'로만 고쳐도 문장의 탄력이 살아나고 꽉 찬 느낌이 든다.

　문장을 늙게 하는 것은 또 있다. '~라고 하지 않을 수 없다', '~에도 불구하고', '~에 있어서' 등. 다음 예문을 탄력 있는 문장으로 고쳐보자.

　　남 탓만 하는 사람들은 자신의 잘못에도 불구하고 모든 실패의 원인을 남에게 돌리게 되어 어떠한 기회가 온다고 하여도 성공할 가능성이 거의 없다고 보지 않을 수 없다. 이렇게 자기로부터 원인을 찾지 아니하는 사람들은 세상을 바라봄에 있어서 부정적인 시선을 갖지 않을 수 없게 된다. 이러한 현상은 참으로 안타까운 일이라 하지 않을 수 없다.

남 탓만 하는 사람들은 자신이 잘못했어도 모든 실패의 원인을 남에게 돌리게 돼 어떤 기회가 온다고 해도 성공할 가능성이 거의 없다. 이렇게 자기로부터 원인을 찾지 않는 사람들은 세상을 바라보는 데 부정적인 시선을 갖게 된다. 이런 현상은 참으로 안타까운 일이다.

물론 문학적 글쓰기엔 이 충고가 필요 없다.

(3) 가급적 접속어를 넣지 마라

서툰 솜씨의 글을 보면 접속어가 많이 들어 있다. 특히 '그런데', '그래서'가 서너 단락 건너 한 번씩 나온다. 아이들의 말을 유심히 들어보라. '그런데', '그래서'를 얼마나 많이 쓰고 있는지 놀랄 정도다. 아이들은 커가면서 접속어를 점점 쓰지 않는다. 말과 글에서 접속어를 많이 사용하는 것은 미숙하기 때문이다. 말과 말, 문장과 문장, 문단과 문단 사이가 적절한 맥락으로 이어진다면 접속어를 거의 쓰지 않아도 된다. 이게 자신이 없기 때문에 접속어에 매달리는 것이다. 접속어를 쓰지 않으면 상대방에게 내 뜻이 전달되지 않는다는 불안감이 깔려 있다. 요리를 할 때 '미원' 따위의 조미료를 넣지 않으면 맛이 나지 않는다는 고정관념과 비슷하다.

원고를 다 쓴 다음 접속어만 골라서 빼보라. 약간 어색하지만 그냥 봐줄 만하면 빼는 것이 좋다. 처음엔 '미원'이 빠진 음식이 혀에 익숙하지 않겠지만 자꾸 먹다보면 그게 더 좋고 맛있다는 걸 안다. 아래의 예문을 보자.

그 남자는 그 여자를 사랑하지 않았다. 그런데 그 여자의 재산이 탐이 나

결혼했다. 그리고 그 남자는 얼마 후 그 여자의 재산을 본격적으로 빼돌리기 시작했다. 말하자면 위장거래를 통한 재산 빼돌리기 수법을 사용한 것이다. 그러므로 사랑 없는 결혼이란 사기 행각과 같은 것이다.

이 예문은 다섯 문장인데 4개의 접속어가 쓰였다. 접속어를 빼고 읽어보자.

그 남자는 그 여자를 사랑하지 않았다. 그 여자의 재산이 탐이 나 결혼했다. 그 남자는 얼마 후 그 여자의 재산을 본격적으로 빼돌리기 시작했다. 위장거래를 통한 재산 빼돌리기 수법을 사용한 것이다. 사랑 없는 결혼이란 사기 행각과 같은 것이다.

어떤가? 접속어를 넣을 때보다 문장과 문장 사이가 약간 서걱거리긴 하지만 괜찮지 않은가? 이게 아쉽다면 부사를 넣거나 어미를 조금 바꿔서 그 서걱거림을 덜 수 있다.

그 남자는 그 여자를 사랑하지 않았다. 그 여자의 재산이 탐이 나 결혼했을 뿐이다. 그 남자는 얼마 후 그 여자의 재산을 본격적으로 빼돌리기 시작했다. 위장거래를 통한 재산 빼돌리기 수법을 사용한 것이다. 결국 사랑 없는 결혼이란 사기 행각과 같은 것이다.

(4) 수식하는 단어를 최대한 절제하라
문장엔 뼈대를 이루는 것들이 있다. 주어, 목적어, 보어, 서술어가 그것이다.

오늘밤 나는 사랑스런 당신을 이 세상에서 가장 멋있는 성악가로 만들겠다.

여기서 뼈대만 추리면 이렇다.

나는 당신을 성악가로 만들겠다.

'오늘밤', '사랑스런', '이 세상에서', '가장 멋있는'은 뼈대의 뜻을 풍부하고 명료하게 하기 위한 수식어들이다. 적절하게 수식어가 쓰이면 원재료의 맛을 잘 살리는 양념의 역할을 한다. 양념이 지나치면 원재료의 맛이 사라지듯 수식어가 지나치면 뼈대의 뜻이 오리무중이 된다. 특히 정도와 강도를 나타내는 수식어는 최대한 절제할 필요가 있다.

네가 <u>워낙</u> 예쁘고 똑똑해 엄마는 <u>아주</u> 행복하다.
눈보라가 <u>너무</u> 세게 휘날려 <u>엄청</u> 추웠다.
이젠 아빠가 <u>진짜로</u> 담배를 끊을 테니, <u>정말</u> 믿을 수 있겠지?

밑줄 친 부분을 모두 빼버려도 좋다. 앞뒤 맥락 속에서 그 정도와 강도를 짐작할 수 있게 하면 된다. 정 써야 한다면 한 페이지에 한 번 정도, 꼭 강조해야 할 곳에 쓰는 게 좋다. 동어반복에 가까운 수식어 사용도 빈번하다.

꽃보다 아름다운 미스코리아 진 이선예 양을 만나는 매혹적인 저녁 식사

자리에 초대됐다.

동시대인의 심금을 울렸던 위대한 음악가 정우선 씨가 세상과 작별을 고하는 영결식을 거행했다.

미스코리아 진 이선예 양을 만나는 저녁 식사 자리에 초대됐다.

위대한 음악가 정우선 씨의 영결식을 거행했다.

소설가 김훈은 주어와 동사만으로 문장을 만들어 소설을 쓰고 싶다고 말한 적이 있다. 이 말은 주어와 서술어만으로 문장을 만들고 싶다는 이야기로 해석된다(영어의 동사가 우리말의 서술어에 해당한다). 그것이 과연 가능한 일일지 헤아리기 어렵지만, 군더더기를 극단적으로 배제하고 기본 뼈대만으로 글을 쓰고 싶다는 노 작가의 투혼이 느껍다. 글은 뼈대로 승부해야 한다.

기본기2
문장

(1) 주어와 서술어를 바짝 붙여 단문을 써라

지난해 일본 후쿠시마에서 발생한 쓰나미 사태로 인한 원자력 발전소 파괴와 방사능 유출은 환경 파괴와 원자력 발전에 대해 지구가 엄중한 경고를 보낸다.

글쓰기에서 자주 보이는 잘못 중 하나는 주어와 서술어의 호응관계가 맞지 않는 것이다. 이런 현상은 문장이 길수록 자주 나타난다. 주어와 서술어가 멀리 떨어져 있으면 그렇다는 얘기다.

지난해 일본 후쿠시마에서 발생한 쓰나미 사태로 인한 원자력 발전소 파괴와 방사능 유출은 환경 파괴와 원자력 발전에 대해 지구가 엄중한 경고를 보내는 신호다.

잘잘못을 더 따지기 전에 왜 이런 현상이 나타나는가를 아는 것이 중요하다. '조선말은 끝까지 들어봐야 안다'는 시쳇말이 있다. 우리말의 특징을 정확하게 포착한 표현이다. 문장의 뼈대를 이루는 것이 주어, 목적어, 보어, 서술어(동사)라고 앞서 설명했다. 이 뼈대 가운데서도 더 중요한 것이 주어와 서술어다. 이 두 가지 문장 성분만 있으면 문장을 이루지만 둘 중 하나라도 빠지면 문장이 성립되지 않는다.

영어와 중국어는 이 두 문장 성분이 앞머리에 붙어 있어 어지간하면 호응관계가 틀릴 가능성이 없다. 문장을 길게 늘어뜨려도 별 걱정이 없다. 우리말은 두 성분이 가장 멀리 떨어져 있다. 주어와 서술어 사이에 단어가 늘어나면 늘어날수록 헷갈릴 수밖에 없다. 서울에서 목포를 가려고 했는데 울산으로 빠지기 일쑤다. 둘의 간격을 최대한 좁히는 것이 방법이다.

초심자의 문장을 보면 대부분 길다. 이는 스타일이 아니다. 문장을 써 내려가다 어떻게 끝낼지 몰라 한정 없이 글을 질질 끌고 가는 것이다. 도저히 더 이상 끌고 갈 수 없을 때 털썩 주저앉듯이 문장을 끊어낸다. 이렇게 쓴 문장은 읽기도 힘들고 도무지 무슨 말을 하려는 건지 알아듣기 어렵다.

초심자는 극단적 단문을 써야 한다. 초심자에겐 만연체니 간결체니 하는 문체 타령을 논할 자격이 없다. 극단적 단문으로 문장 훈련이 충분히 되고 난 뒤에야 단문과 장문을 흡사 음악의 리듬처럼 자유자재로 구사할 수 있다. 의식적으로 단문을 쓰는 것과 함께 퇴고 과정에서 긴 문장을 짧게 자르는 작업이 필요하다.

앞의 예문을 단문으로 잘라보자.

지난해 일본 후쿠시마에서 쓰나미 사태가 발생했다. 원자력 발전소가 파괴되고 방사능이 유출됐다. 이것은 환경 파괴와 원자력 발전에 대해 지구가 엄중한 경고를 보내는 신호다.

다음 예문도 단문으로 잘라보자.

재래시장에서 주로 장을 보는데, 집과 가까워 편리하고 품질과 가격도 만족스러우며, 무엇보다 물건을 놓고 주거니 받거니 흥정을 하면서 사람 사는 따스한 정을 느낄 수 있어 좋다.

재래시장에서 주로 장을 본다. 집과 가까워 편리하고 품질과 가격도 만족스럽다. 물건을 놓고 주거니 받거니 흥정을 한다. 무엇보다 사람 사는 따스한 정을 느낄 수 있어 좋다.

(2) 능동문을 써라

우리말은 가급적 주어로 사람을 내세운다. 사람이 끼어들지 못할 경우 생물-무생물-구체-추상-개념의 순서로 선택한다. 움직이는 것을 주어로 내세우길 좋아하는 것이다. 그런데 어느새 움직이지 않는 것이나 형체가 없는 것을 자꾸 주어로 내세우는 나쁜 습관이 생겼다. 일본어와 영어를 번역하는 과정에서 잘못 물이 든 것이다.

송아지가 농부에 의해 키워지고 있다.
너럭바위가 고라니의 쉼터가 됐다.
언론에 의해 대통령의 권위가 땅에 떨어졌다.
단속 위주의 교통 정책이 변화돼야 한다.

사람이나 생물을 주어로 세워보면 이렇게 바뀐다.

농부가 송아지를 키우고 있다.
고라니가 너럭바위를 쉼터로 삼았다.
대통령은 언론 때문에 권위를 잃었다.
경찰은 단속 위주의 교통 정책을 바꿔야 한다.

앞의 예문은 수동문 혹은 피동문이다. 스스로 움직이지 않고 남의 힘이나 다른 것의 작용을 받아 움직이는 것을 가리킨다. 뒤의 예문은 능동문이다. 스스로 움직이거나 작용하는 것을 가리킨다. 수동문은 주체가 모호하다. 그 문장이 전하고자 하는 행동과 의도를 누구도 책임지지 않는다. 어떻게 보면 무책임하다. 언론에서 수동문을 어떻게 쓰는지 보면 이 사실은 명백하다. 아래는 기사문에 자주 등장하는 표현들이다.

이 사건은 국정원에 의한 명백한 정치개입 행위로 보인다.
이런 추세로 나간다면 내년 상반기 경제 성장률은 2%를 밑돌 것으로 전망된다.
입찰 서류에 하자가 발생한 기종은 유로파이터인 것으로 밝혀졌다.
여야는 오늘 오후 선거법 개정을 조건으로 국정조사에 합의한 것으로 전해졌다.

정치개입 행위로 보는 주체는 누구인가? 경제 성장률이 2%를 밑돌 것으로 전망하는 주체는 누구인가? 유로파이터로 밝혀낸 주체는 누구인가? 국정조사 합의를 전한 주체는 누구인가? 그 주체는 이 기사를 쓴 기자이거나 공개적으로 밝힐 수 없는 취재원이다. 기자는 칼럼이 아닌 스트레이트 기사에선 자신의 생각을 드러내지 않는 것이 불문율이다. 실제로 취재원이 없거나 익명으로라도 취재원을 밝힐 수 없는 경우도 있다. 이런 고육지책이 수동문을 만들어낸다. 불가피한 점도 있겠지만 이는 고쳐야 할 낡은 문화다.

영어권 사람들은 일반적으로 수동문을 사용한다고 배웠고, 최근까지 그렇게 알았다. 《쇼생크 탈출》, 《미저리》를 쓴 스티븐 킹Stephen King의 글쓰기에 대한 책 《유혹하는 글쓰기》를 보기 전까지는 말이다. 영어권에서 글솜씨로 둘째가라면 서운할 스티븐 킹은 무조건 능동문으로 쓰라고 충고한다. "수동태로 쓴 문장을 두 페이지쯤 읽고 나면(이를테면 형편없는 소설이나 사무적인 서류 따위) 나는 비명을 지르고 싶은 충동을 느낀다. 수동태는 나약하고 우회적일 뿐 아니라 종종 괴롭기까지 하다." 수동문도 괴로운데 이중 수동을 하는 끔찍한 경우도 있다.

올해 우리나라의 물가는 3% 이내로 조절되어져야 한다.
TV에서 선정적인 장면이 연출되어지고 있다.
이번 선거는 여야 합의에 의해 지난번 개정되어진 선거법에 의해서 치러진다.

수동문을 그대로 둔다면 '조절돼야 한다', '연출되고 있다', '개정된 선거법에 따라 치른다'로 바꿔야 한다. 아예 능동문으로 바꾸면 이렇다.

정부는 올해 우리나라의 물가를 3% 이내로 조절해야 한다.
TV가 선정적인 장면을 연출하고 있다.
(우리나라는) 지난번 여야가 합의해 개정한 선거법에 따라 이번 선거를 치른다.

능동문은 살아 있고 힘차다. 그 문장에 대한 행동과 의도의 책임이 분명하게 나타난다. 읽는 사람에게 구체적인 메시지를 보낸다. 특별한 경우를 제외하고 반드시 능동문을 쓰도록 하자.

(3) 제목에 시간을 투자하라

흔히 제목을 그 글의 이름으로 생각하는 경향이 있다. 제목이 없으면 그 글을 가리킬 때 곤란하니까 '길동아', '갑순아'처럼 이름을 붙이는 것이라 생각한다. 반쯤은 맞고 반쯤은 틀리다. 제목이 이름의 기능을 하는 것은 맞지만, 거기에 그치지 않는다. 제목은 그 글의 첫인상이다. 첫인상이 좋아야 나머지가 좋다. 첫인상이 좋아야 그 글을 끝까지 읽을 수 있다. 제목이 좋아야 글이건 책이건 잘 팔린다. 독자는 날렵한 솜씨의 제목을 보고 마음이 흔들린다. 투박하고 상투적인 제목을 보면 눈살을 찌푸리며 외면한다.

예를 들어 이런 실험을 한다 치자. 신문 제목은 서울에서 부산으로 간다고 달아놓고 본문은 거꾸로 부산에서 서울로 간다고 쓴 다음, 이 기사를 독자에게 읽힌다. 이 기사가 무슨 내용이냐고 설문조사를 하면 어떤 결과가 나올까. 독자들은 대부분 신문 제목이 가리키는 대로 기억한다. 독자들은 제목에서 받은 생각의 틀로 본문을 해석한다.

이렇게 중요한 제목을 강아지 이름 짓듯 뚝딱 만들어낸다. 고민도 없고 전략도 없다. 제목을 달지 않을 수 없으니까 억지로 달았다는 눈치다. 심지어 자기소개서를 써놓고 제목을 '자기소개서'라 단다. 보도자료를 써놓고 '보도자료'라 제목을 붙인다. 아들을 낳으면 이름을 아들이라, 딸을 낳으면 이름을 딸이라 짓는 것과 무엇이 다를까.

시간과 열정을 쏟아부어야 한다. 독자들의 관심과 흥미를 불러일으킬 한 줄을 찾아내야 한다. 글의 메시지를 응축한 강렬한 한마디를 만들어내야 한다. 카피라이터가 아니더라도 한 편의 글을 힘겹게 낳은 어버이로서 자식들에게 값진 이름이 붙도록 최선을 다해야 한다. 혼자서 어렵다면 여러 사람들에게 의견을 구하는 것이 좋다.

'88만원 세대', '엄마를 부탁해', '칼의 노래', '저녁이 있는 삶', '멈추면 비로소 보이는 것들', '아프니까 청춘이다' 같은 대중에게 뜨거운 관심과 사랑을 받았던 책 제목을 보면서 곱씹기 바란다. 좋은 제목을 만드는 데 법칙은 없다. 다만 좋은 제목은 느낌이 온다. 제목을 주제목과 부제목 두 줄로 달 경우 역할 분담을 한다. 한쪽을 광고 카피처럼 강렬하고 인상적으로 표현했다면, 다른 쪽은 글 전체의 개요를 압축해서 담아내는 것이 좋다.

한 해 1만 명 귀거래사 / 금융위기 뒤 귀농 급증(《한겨레》)

골 가뭄…… 속이 탄다 / 홍명보 4번째 경기, 페루 상대 또 0-0(《중앙일보》)

제주섬이 말라간다 / 90년 만의 최악 가뭄…… 7월 강수량 예년의 6% 불과(《경향신문》)

(4) 중언부언하지 마라

멀쩡한 정신으로 술 취한 사람의 이야기를 듣는 것은 고역이다. 왜? 말을 자꾸 되풀이하기 때문이다. 말은 일종의 주행이다. 헛바퀴가 돈다면 얼마나 답답하고 짜증스럽겠는가. 말보다 더 정제된 글에서 중언부언하는 것은 글의 품격과 신뢰도를 떨어뜨린다. 왜 중언부언하는가? 전하고자 하는 내용에 자신이 없어서다. 자신이 없으면 앞에서 썼던 내용을 뒤에서 되풀이해야 미심쩍은 게 사라진다. 더 심하면 잇따라 되풀이한다. 반대로 자신이 있다면 예사롭게 전한다. 이 정도 얘기하면 상대방이 다 알아들을 것이라 믿기 때문이다. 먼저 앞에 썼던 내용을 뒤에서 되풀이하는 용례를 살펴보자.

신종플루에 대한 공포감으로 사람 만나는 것도 두렵다.
그 책은 20세기 역사의 결정적 장면을 포착한 명저다.
손이 닿으면 푸른 물이 쏟아질 것만 같은 가을 하늘을 향해 손을 뻗었다.
한마디로 말하자면, 지식정보화 사회는 문자의 역할이 더 중시되는 시대라고 설명할 수 있다.

신종플루 때문에 사람 만나는 것도 두렵다.
그 책은 20세기 역사의 결정적 장면을 포착한 명작이다.
푸른 물이 쏟아질 것만 같은 가을 하늘을 향해 손을 뻗었다.
한마디로 지식정보화 사회는 문자의 역할이 더 중시되는 시대다.

잇따라 되풀이하는 용례는 이렇다.

순찰을 돌다가 술에 만취한 취객이 쓰러진 것을 발견했다.
우리는 지금 서로의 뜻을 전달할 수 없는 소통 부재의 시대를 살고 있다.
그녀는 무심코 아무 생각 없이 화장품을 주머니에 넣었다.
우리의 오래된 숙원이 아직도 미해결 상태다.

순찰을 돌다가 취객이 쓰러진 것을 발견했다.
우리는 지금 소통 부재의 시대를 살고 있다.
그녀는 무심코 화장품을 주머니에 넣었다.
우리의 숙원이 아직도 해결되지 않았다.

한 단어를 지나치게 반복해서 쓰는 경우도 있다. 아래 문장은 거울이란 단어와 '곳, 적, 것'을 지나치게 사용하고 있다.

놀이 공원에 가면 거울의 방이 있는 곳이 있지요? 그 거울의 방에 가면 내가 뚱뚱하게 보이는 거울과 날씬하게 보이는 거울을 발견한 적이 있지요. 그 거울들은 어떤 원리로 상을 그렇게 만드는 것일까요? 또 내 상이 여러 개로 보이는 거울의 방에는 어떤 비밀이 숨어 있는 것일까요? 오늘은 그 거울을 이용해 만화경을 만들어봅시다.

놀이 공원에 가면 거울의 방이 있지요? 그 곳에 가면 내가 뚱뚱하게 혹은 날씬하게 보이는 거울이 있어요. 어떤 원리로 상을 그렇게 만들까요? 내 상이 여러 개로 보이는 데엔 어떤 비밀이 숨어 있을까요? 오늘은 그 거울을 이용해 만화경을 만들어봅시다.

기본기3
내용

(1) 1%라도 차이를 만들어야 한다 – 독창성

솜씨가 좀 떨어져도 좋은 평가를 받는 글이 있다. 이제껏 보지 못했던 독특한 생각이나 아이디어를 글 속에 드러낼 때 그렇다. 결국 글은 생각과 아이디어를 담는 그릇이다. 그릇이 아무리 멋있다고 해도 그 안에 담겨 있는 내용물이 구태의연하다면 싸잡아 나쁜 평가를 받을 수밖에 없다.

최근 출판 풍토를 보면 글 솜씨보다 독특한 생각이나 아이디어를 더 높이 평가한다. 후자가 없이 전자만 있다면 책이 될 확률은 거의 없다. 남의 글 솜씨를 보기 위해 지갑을 열 사람은 없기 때문이다. 전자는 없지만 후자가 있다면 책이 될 확률이 높다. 사람들은 새로운 생각과 아이디어를 만나는 일에 기꺼이 돈을 지불할 용의가 있기 때문이다. 출판사 입장에선 생각과 아이디어를 새로 만들어내는 것이 어렵지 글을 고치는 것은 식은 죽 먹기라고 볼 것이다.

궁극적으로 좋은 글은 비반복적이어야 한다. 남이 이미 한 얘기, 누구나 아는 얘기는 호응을 받지 못한다. 어떻게 하면 독창적인 생각과 아이디어를 글 속에 드러낼 수 있을까?

성경엔 '하늘 아래 새로운 것은 없다'는 말이 있다. 그만큼 우리의 생각과 글은 예부터 쌓아온 인류의 정신적·문화적 유산의 범위를 벗어나기 어렵다는 뜻일 게다. 당장 내가 쓰고자 하는 내용 가운데 일부를 인터넷에 키워드로 쳐서 검색해보자. 많은 사람이 내가 쓰고 싶은 얘기를 먼저 앞질러 글로 정리해놓은 사실을 목도할 것이다. 그것을 너무 절대화시켜 바라보면 내가 쓸 수 있는 글은 없다. 이 세상에 새로운 내 생각을 펼칠 자리는 바늘 꼽을 만큼의 틈도 없는 것처럼 보인다.

이렇게 발상의 전환을 해보자. 특허가 아니라 실용신안 수준의 글을 쓰겠다고 말이다. 특허는 이제껏 세상에 없던 물건이나 기술을 새롭게 발명하는 것이다. 실용신안은 물건이나 기술 자체를 발명하는 것은 아니지만 그것의 일부를 바꿔 성능과 효율을 높이는 것이다. 1%를 바꾸겠다고 마음먹으면 된다. 모방과 인용을 꺼릴 필요가 없다. 적극적으로 모방과 인용을 활용해야 한다. 인터넷 검색이나 책을 통해 얻어진 지식을 적절히 조합해서 글감으로 사용할 필요가 있다. 다른 사람의 글을 인용할 경우 표절에 휘말리지 않기 위해 출처를 분명히 밝혀야 함은 물론이다.

1%의 차이를 만들기 위해선 기존의 익숙한 것에 대한 시각을 1도씩 틀어야 한다. 뒤집어 보고, 거꾸로 보고, 거슬러 보고, 비틀어 보고, 입장 바꿔 생각해봐야 한다. 마침내 글 전체를 관통하는 메시지에 대해 깊은 고민을 해야 한다. 이때 통찰의 힘이 필요하다. 고정된 생각을 깨고 새로운 생각이 솟구치도록 만들어야 한다. 새로운 문제의식, 새로운 관점, 새로운 해석, 새로운 해법이 무엇인가를 찾아야 한다.

강준만 교수는 기존의 다양한 텍스트를 인용해 자신의 논지를 펴는 데 탁월한 능력이 있는 필자다. 강 교수는 매일 아침 1시간 이상씩 일간지, 주간지, 월간지 등을 정독하며 자신이 설정한 키워드에 따라 스크랩 작업을 한다. 스크랩은 강 교수가 자신만의 독특한 방식으로 키워드를 분류한 자료실에 저장된다. 강 교수는 어떤 글이나 책을 쓰려고 할 때 가장 먼저 그 주제와 관련된 키워드 봉투를 살펴본다. 오랜 시간의 스크랩 덕분에 자신이 펼치려고 하는 논지와 관련된 참고자료가 언제나 키워드 봉투에 가득하다.

이런 상태에서 글을 쓰는 것은 오직 시간과의 경쟁만 남겨놓은 일이다. 이미 써야 할 내용의 대부분이 준비된 상태다. 관점과 맥락을 잡고 그에 따라 참고자료의 인용문을 적절히 배치하며 글을 엮어나가면 된다. 강 교수가 1년에도 몇 권씩 책을 내는, 상상을 초월하는 다작을 하는 비결이 여기에 있다.

강 교수는 검색으로도 가능해 보이는 일을 굳이 수작업으로 하는 이유를 이렇게 설명했다. 종이에 인쇄된 활자로 직접 보고 거기에 밑줄을 긋고 가위로 오려내야 나중에 봐도 처음 봤을 때 들었던 생생한 생각과 느낌이 되살아난다. 그래야 살아 있는 글을 쓸 수 있다. 강 교수가 기존의 텍스트를 글에 얼마나 잘 활용하는지, 그의 글을 직접 읽어보도록 하자. 〈한겨레〉에 실린 칼럼 '지역의 연인이 되자'(2008년 8월 31일자)의 전문이다.

"지역의 연인이 되자."

미국 워싱턴 주에 있는 인구 6만7천의 도시 벨링햄에서 쉽게 찾아볼 수 있는 자동차 범퍼 스티커의 문구다. 이뿐만 아니라 이 도시의 가게들, 티셔츠, 광고 전단지, 신문 등에서도 "지역적으로 사고하고, 지역의 것을 사고, 지역 사람이 되자!"는 구호를 만날 수 있다.

이 모든 것은 2003년에 "지역 먼저" 캠페인을 시작했던 지역인 소유 기업 연합체인 '지속가능한 연대'의 활동 성과다. '지속가능한 연대'는 누가 한 달 동안 지역 업소들로부터 가장 많은 영수증을 모으는지 경쟁하는 대회를 열어 1등을 차지한 사람에게 지역 레스토랑에서 한 달 동안 공짜 식사를 할 수 있는 식권을 주기도 한다.

왜 이러는 걸까? 지역인 소유 업소에서 지불된 1달러는 대기업 체인에서 지불된 1달러보다 지역 경제활동에 3배 이상 기여하기 때문이다. 또한 지역 업소에서 상품을 구매할 때 생기는 공동체적 유대감이나 공급체인을 단축시키는 데서 오는 어마어마한 환경 혜택도 무시할 수 없기 때문이다.

최근 우석영 씨가 번역해 출간한 프란시스 무어 라페의 《살아 있는 민주주의》(이후, 2008)에 나오는 이야기다. 지역의 연인이 되지 않고선 살아 있는 민주주의를 하기 어렵다는 뜻이다. 애국심이 강한 이들은 "지역의 연인이 되자" 캠페인은 일종의 '지역 쇼비니즘'이 아니냐는 의문을 제기할지도 모르겠다. 아니면 박재완 청와대 국정기획수석비서관처럼 "우리나라 전체가 중국의 자치 성省 하나보다 작은데 수도권, 비수도권으로 나누는 게 의미가 있느냐"는 의문을 가져볼 수도 있겠다.

그런데 실은 바로 그런 의문이야말로 대大를 위해 소小는 희생해도 좋다는 '개발독재' 논리다. 폐쇄적 배타성은 경계해야 하지만, 지역 경제가 망가질 대로 망가져 지역 주민들이 최소한의 자존감도 지킬 수 없는 지경에 이른 경우에도 국가주의를 내세울 수 있을까? 우리는 개발독재가 박정희·전두환 시절의 마감으로 끝이 난 걸로 생각하고 있지만, 그건 착각이다. 개발독재를 관철시키는 방법론만 달라졌을 뿐, 개발독재 사고방식은 모든 국민과 사회 전 국면에 침투해 있다. 가장 대표적인 개발독재 논리가 '서울 1극 구조'다. 국제 컨설팅기업인 베인앤컴퍼니 코리아의 이성용 대표의 말을 들어보자.

"내가 미국에 있었을 때는 사업상 미국 전역을 여행할 기회가 잦았다. 고객이나 공급업자들과 간단한 인터뷰를 하려 해도 각각 다른 도시들을 찾아다녀야 했기 때문이다. 일주일에 5일 정도는 길에서 보냈다고 해도 과언이 아니다. 그러나 한국에 오고 난 뒤, 국내 여행 횟수는 거의 제로에 가까워졌다. 모든 것이 서울에 있고 모든 비즈니스들이 서울에서 행해진다. …… 세계 어느 나라에서도 그토록 한 도시에 심각하게 집중하는 현상은 본 적이 없다. 서울 과다집중 현상은 이미 위험수위에 다다랐고, 수많은 사회적 문제를 낳고 있다."

그러나 지금 우리는 이런 시스템이 효율적이라고 믿고 있다. 서울의 극심한 교통체증과 환경오염 등으로 인한 국고 손실만 해도 연간 13~15조 원에 이르지만, 이런 비용은 아예 고려되지도 않는다. 국민 모두가 부담하는 비용이기 때문이다.

개혁·진보를 위한 노력마저도 서울에 집중돼 있다. 서울에서 일을 크게 벌여서 세상을 바꾸려고 한다. 모두 다 '국가의 연인'이 되고자 할 뿐 '지역의 연인'이 되려고 하진 않는다. 낙후되고 부패한 지역을 기반으로 그 어떤 국가적 영광이 가능하다는 것인가? 부디 지역에서부터 '작은 혁명'들을 일으켜보자.

(2) 그럴듯해야 한다 – 개연성

몇 년 전까지만 해도 서울과 경기도 주요 도시를 오가는 광역 버스 안에는 이런 홍보글이 적혀 있었다.

"여자 분이 신청한 건 처음인데, 괜찮겠어요?"

청혼의 벽 담당자의 걱정을 뒤로 하고 프러포즈 대작전을 착착 준비했다. 드디어 화이트데이, 우리가 도착하자 대형 스크린에서 춤추고 노래하는 내 모습이 흘러나왔다. 이어진 나의 고백.

"마음 착하고 든든한 당신을 나의 평생 연인으로 임명합니다. 저의 왕자님이 되어주세요······."

그 순간 내 손을 꼭 잡고 있던 남자 친구는 무릎을 꿇고 눈부시게 하얀 반지를 끼워주었다. 그날, 내게 고백의 용기를 준 것은 청계천에 흘러넘치는 강한 사랑 에너지 때문이 아니었을까. 이 행복한 도시 서울에서 또 어떤 이야기꽃이 피어날지 문득 궁금해진다.

아마도 서울시가 청계천 복원 등 시정을 홍보하기 위해 이런 글을 버스 내부에 붙인 모양인데, 이 글을 볼 때마다 눈살을 찌푸릴 수밖에 없었다. 얼핏 보면 이 글은 서울에 살고 있는 젊은 남녀의 사랑을 그려낸 이야기다. 우리 주변에 평범하게 살아가는 사람들의 애틋한 사연이다.

출퇴근길에 몇 번을 읽은 뒤, 찬찬히 뜯어보자 이상한 점이 보였다. 이 글을 쓴 여자는 청혼의 벽에서 남자 친구에게 프러포즈를 한다. '프러포즈 대작전'이란 말이 암시하듯 깜짝 고백을 한 것이다. 그런데 남자 친구는 마치 여자의 프러포즈를 예상이라도 한 것처럼 눈부시게 하얀 반지를 준비해 여자에게 끼워준다.

이것은 자연스럽지 못하다. 여자가 사전에 남자 친구에게 프러포즈 사실을 알렸거나, 아니면 남자 친구가 언젠가 있을 여자의 프러포즈를 예상하고 반지를 늘 준비하고 다녔거나 둘 중에 하나가 아니라면 성립하기 어려운 상황이다.

'내게 고백의 용기를 준 것은 청계천에 흘러넘치는 강한 사랑 에너지 때문이 아니었을까. 이 행복한 도시 서울에서 또 어떤 이야기꽃이 피어날지 문득 궁금해진다'라고 마무리하는 대목에선 세련된 관제 홍보를 위해 이야기를 무리하게 지어낸 것이 아닌가 하는 의구심마저 든다.

이 글은 개연성이 부족하다. 개연성이란 꼭 단정할 수 없으나 대개 그러하리라고 생각되는 성질, 어떤 일이 일어날 수 있는 가능성을 가리키는 말이다. 전체적으로 글이 좋아도 이렇게 한 대목에서 개연성이 무너지면 그 글의 신뢰도와 진정성도 함께 무너진다.

(3) 앞뒤가 맞아야 한다 – 인과관계와 정합성

어떤 원인으로 이런 결과가 나왔는지 앞뒤가 맞아야 한다. 원인과 결과 양쪽이 손발이 맞지 않으면 그 글은 설득력을 갖기 어렵다.

① 우리 아이가 글을 잘 쓰는 것은 ② 이 동네에 유명한 소설가가 두 명이나 살기 때문이다.

결과 ①과 원인 ② 사이엔 아무런 인과관계가 없다. 얼핏 글을 잘 쓰는 것과 소설가 사이에 어떤 연관성이 있는 것처럼 보이지만 터무니없다. 서로 모양이나 속성이 비슷하다고 실제로도 깊은 연관이 있는 것으로 착각하는 유사성에 의한 오류다. 아래의 예도 비슷한 경우다.

처녀 총각이 멧비둘기 고기를 먹으면 안 된다. 그러면 나중에 결혼해서 남매밖에 낳지 못한다. 왜냐하면 멧비둘기는 알을 두 개밖에 낳지 못하기 때문이다.(민간 구전)

검증되지 않은 과학 지식을 사실로 믿는 경우에도 인과의 오류가 나타난다.

축구 경기를 할 때 선수의 혈액형으로 수비 능력을 판단할 수 있다. 수비를 잘하는 선수는 B형이다. O형은 성격이 좋으나 덜렁거리고 종종 집중력을 잃는다.(어느 축구 감독의 인터뷰)

잠잘 때 밤새 선풍기를 켜놓으면 죽을 수도 있다. 밤새 선풍기가 돌아가면서 방 안의 공기를 진공 상태로 만들어 질식할 위험이 높아지기 때문이다.(민간 구전)

이 두 가지 경우는 생각과 지식이 짧아 이런 결과가 빚어진 것이다. 이런 오류는 큰 문제가 되지 않는다. 오류를 지적하면 곧바로 수정할 수 있다. 문제는 의도적인 경우다. 원인과 결과 사이에 아무런 연관이 없는데도 어떤 온당치 못한 목적을 위해 억지로 끌어다 붙이는 것이다. 이런 것을 견강부회나 아전인수라고 한다. 특히 우리 사회엔 여론 주도층일수록 이런 견강부회와 아전인수가 심하다. 일부 정치인, 관료, 지식인, 언론인의 글과 발언을 살펴보면 금방 드러난다.

뜻하지 않게 자가당착에 빠지기도 한다. 자연스럽게 논리를 따라갔다고 생각했는데, 어느새 뒤의 논리가 앞의 논리를 부정하는 모순에 빠질 때가 있다. 다음의 예문을 보자.

채식은 인간의 육체와 정신을 건강하게 만든다. 가축 사육으로 인한 환경오염과 가축 도살에 따른 생명 파괴를 막을 수 있다. 살기 좋은 지구를 만들기 위해서도 이것이 확산돼야 한다. 지금 미국과 유럽을 중심으로 채식 인구가 빠르게 늘어나고 있다. 이들에게 식품을 대기 위해 아마존 열대우림 지역에서 농지 개발이 한창 진행되고 있다.

이 글은 채식의 여러 가지 미덕을 늘어놓고 있다. 하지만 마지막 부분 아마존 열대우림 지역의 농지 개발이라는 사실과 마주하면서 앞서 나열했던 채식의 미덕은 더 이상 정당성을 갖기 힘들다. 아래와 같이 고친다면 앞뒤의 모순을 피하고 어느 정도 논리의 정합성을 회복할 수 있을 것이다.

채식은 인간의 육체와 정신을 건강하게 만든다. 가축 사육으로 인한 환경오염과 가축 도살에 따른 생명 파괴를 막을 수 있다. 살기 좋은 지구를 만들기 위해서도 이것이 확산돼야 한다. 그러나 좋은 점만 있는 것은 아니다. 지금 미국과 유럽을 중심으로 채식 인구가 빠르게 늘어나고 있다. 이들에게 식품을 대기 위해 아마존 열대우림 지역에서 농지 개발이란 이름으로 환경이 파괴되고 있다. 채식의 확산이 뜻하지 않은 환경 파괴로 이어지지 않도록 국제적 노력이 절실하다.

(4) 육하원칙을 잘 활용하자

'누가, 언제, 어디서, 무엇을, 어떻게, 왜.' 육하원칙은 기사나 보도자료를 쓸 때 반드시 지켜야 할 원칙으로 많은 사람들이 알고 있다. 실제로 수습기자들이 기사 작성 요령을 배울 때 금과옥조처럼 새기고 익히는 것이 바로 이 육하원칙이다. 특히 사건이나 화제 등을 있는 그대로 전달하는 스트레이트 기사의 경우 첫 문장이나 첫 단락에 이것을 잘 담아야 좋은 평가를 받는다. 그래야 '야마'를 잘 잡을 수 있다는 것이다. 두 기사문을 예로 들어보자.

대검찰청은 지난 14일 중수부 사무실에서 김길동 전 H그룹 상무를 뇌물공여 혐의로 밤샘 조사했다.

정부는 올해 여름 4대강 사업 구간에서 녹조 현상을 최소화하기 위해 가동보의 수문을 전면 개방할 예정이다.

이 두 문장을 육하원칙에 따라 분류하면 이렇다.

- 누가: 대검찰청은/정부는
- 언제: 지난 14일/올해 여름
- 어디서: 중수부 사무실에서/4대강 사업 구간에서
- 왜: 뇌물공여 혐의로/녹조 현상을 최소화하기 위해
- 무엇을: 김길동 전 H그룹 상무를/가동보의 수문을
- 어떻게: 밤샘 조사했다/전면 개방할 예정이다

뒤이어 따라오는 기사 내용은 이 첫 문장을 자세하게 풀거나 덧붙이는 것들이다. 글의 핵심은 이미 이 한 문장 속에 다 담겨 있다. 이렇게 육하원칙이 빠짐없이 들어가면 상황이나 사실을 명료하고 정확하게 표현할 수 있다.

주체와 대상, 시간과 공간, 원인과 결과가 모두 담겨 있기 때문이다. 얽히고설켜 갈피를 잡기 어려운 상황이나 사실일지라도 이 여섯 가지 범주만 빠뜨리지 않는다면 중요한 줄거리는 다 끌어안는 셈이다.

이런 장점은 기사나 보도자료에만 국한하지 않는다. 정확성과 설득력을 미덕으로 삼는 실용 글쓰기(보고서, 제안서, 설명서, 안내문, 자기소개서)의 모든 영역에서 이런 장점은 십분 발휘될 필요가 있다. 글을 읽는 사람은 그것만 보아도 전달하고자 하는 바를 단박에 파악할 수 있다. 아예 글을 쓰기에 앞서 육하원칙의 목록과 거기에 해당하는 내용을 미리 적어놓는 것이 좋다. 핵심적인 한 벌만이 아니라 앞으로 펼쳐나갈 글의 내용을 상상하며 여러 벌을 적는 것이 좋다.

기사문에선 육하원칙의 핵심을 첫 문장이나 첫 단락에 압축적으로 정리하도록 권장한다. 그러나 실용 글쓰기에선 굳이 그럴 필요가 없다. 글을 써 내려가면서 적당한 곳에 하나씩 배치하면 된다. 글을 쓰다 막히면 육하원칙을 적은 목록을 한번 훑어보라. 뜻하지 않게 글이 풀리는 수도 있다. 육하원칙은 반드시 준수해야 할 어떤 강제 조항이 아니다. 글을 풀어내기 위해 아주 쓸모 있는 수단이다. 이것만 잘 활용해도 글의 기본 내용을 담는 데 부족함이 없다.

(5) 구체적으로 표현하자

우리나라의 노래엔 '이름 모를'이란 표현이 넘쳐난다. '이름 모를 소녀', '이름 모를 잡초야', '이름 모를 새'. 정도의 차이가 있겠지만 시나 소설도 적잖이 '이름 모를'을 좋아한다. 〈수라도〉, 〈사하촌〉의 작가 김정한은 "세상에 이름 모를 꽃이 어딨노! 모르면 알고 써야지. 모름지기 시인, 작가라면 꽃의 이름을 불러주고 제대로 대접해야지"라고 말했다고 한다. '이름 모를'은 '신비화 전략'처럼 보이지만 냉정하게 따져보면 게으르거나 무지한 것이다. 표현하고자 하는 대상에 대해 애정과 관심을 갖는 것은 둘째 치고, 이름이라도 알아보려고 노력하는 것이 당연한 일 아닌가. 그런데 속 편하게 '이름 모를'로 대충 때우는 것이다.

'이름 모를'만이 문제가 아니다. 구체적이지 않거나 대충 얼버무리는 표현 습관이 초보 글쓰기에서 자주 나타난다. 어떤 사람이나 조직의 정보를 보호하기 위해 익명이나 모호하게 처리해야 하는 것도 아닐 텐데 한사코 글을 오리무중 속으로 빠뜨린다. 한 에세이를 예로 들어보자.

> 우리는 그해 서울의 한 지역에 있는 카페 의자에 앉아 차를 마셨다. 이름 모를 음악이 스피커를 통해 흘러나왔다. 밖에선 시끄러운 소리가 났다. 카페를 나오자 큰 사고가 벌어진 사실을 알 수 있었다. 우리는 그것도 모르고 잡담만 나누고 있었던 것이다.

이 글은 대부분의 사실을 특정하고 있지 않다. 이 글에 질문을 들이대면 한 문장도 그냥 넘어가지 않는다. '우리'라면 나 말고 함께하고 있는 다른 사람은 누구인가? '한 지역'은 어느 구, 어느 동인가? 어떤 상호의 '카페'인가? 어떤 '의자'에서 어떤 '차'를 마셨는가? '음악'의 이름은? 아니면 장르는? '시끄러운 소리'는 어떤 '큰 사고' 때문에 난 것인가? 무슨 '잡담'을 나눴는가? 이 글을 읽고 나면 마치 소리도, 자막도 없는 영화 한 편을 본 느낌이 든다. 이렇게 고쳐보면 어떨까?

나는 내 여자친구 지수와 함께 2013년 7월 1일 서울 종로구 공평동 사거리에 있는 카페 '7그램'에서 노란 플라스틱 의자에 앉아 얼그레이 홍차를 마셨다. 임재범의 〈너를 위해〉가 스피커를 통해 흘러나왔다. 밖에서 둔중한 물체가 서로 부딪혀 부서지는 소리가 났다. 카페를 나오자 트럭이 전신주를 들이받아 운전자가 사망하는 큰 사고가 벌어진 사실을 알 수 있었다. 우리는 그것도 모르고 여름휴가 때 어디로 놀러 갈 건가, 그 궁리만 하고 있었던 것이다.

구체성은 글의 주제를 잡을 때도 마찬가지다. 명확하게, 최대한 좁혀서 주제를 잡는 것이 좋다. '원전의 안전 점검'이 아니라 '노후화된 원전의 비상냉각 시설 점검'이다.
'여의도 교통체증 저감 대책'이 아니라 '벚꽃 축제 기간 여의도 윤중로 주변 원활한 교통을 위한 대책'이다. '최근 물가와 민심'이 아니라 '고환율 정책에 따른 장바구니 물가 폭등과 성난 민심'이다.

(6) 근거를 명확히 하자
어떤 주장이나 논지를 편 다음엔 반드시 이를 입증할 근거를 제시해야 한다. 그 근거는 논리, 사실, 통계 등 구체적 내용을 가진 것이어야 한다. 다음 예문을 보자.

우리나라는 10년 내로 통일이 될 것이다. 통일이 되면 남북을 관통해 유라시아 대륙을 횡단하는 유라시아 횡단 열차가 개통된다. 부산에서 이 열차를 타고 북한과 시베리아를 거쳐 유럽 대륙을 여행할 수 있다. 그날을 상상하는 것만으로도 우리의 유전자 속에서 잊혀가던 만주 벌판의 기상이 되살아나는 것 같다.

듣기만 해도 설레는 일이다. 대한민국은 남북 분단으로 사실상 섬나라의 처지와 다를 바 없다. 앞으로 통일이 돼 유라시아 대륙과 육로로 이어지고 그 길을 따라 유럽까지 달려갈 수 있다니! 그러나 이 설렘은 곧 공허함으로 바뀔 수밖에 없다.

이 거창한 계획의 전제가 되는 '10년 내로 통일이 될 것'이라는 근거가 어디에도 제시되고 있지 않기 때문이다. 이 글은 두 가지 방향으로 고칠 수 있다. 첫째는 10년 내로 통일이 될 것이라는 객관적 근거를 제시하는 것이다. 둘째는 객관적 근거 제시가 어렵다면, 이 글의 전제가 상상의 결과임을 밝히는 것이다.

이렇게 실수로 근거를 제시하지 못하는 것과 달리, 어떤 의도를 갖고 근거 없는 주장과 논지를 펴는 경우도 있다. 이런 글은 읽는 사람의 판단을 흐리게 한다. 다음의 기사를 살펴보자.

금리 인상으로 부동산 시장에 악영향을 미칠 것으로 보이지만, A지역은 앞으로도 가격 상승세가 이어질 것으로 보인다. 현재 A지역은 아파트 가격이 계속 오르고 있다. 올 상반기 아파트 매매와 전세 가격은 각각 3% 정도 올랐다고 업계 관계자는 전한다. 특히 고급 아파트는 최대 5%까지 상승한 것으로 업계는 보고 있다. 한 부동산 업계 관계자는 "투기보다는 실

글쓰기 필살기

▶ 단어
1. 친숙한 일상어를 사용하라
2. 단어를 늘이지 마라
3. 가급적 접속어를 넣지 마라
4. 수식하는 단어를 최대한 절제하라

▼

▶ 문장
5. 주어와 서술어를 바짝 붙여 단문을 써라
6. 능동문을 써라
7. 제목에 시간을 투자하라
8. 중언부언하지 마라

▼

▶ 내용
9. 1%라도 차이를 만들어야 한다 – 독창성
10. 그럴듯해야 한다 – 개연성
11. 앞뒤가 맞아야 한다 – 인과관계와 정합성
12. 구체적으로 표현하라
13. 근거를 명확히 하라

수요 중심의 아파트 거래가 활발하기 때문에 상승세는 계속될 것"이라고 진단했다.

이 기사를 보면 실제로 A지역의 지속적인 아파트 상승세가 명백한 사실인 것처럼 보인다. 은연중에 빨리 아파트를 사지 않으면 더 비싼 값으로 살 수밖에 없다는 암시를 깔고 있다. 이 기사를 본 소비자들은 빨리 아파트를 사야겠다는 조바심이 날 가능성이 높다. 과연 이 기사의 전망은 타당한 것인가?

아파트 상승세의 근거로 현재 아파트 가격의 상승세와 실수요 중심의 거래 두 가지를 내세우고 있다. 문제는 그것이 한결같이 부동산 업계 관계자의 입을 빌고 있다는 사실이다. 업계 관계자는 당연히 부동산 가격이 상승해 거래가 활성화되길 바란다. 업계 관계자가 말한 근거는 사실보다 희망 사항일 가능성이 높다.

마치는 말

궁극적으로 글쓰기란 무엇일까

　이 책은 글쓰기의 두려움을 해소할 수 있는 방법과 도구, 피래미 구성법, 각 양식의 특징과 작성 비결을 글쓰기의 연장으로 제시하고 있다. 바둑으로 이야기하면 일종의 정석定石을 정리한 셈이다. 이 책을 읽은 독자들은 반드시 이 정석을 활용해 다양한 훈련과 연습을 해보길 바란다. 눈으로 한번 읽고 말아선 이 책의 진가를 체험할 수 없다. 피래미 구성법을 익힌 다음에 세이와 칼럼을 필사하기만 해도 괄목상대할 향상이 있을 것이다. 반드시 글쓰기가 운전처럼 자유롭게 느껴질 날이 올 것이다.

　끝으로 꼭 이야기하고 싶은 점은 '정석은 정석을 파괴할 때 완성된다'는 사실이다. 어느 정도 글쓰기의 궤도에 오른다면 이 책 따위는 집어던져도 좋다. 글쓰기의 새로운 차원이 필요하기 때문이다. 그것은 무엇인가? 바로 통념을 깨뜨리는 일이다.

　통념을 깨뜨리자. 가장 좋은 글은 결국 지금, 여기에 있는 사람들의 익숙한 통념을 깨뜨린다. 결국 글은 낡고 익숙한 생각의 집을 부수고, 새롭고 광활한 생각의 벌판으로 사람들을 나서게 해야 한다. 그것이 내가 속한 회사나 조직의 이익을 위해서일 수도 있겠고, 그것보다 더 큰 국가공동체, 인류공동체를 위해서일 수도 있다.

　그러자면 1%라도 새로운 이야기를 해야 한다. 그 일은 누가 도와줄 수 있는 것이 아니다. 온전히 여러분들의 몫이다.

이 책이 나오기까지 함께 애써준 많은 분들이 이 순간 떠오른다. 내게 글쓰기 강의 기회를 준 많은 분들, 글쓰기 강의를 들었던 많은 분들, 인용을 허락해주신 분들, 이 책에 대해 조언을 아끼지 않은 분들, 이 책을 만들기 위해 고생한 메디치미디어 김현종 대표와 직원 여러분들에게 감사의 인사를 올린다. 그리고 어머니와 아내, 두 딸과 함께 이 책의 기쁨을 나누고 싶다.

대단치 않은 원고를 너무 오래 붙들고 있었다. 이제 한 닷새라도 어디 산중에 틀어박혀 벽과 천장만 바라보다 돌아와야겠다.

글쓰기가
처음입니다

백승권 지음

초판 1쇄 2014년 05월 10일 발행
초판 6쇄 2020년 03월 25일 발행

ISBN 979-11-5706-003-0 (13800)

만든사람들
편집관리　　한진우
책임편집　　김영선
마케팅　　　김성현 김규리
홍보　　　　고광일 최재희
인쇄　　　　천광인쇄사

펴낸이	김현종
펴낸곳	(주)메디치미디어
경영지원	전선정 김다나
등록일	2008년 8월 20일 제300-2008-76호
주소	서울시 종로구 사직로 9길 22 2층
전화	02-735-3308
팩스	02-735-3309
이메일	medici@medicimedia.co.kr
페이스북	facebook.com/medicimedia
인스타그램	@medicimedia
홈페이지	www.medicimedia.co.kr

이 책에 실린 글과 이미지의 무단전재·복제를 금합니다.
이 책 내용의 전부 또는 일부를 재사용하려면 반드시
출판사의 동의를 받아야 합니다.
파본은 구입처에서 교환해드립니다.

이 도서의 국립중앙도서관 출판예정도서목록(CIP)은
서지정보유통지원시스템 홈페이지(http://seoji.nl.go.kr)와
국가자료종합목록시스템(http://www.nl.go.kr/kolisnet)에서
이용하실 수 있습니다.